Margerie Guilliot - Raphaël Lemaire - Sylvain Revereault

Green IT

Claves para proyectos informáticos más responsables

ISBN: 978-2-409-04934-7
Edición original: 978-2-409-04612-4

Ediciones ENI

P° Ferrocarriles Catalanes, 97-117, 2a pl. of. 18
08940 - Cornellà de Llobregat (Barcelona)

Tel: 934 246 401
Fax: 934 231 576

e-mail: info@ediciones-eni.com
http://www.ediciones-eni.com

Autores: Margerie Guillot, Raphaël Lemaire y Sylvain Revereault
Edición española: Desirée Rivera Toledano
Colección **Data Pro** dirigida por Émilie Villetorte

Prefacios

Prefacio de la primera edición

Escribo estas líneas poco después de la publicación de la tercera parte del sexto informe del IPCC. Seamos sinceros: es la cuarta vez en cuatro años que recibo una bofetada de un informe de este tipo. Los científicos no paran de dar la voz de alarma, y esta vez parece que el público se digna a escuchar. Sin embargo, las conclusiones de los investigadores son sencillas:

1. No hay duda de que el cambio climático está provocado por el hombre.

2. Las consecuencias son que los fenómenos meteorológicos extremos serán más frecuentes e intensos.

3. Podemos cambiar la trayectoria y respetar el Acuerdo de París (limitando el calentamiento a entre 1,5 y 2 °C) si todos aunamos esfuerzos, en particular reduciendo masiva y rápidamente las emisiones de gases de efecto invernadero.

En aras de la simplicidad, he optado por centrarme aquí en las emisiones de gases de efecto invernadero, pero no debemos olvidar que hay muchas otras cuestiones preocupantes, como la contaminación, el colapso de la biodiversidad y el agotamiento de los recursos.

Lo que ocurre aquí es difícil de entender por varias razones. La primera es psicológica y está relacionada con el funcionamiento de nuestro cerebro. Estructuralmente, nuestro cerebro puede hacer frente a amenazas inmediatas (defendernos de un depredador o un enemigo) o a necesidades a corto o medio plazo. Así, mecanismos como el circuito de recompensa nos permiten querer alimentarnos hoy para vivir mañana y reproducirnos cuanto antes para garantizar la supervivencia de la especie. Pero cuando se trata de prevenir amenazas futuras, estamos muy mal equipados y tendemos a la negación colectiva, razón por la cual hemos perdido tanto tiempo frente a la crisis climática. Recordemos que el informe Meadows sobre los límites del crecimiento ya nos advirtió en 1972 (hace 50 años); y que el primer informe del IPCC se publicó en 1990.

La segunda razón que limita nuestro deseo de cambio es histórica: el cambio climático es un producto de la revolución industrial. Desde la invención de la máquina de vapor y, posteriormente, del motor de combustión interna; la humanidad ha construido máquinas que han transformado radicalmente nuestras vidas, al tiempo que han repercutido en nuestro medio ambiente. Al pasar de la artesanía a la industria, al multiplicar el número de máquinas; fue posible fabricar bienes materiales a gran escala, mecanizar la agricultura y todo lo demás que marcó la diferencia entre 1850 y la de 1950. Los combustibles fósiles (petróleo, gas, carbón) lo hicieron posible. La desventaja (bastante importante) es que la combustión de estos combustibles fósiles emite dióxido de carbono (el primer gas de efecto invernadero) en cantidades tales que la atmósfera del planeta se modifica y retiene más calor emitido por el sol, provocando el cambio climático. A ello se suman las emisiones del segundo gas de efecto invernadero más importante, el metano, procedente de las fugas en la producción de gas, petróleo y carbón, así como de la ganadería.

En resumen, lo que nos ha permitido aumentar nuestro nivel de confort en ciertos países y multiplicar por tres la población en setenta años es también lo que está llevando a esa misma población y a ese mismo confort al abismo.

Para evitar el desastre ecológico y dar un giro al cambio climático, tenemos que reducir drásticamente las emisiones de gases de efecto invernadero. Por lo tanto, debemos dejar de quemar combustibles fósiles.

Inevitablemente, decir que tenemos que reducir nuestro consumo de combustibles fósiles para evitar la catástrofe climática es difícil. Mucha gente sabe que tenemos que cambiar, pero nadie quiere cambiar sus hábitos de consumo y de trabajo, porque es difícil imaginar un mundo mejor con menos energía disponible. Así que evitamos pensar en ello, nos negamos a ver las consecuencias de nuestros actos, seguimos negándolo, arremetemos contra "los ecologistas" y otros movimientos ecologistas y encontramos excusas para aplazar el momento de hacerlo de verdad. Y cuanto más esperamos, más urgente y complicado se vuelve, porque tenemos que recuperar el tiempo perdido.

La otra revolución

A la revolución industrial le siguió otra, que aún está en curso: la revolución digital. Al igual que las máquinas de la revolución industrial multiplicaron la fuerza física del hombre, la revolución digital multiplica su poder intelectual, su capacidad de calcular, almacenar y comunicar a distancia. Es un cambio estupendo para la humanidad.

Ley de Moore y crecimiento

Acabamos de celebrar los cincuenta años de un objeto que ha cambiado nuestras vidas: el microprocesador. En noviembre de 1971, Intel lanzó el primer microprocesador comercial, el 4004. Su potencia es irrisoria hoy en día, pero con sus 2.300 transistores, reunía en 10 mm^2 la misma potencia que un ordenador ENIAC, que ocupaba 167 m^2 y pesaba 30 toneladas.

Gordon Moore, cofundador de Intel, tenía una teoría que llegó a conocerse como la Ley de Moore: "La complejidad (e, indirectamente, la potencia) de los circuitos integrados (microprocesadores y memoria) se duplica cada dos años". Esta predicción empírica ha resultado ser sorprendentemente exacta. Así, durante los últimos cincuenta años, la potencia de nuestros dispositivos electrónicos se ha duplicado cada dos años. El corolario es que podemos diseñar dispositivos nuevos y más pequeños sin sacrificar su potencia de cálculo. Esto ha supuesto una enorme oportunidad para impulsar una frenética renovación de la base instalada de ordenadores y desarrollar objetos digitales más pequeños (tabletas, smartphones) vendidos a un público más amplio. Mientras que la Ley de Moore parecía agotarse para los microprocesadores Intel utilizados en los PC, sigue funcionando para los microprocesadores ARM que equipan smartphones y tabletas, un motor de crecimiento para los fabricantes.

Ley de Wirth y despilfarro

Sin embargo, otra ley empírica, conocida como ley de Wirth, afirma que "los programas se ralentizan más rápido de lo que se acelera el hardware". En la época en que la tecnología digital estaba encarnada por los PC (con procesadores Intel) que ejecutaban programas de Microsoft, algunos solían decir: "lo que Intel te da [en avances de hardware], Microsoft te lo quita [en ralentizaciones de software]".

Esta rápida renovación de hardware y software ha hecho felices y ricos a informáticos y fabricantes durante cincuenta años. El hardware informático puede durar de cinco a diez años porque no se desgasta mucho, pero debido a la Ley de Moore, hemos tendido a renovarlo cada dos o tres años, porque las nuevas generaciones, más potentes y menos caras, lo han dejado obsoleto. Recordemos que en Occidente, los smartphones se cambian de media cada veintitrés meses.

Todo esto tiene un coste ecológico muy importante en términos de uso de energía y materias primas, y de contaminación y emisiones de gases de efecto invernadero que conlleva. Hemos podido ignorarlo durante décadas, pero ahora que tenemos encima la emergencia climática, no podemos seguir así.

El phármakon o la ambivalencia de la tecnología digital

Muchos especialistas en TI le dirán que la tecnología digital contribuye a reducir las emisiones de gases de efecto invernadero y es cierto que no faltan ejemplos. La tecnología digital es parte del problema, pero también de la solución.

Sí, la tecnología digital permite optimizar los procesos industriales para hacerlos más eficientes desde el punto de vista energético. También permite crear plataformas en línea que fomentan la reutilización de objetos. Algunos ejemplos son Vinted para la ropa, Back Market para los equipos electrónicos y Milanuncios para todo tipo de objetos. También puede utilizarse para simplificar el uso compartido de vehículos, reduciendo así el consumo de energía por pasajero en un vehículo. En ámbitos mucho más sofisticados, la inteligencia artificial (IA) puede utilizarse para realizar un mantenimiento preventivo de las máquinas, de modo que solo haya que sustituir las piezas que están a punto de averiarse. La IA también se utiliza para simular las reacciones de plasma necesarias para la fusión nuclear, una fuente de energía que podría sustituir a los combustibles fósiles a largo plazo. Ejemplos no faltan, pero al intentar hacer bonitas promesas ecológicas, caemos con demasiada frecuencia en la trampa del *greenwashing*.

Hace 2.800 años, Homero utilizó la palabra *phármakon* para describir en griego antiguo, la situación del mundo digital actual: es tanto remedio como veneno.

Sin comodín para digital

Para que la tecnología digital sea útil en la lucha contra el cambio climático, es imprescindible que el remedio supere al veneno en la medida de lo posible. Desde un punto de vista lógico e incluso aritmético, este razonamiento es imparable. Y sin embargo, en conversaciones con otros informáticos, me he dado cuenta de que con demasiada frecuencia esperan tener carta blanca para seguir regodeándose en la competencia digital, en la obsolescencia programada, en la innovación que sería la encarnación misma del progreso, ese fenómeno que nunca se detiene. "Otras industrias como la aeronáutica, el automóvil, la construcción, etc.; pueden y deben hacer esfuerzos", dicen, "pero nosotros somos parte de la solución, podemos seguir como hasta ahora".

Y, sin embargo, no lo hacen. Escucharlos nos recuerda esta cita de Upton Sinclair, un intelectual estadounidense del siglo XX: "Es muy difícil conseguir que alguien entienda algo cuando le pagan para no entenderlo."

La hora de la acción y los recursos que la acompañan

Si tiene este libro en sus manos, es una buena señal, ha dado el primer paso, el que más cuesta. Inventar un digital que tenga más que ver con la solución que con el problema. Y con este libro, también tienes en tus manos las herramientas que vas a necesitar para esta misión. Para empezar, medir el impacto medioambiental; lo que le permitirá ver qué decisiones son las más eficaces y si está avanzando en la dirección correcta; optimizar el hardware, pero también los servicios de alojamiento; entender cómo difundir este cambio en toda la empresa y conseguir que los empleados se unan a esta misión.

¿Sobriedad o embriaguez?

Así tendremos un mundo digital que consuma menos recursos y menos energía. Así tendremos un mundo digital más sobrio. Recordemos que lo contrario de la sobriedad es la embriaguez. Y si afrontamos con valentía los hechos, tendremos que reconocer que, como industria, hemos bebido de la fuente de la abundancia de la Ley de Moore y, ebrios de crecimiento, hemos creado la Ley de Wirth.

Estos hábitos deben ser cosa del pasado, porque ante nosotros está el reto de la crisis climática que no es ni más ni menos que el mayor desafío al que se enfrenta la raza humana en el siglo XXI. La necesidad está ahí, las herramientas están ahí, solo tenemos que arremangarnos y hacer de la industria digital un ejemplo de industria responsable que ocupe su lugar y desempeñe su papel. Lo veo todos los días: si enfrentarse a la crisis climática puede ser aterrador, pasar a la acción puede ser liberador.

Tristan Nitot, emprendedor digital, cofundador de Mozilla Europa, creador del podcast Octet Vert sobre tecnología digital y clima:
https://www.standblog.org/blog/category/podcast

Prefacio a la segunda edición

Durante mucho tiempo pensamos que la tecnología digital era un remedio eficaz y sin efectos secundarios, capaz de curar todos los males de la sociedad. De hecho, la tecnología digital es una herramienta formidable en muchos ámbitos: salud, investigación, educación, etc.

Pero tras la publicación de numerosos estudios sobre el impacto medioambiental de la tecnología digital en todo el mundo, en Europa, en España y en las organizaciones; ya no cabe ninguna duda: el impacto medioambiental de la tecnología digital es insostenible.

Según el colectivo Green IT, el sector digital representa el 40% del presupuesto sostenible anual de un europeo, es decir, unos 400 kg de CO2 equivalente de los 985 kg de CO2equivalente que cada uno de nosotros puede emitir cada año sin provocar el calentamiento del planeta. El 40% representa diez veces más de lo necesario.

Para reducir nuestra huella digital podemos actuar a nivel personal y profesional. En ambos casos, perseguiremos los mismos tres objetivos: fabricar menos aparatos que duren más y arbitren nuestros usos. Dado que casi el 80% del impacto de la tecnología digital procede de la fabricación de nuestros terminales: televisores, *smartphones*, ordenadores, etc. Cuanto menos fabriquemos, más duraderos serán y mejor nos irá.

Una vez comprendidos estos tres principios clave, ¿cómo actuar? ¿Por dónde empezar? Cuando lancé el movimiento Green IT en Francia en 2004, no existía nada. Era un desierto y teníamos que inventarlo todo: metodologías, puntos de referencia, herramientas, etcétera. Veinte años después, tras muchas dudas y errores cometidos, hemos ganado en experiencia).

Con este libro, tiene la oportunidad de beneficiarse de una guía inestimable que le facilitará pasar a la acción en su día a día profesional.

Algunas de las prácticas presentadas en este libro llegarán a ser absolutamente críticas. Por ejemplo, la armonización en curso a escala europea de la cuantificación y el etiquetado del impacto ambiental de bienes y servicios exigirá un Análisis del Ciclo de Vida (ACV); metodología que se presenta en el capítulo Medir del impacto de un SI.

Así que lo mejor es anticiparse y aplicar desde ya las mejores prácticas presentadas en este libro. Sobre todo porque, además de reducir el impacto medioambiental, pueden impulsar la rentabilidad de su empresa al reducir los costes operativos asociados al sistema de información. En tiempos de crisis económica como los actuales, hacer más con menos es clave para alcanzar el éxito.

El enfoque de Green IT que se presenta en este libro es un primer paso esencial para empezar a actuar ya, sin esperar. Las mejores prácticas a aplicar incluyen la sobriedad digital y lo que yo llamo *slow.tech*.

La sobriedad digital consiste en reflexionar sobre nuestros usos digitales para poder "desintoxicarnos" progresivamente de ellos. Es mucho lo que está en juego, porque la tecnología digital es un recurso no renovable y sus existencias se agotan a gran velocidad. Solo nos quedan décadas de tecnología digital, y no siglos.

Para avanzar hacia una mayor sobriedad digital en su empresa, puede recurrir a la *slow.tech*. Se trata de combinar *low* y *high tech* para satisfacer las necesidades. Suelo resumir este enfoque con una sencilla ecuación: *slow.tech*=(*low*+*high*).tech. La idea es sencilla, pero aterradoramente eficaz: ¿por qué obligar a los usuarios del transporte público a utilizar un *smartphone* 5G de última generación para escanear un código QR cuando se puede utilizar un simple mensaje de texto 2G para comprar un billete de tranvía o autobús? ¿Por qué utilizar la inteligencia artificial para detectar el cáncer cuando un perro (proyecto KDog del Instituto Curie) puede hacerlo igual de bien? El reto no es oponer *high tech* a *low tech*, sino encontrar el vínculo más ingenioso posible entre estos enfoques técnicos.

Poco a poco, el enfoque Green IT que inicié gracias a este libro evolucionará de forma natural hacia un enfoque de sobriedad digital que podrá acelerar gracias a *slow.tech*. Participará entonces en un movimiento de ecodiseño "radical" de sus sistemas de información y servicios digitales que le permitirá alcanzar el factor 10 antes mencionado.

Prefacios

Para ofrecer un mundo "sostenible" a nuestros hijos, tenemos que haber reducido a la mitad nuestras emisiones globales de gases de efecto invernadero para 2030. Y, según los científicos del *Stockholm Resilience Centre*, ya hemos superado 6 de los 9 límites globales. No hay tiempo que perder. Pasa página y actúa.

Frédéric Bordage, fundador del colectivo Green IT y de la asociación Green IT, cofundador de la start-up Resilio y del consorcio NegaOctet.

Prólogo

La tecnología digital está presente en nuestras vidas. Pasar tiempo delante de una pantalla, por trabajo, por entretenimiento o para comunicarse, a veces diez o doce horas al día, se ha convertido en algo habitual. Los teléfonos inteligentes han sustituido a los periódicos en el transporte público, los libros electrónicos permiten llevar una biblioteca entera de vacaciones y se pueden realizar proyectos enteros a distancia. Los dispositivos digitales, ligeros, limpios, elegantes y frágiles están por todas partes. Los servicios que prestan los ordenadores son cada vez más abundantes e indispensables: desde la economía mundial, que no puede funcionar sin estas rápidas comunicaciones, hasta los juegos más triviales, sin olvidar un sinfín de aplicaciones agradables, útiles y filantrópicas.

Al mismo tiempo, las advertencias de los científicos sobre las crisis ecológicas, repetidas a lo largo de las dos últimas generaciones, nunca han sido tan numerosas y acuciantes. Incluso los más optimistas pueden constatar los estragos y deben prestar atención a las recomendaciones: todos los sectores económicos e industriales deben someterse a una transformación rápida y profunda si queremos mitigar el caos que se avecina. Cada vez más ciudadanos, conscientes de los problemas, se preguntan cómo actuar a su nivel.

Si afecta a todos los sectores, ¿lo hace también a la tecnología digital? ¿Qué papel desempeña la informática, el reino de lo inmaterial, en el impacto de la humanidad sobre el medio ambiente? ¿Qué podemos hacer los profesionales del sector para atenuar ese impacto? ¿Es posible utilizar la tecnología digital para reducir los daños causados por otros sectores industriales? ¿Qué soluciones, estrategias y herramientas se han desarrollado hasta la fecha? ¿Cómo pueden incorporarse las Green IT y la tecnología digital responsable a las estrategias de las organizaciones?

En este libro se abordarán estas cuestiones. Está dirigido a los responsables de la toma de decisiones en el sector digital: los que gestionan sistemas de información y parques de máquinas, los que construyen soluciones informáticas (jefes de producto, diseñadores, arquitectos, desarrolladores), así como gerentes y responsables de departamento. Para leer fácilmente este libro, el único requisito previo es haber participado en proyectos informáticos. Se abordan pocos puntos técnicos avanzados. En este libro, hemos querido ofrecer una visión general de este tema. No obstante, no está dirigido al gran público, sino a los profesionales que construyen el futuro digital.

Tras una breve introducción que nos recuerda la importancia de las crisis ecológicas, el capítulo sobre el impacto de la tecnología digital de este libro explica la naturaleza y la distribución del impacto medioambiental de la tecnología digital: qué contaminación puede atribuírsele; qué la provoca y cómo se distribuye; cómo se fabrican los dispositivos, qué ocurre con ellos cuando dejan de funcionar y cuáles son sus efectos nocivos. A continuación, en el capítulo dedicado al aumento del uso y los terminales, se menciona el crecimiento de estos impactos y sus causas: la obsolescencia deliberada o no, y la proliferación de usos.

El capítulo Vocabulario y normas está dedicado a las definiciones de los diferentes términos relacionados con la Green IT y a la tecnología digital responsable; a los actores que trabajan para que se comprenda mejor el impacto de la tecnología digital y se encuentren soluciones; y a la legislación y normas actuales y futuras. A continuación, el capítulo Medir los impactos de un SI está dedicado a medir la contaminación causada por la tecnología digital: balance de gases de efecto invernadero, análisis del ciclo de vida.

Luego están las soluciones. El capítulo Optimizar los equipos y su uso está dedicado a la gestión del material: evaluar las necesidades, retar a los proveedores, elegir las etiquetas adecuadas. El capítulo Impacto y optimización del alojamiento trata del alojamiento de servicios digitales: las problemáticas específicas relacionadas con este aspecto, el potencial y los peligros del *cloud computing* y las medidas adoptadas por los actores del sector. A continuación viene lo que era el capítulo más extenso de la primera edición de este libro, que ahora se ha dividido en tres capítulos. En ellos se abordan los propios servicios digitales: cómo ecodiseñarlos, cuáles son las acciones clave, cómo aplicar este enfoque en un proyecto informático tradicional y cuáles son sus beneficios. También se presentan numerosas herramientas y estrategias.

Dado que la gobernanza de las organizaciones suele ser compleja y no es fácil introducir cambios ambiciosos, el capítulo Apoyar el cambio está dedicado a la gestión del cambio.

Por último, y para terminar con una nota positiva; un último capítulo, Innovaciones y modelos virtuosos, está dedicado a las innovaciones en materia de modelos económicos y, por supuesto, de tecnologías, que podrían permitir en el futuro que la tecnología digital consuma menos energía y materias primas y sea más respetuosa con los usuarios y con el medio ambiente.

Este libro se ha escrito teniendo en cuenta el contexto más amplio posible, desde las pequeñas empresas hasta las grandes multinacionales. De este modo, los enfoques, prácticas y herramientas compartidos deberían permitir a cada profesional, sea cual sea el tamaño de la organización en la que trabaje, utilizar la tecnología digital de una forma más responsable.

Contenido

Capítulo 2
Cada vez más usos y terminales

Capítulo 3
Vocabulario y normas

Capítulo 5
Optimizar los equipos y su uso

Capítulo 6
Impacto y optimización del alojamiento

Capítulo 7
Crear servicios responsables

Capítulo 8
Cuestionar la funcionalidad

Capítulo 9
Normas y herramientas

Capítulo 10
Apoyar el cambio

Capítulo 11
Innovaciones y modelos virtuosos

Introducción
¿Por qué la Green IT? Crisis ecológicas

1. Un planeta en crisis

¿Por qué la Green IT? ¿Por qué queremos reducir el impacto medioambiental de la tecnología digital? ¿Hasta dónde debemos llegar? Para comprender plenamente lo que está en juego y la magnitud de los esfuerzos necesarios, repasaremos brevemente el contexto en el que nos encontramos. La siguiente sección es, por tanto, un recordatorio de las crisis ecológicas actuales, sus consecuencias y una visión general de los esfuerzos necesarios para mitigarlas.

1.1 Muchas crisis ecológicas en curso

El impacto de la actividad humana en el medio ambiente se está convirtiendo en un tema cada vez más importante en las noticias, en las decisiones políticas o en los debates cotidianos. Hay muchas crisis ecológicas en curso. A continuación, una lista no exhaustiva:

- **Alteración del clima**: se produce por un aumento de la temperatura media de la atmósfera debido al exceso de gases de efecto invernadero producidos por el hombre.

- La **desaparición de la capa de ozono**: situada en la alta atmósfera, la capa de ozono nos protege de los rayos ultravioletas del sol, que descomponen el ADN. Es esencial para la vida fuera de los océanos y está amenazada por la producción de gases refrigerantes, disolventes e incluso pesticidas (bromometano).
- **Deforestación y artificialización del suelo**: para aumentar las tierras cultivables, abrir minas o ampliar las ciudades, la humanidad está invadiendo espacios antes reservados a la vida silvestre. La desaparición de los bosques provoca la emisión de grandes cantidades de gases de efecto invernadero y contribuye a la erosión de la biodiversidad por la desaparición de hábitats y especies locales.
- **Contaminación del aire, del agua y del suelo**: muchas actividades humanas (agricultura, minería, industria, transporte, etc.) provocan la dispersión de sustancias nocivas para las plantas, los animales, los insectos, la atmósfera, los ecosistemas y, por supuesto, para los propios seres humanos. La contaminación atmosférica causa millones de muertes a nivel mundial. Es una de las principales fuentes de mortalidad en el mundo, estimada en 4,2 millones al año por la OMS.
- **Consumo de agua dulce**: aunque la Tierra recibe el sobrenombre de planeta azul porque tres cuartas partes están cubiertas por océanos, solo el 1 % del agua dulce se encuentra en estado líquido. Este recurso escaso y preciado es necesario para la supervivencia de los ecosistemas y de la humanidad, pero también es importante para la industria. Se agota regularmente.
- La **rosión de la biodiversidad**: la desaparición de animales y plantas en todo el mundo se debe a la destrucción de sus hábitats (deforestación, agricultura, urbanización), su explotación por el hombre (caza, pesca, agricultura), la contaminación y el cambio climático.
- **Agotamiento de las materias primas**: la humanidad extrae cada vez más materias primas no renovables: petróleo, pero también arena, minerales y metales. Las reservas de estos materiales no son infinitas, y su explotación tiene un impacto ecológico importante y creciente.

Estos problemas son numerosos, están vinculados y son muy graves.

1.2 Consecuencias ya irreversibles

Estas crisis ecológicas tienen consecuencias para el planeta y la humanidad, algunas de las cuales ya son irreversibles. No son crisis que ocurrirán en el futuro por nuestra inacción, si no que están ocurriendo ahora mismo, y están empeorando.

El ejemplo del cambio climático es muy comentado en las noticias. Desde la revolución industrial en el siglo XIX, el uso de combustibles fósiles para las actividades humanas ha aumentado considerablemente. Esto ha provocado la emisión de gases de efecto invernadero, principalmente dióxido de carbono y metano, que tienen la capacidad de calentar la atmósfera. En 2023, la temperatura media de la atmósfera terrestre aumentó 1,4 °C con respecto al siglo XVIII, frente a 1,27 °C en 2020. Ya se aprecian cambios importantes y desastrosos. Las tormentas y las olas de calor son más extremas.

Durante todo el año 2023, varios países de Europa sufrieron tormentas de importancia, tres de ellas en noviembre. Una de ellas fue la tormenta Ciarán, que generó rachas de 207 km/h en Brest (Francia), causando víctimas mortales, varios heridos y cuantiosos daños.

En 2023 se batieron récords de temperatura en China, con 52,2°C registrados en el mes de julio. En Italia, alcanzaron los 48,8°C en Siracusa en 2021; y 50,4°C en Marruecos en agosto de 2023, e incluso 42°C en pleno invierno en Brasil. Las inundaciones mortales se multiplican en Europa Occidental (Alemania, Bélgica, Italia, Francia, Países Bajos) y en China, donde en el verano de 2023 cayeron en Pekín 744,8 milímetros de lluvia en cinco días. Al mismo tiempo, los megaincendios están destruyendo enormes extensiones de fauna, cultivos y viviendas en California, Australia e incluso Siberia Estados Unidos y Canadá, donde, el 15 de octubre de 2023, la superficie total quemada a nivel nacional era de 18,5 millones de hectáreas, más de seis veces la media de diez años (2013-2022).

Las temporadas consecutivas de sequía en el Cuerno de África y en América del Sur y Central han dado paso a inundaciones, provocando nuevos desplazamientos de población. La sequía ha reducido la capacidad del suelo para absorber agua, aumentando el riesgo de inundaciones cuando llegan las lluvias.

El dióxido de carbono permanece en la atmósfera aproximadamente un siglo. Por tanto, harán falta muchas generaciones humanas para que el clima vuelva a la normalidad. Detener las emisiones de gases de efecto invernadero no resolverá el problema, solo lo empeorará. Esto significa también que el aumento de la temperatura en 1,5 °C es ya inevitable, lo que acentuaría los efectos antes mencionados, provocando la muerte de la mayoría de los arrecifes de coral, la subida del nivel del mar, la sumersión o desertización de regiones del planeta densamente pobladas y el desplazamiento de cientos de millones de refugiados climáticos. Un mayor calentamiento tendría consecuencias aún más graves, con el riesgo de que el calentamiento global se descontrole y provoque, por ejemplo, el deshielo del permafrost.

La vida en la Tierra ha pasado por periodos de extinción masiva, en los que desapareció la mayor parte de la fauna y flora terrestre y marina. La más famosa es la extinción del Cretácico, que ocasionó la extinción de los dinosaurios. Estamos en medio de la sexta extinción masiva, llamada extinción del Holoceno y provocada por el hombre. Debido a la sobreexplotación, la contaminación o la desaparición de sus hábitats, muchas especies ya han desaparecido y siguen haciéndolo. La artificialización de la superficie terrestre está provocando una desaparición generalizada de seres vivos, estimada en un 68 % desde 1970 por el Fondo Mundial para la Naturaleza (WWF).

El agotamiento de los recursos naturales es un problema del que no se habla lo suficiente en los medios de comunicación, aunque solo sea en relación con el cambio climático o la biodiversidad. Por ejemplo, se habla poco del agotamiento del petróleo, que ahora es esencial para el funcionamiento de nuestras sociedades. Sin embargo, muchos expertos estiman que superamos el pico del petróleo en torno a 2010, es decir, el punto en el que consumimos la mitad de las reservas disponibles. Esto significa que ahora la producción está destinada a disminuir, mientras que la demanda aumenta debido al crecimiento de los países emergentes. Por tanto, habrá una subida inevitable de los precios, ya visible en 2021, y cabe esperar escasez en un futuro próximo. Este riesgo de escasez también ha sido planteado por los propios dirigentes de los productores de petróleo, como TotalEnergies.

El gas también se está agotando y las fuentes de abastecimiento de Europa, que es el mayor importador de gas, están desapareciendo, y los precios están subiendo. Esto significa también que estas fuentes de energía se pierden para las generaciones futuras: aunque quisieran, será imposible que en el siglo XXII la gente utilice el gas para calentarse o el petróleo para el transporte o para fabricar objetos de plástico.

Lo mismo ocurre con muchos materiales. Por ejemplo, el metal utilizado para las catenarias y los raíles de los trenes, desgastado y dispersado por la fricción, nunca reaparecerá en un producto manufacturado. Muchos materiales utilizados por la humanidad nunca se reciclarán, porque es sencillamente imposible recuperarlos una vez que se han dispersado. En muchos casos, esta dispersión de materiales es contaminación. Los metales pesados -plomo, mercurio, cadmio, arsénico, etc.; que se dispersan en el medio ambiente se concentran en la cadena alimentaria. En el ser humano, son alergénicos, neurotóxicos, tóxicos para la reproducción o cancerígenos. El plástico del que millones de toneladas acaban en el medio ambiente cada año, no se biodegrada. Se fragmenta. Una vez más, estos trozos microscópicos de plástico se acumulan en la cadena alimentaria, y los comemos y bebemos todos los días. Cada ser humano ingiere 5 gramos, el equivalente a una tarjeta de crédito cada semana.

1.3 Los esfuerzos necesarios son inmensos

Limitar los daños causados por estas crisis exige grandes esfuerzos sin precedentes en la historia de la humanidad.

Limitar el calentamiento global a 2 °C, como estipula el Acuerdo de París, exige que toda la humanidad reduzca sus emisiones en un 5% anual, cada año entre 2020 y 2050, al mismo tiempo que se desarrollan sumideros de carbono. A modo de comparación, los confinamientos de 2020, que ralentizaron considerablemente las actividades humanas, disminuyeron las emisiones en un 7 %. Esta reducción solo puede lograrse modificando radicalmente nuestros estilos de vida y de consumo, así como la estructura de nuestras economías. Junto a estos esfuerzos, también tendremos que adaptarnos a los cambios drásticos y a las catástrofes provocadas por la perturbación ya en curso y por otras crisis ecológicas.

La protección de la biodiversidad también requiere grandes esfuerzos reservando espacio para la vida en cualquier lugar de la Tierra, en parques protegidos pero también allí donde vive el ser humano, y limitando la contaminación. El plan de biodiversidad del Gobierno español va en este sentido. Y debemos reducir drásticamente nuestro consumo de recursos naturales, para que tengamos suficientes para los siglos venideros.

Debemos considerar los materiales disponibles en la Tierra, los ecosistemas y el clima, no como recursos o externalidades, sino como un capital; un capital necesario para nuestra civilización y nuestra existencia del que debemos servirnos con moderación.

1.4 Podemos conseguirlo, pues ya lo hemos hecho

Esta lista de catástrofes y la dificultad para resolverlas puede parecer deprimente, pero podemos actuar para preservar nuestro medio ambiente y, por tanto, nuestra civilización: ya lo hemos hecho.

Por ejemplo, en 1946, unos quince países firmaron el Convenio Internacional para la Regulación de la Caza de la Ballena. En 1948 se creó la Comisión Ballenera Internacional. Esta tomó medidas como la introducción de cuotas, seguidas de la prohibición de la caza comercial de ballenas en 1982. Como resultado, estos grandes cetáceos escaparon a la extinción, a pesar de la reticencia a esta normativa de algunos países, como Japón y Noruega.

Otro ejemplo, en 1987, el Protocolo de Montreal recomendó reducir drásticamente las emisiones de sustancias que agotaban la capa de ozono. En 1989, la Unión Europea propuso una prohibición total que fue aceptada por Estados Unidos. Según las estimaciones científicas, la capa de ozono volverá a su estado normal entre 2055 y 2065. Se trata de uno de los raros ejemplos de acción política, económica y técnica internacional concertada para resolver una crisis medioambiental.

1.5 Desarrollo sostenible

El desarrollo sostenible es una visión del desarrollo que pretende tener en cuenta las consecuencias sociales y medioambientales del crecimiento económico. La definición figura en el Informe Brundtland de la ONU de 1987: "Un modelo de desarrollo que satisface las necesidades del presente sin comprometer la capacidad de las generaciones futuras para satisfacer sus propias necesidades". Este concepto surgió tras el informe del Club de Roma sobre los límites del crecimiento, las crisis del petróleo de los años 70 y la innegable realidad de los daños medioambientales causados por la humanidad.

El desarrollo está considerado deseable y beneficioso. Por desarrollo, entendemos los cambios que se han producido en las sociedades humanas tras la revolución industrial que les han proporcionado niveles de confort sin precedentes: alimentos abundantes y ricos; viviendas cómodas, espaciosas y con calefacción; transportes eficaces, etc. Es este confort, muy extendido en los países industrializados, lo que se considera "necesidades de las generaciones actuales" y lo que deseamos preservar para las generaciones futuras. El desarrollo se ha asociado históricamente a la actividad económica y al crecimiento del PIB.

El desarrollo sostenible se centra en tres pilares:

- **Planeta** (*planet*): no dañar excesivamente el planeta (clima, ecosistemas, etc.).
- **Personas** (*people*): respetar a las personas. Hablamos aquí de condiciones de trabajo dignas, pero también de desigualdad y despojo de tierras, de cultivos y de recursos.
- **Beneficio** o **Prosperidad** (*profit*): mantener una economía sana, se considera deseable y necesario. Además, las catástrofes ecológicas acaban por condenar la prosperidad económica. La palabra "*profit*", que tiene una connotación negativa en inglés, puede sustituirse por "*prosperity*" para expresar mejor esta idea de confort material duradero más que de sed de riqueza.

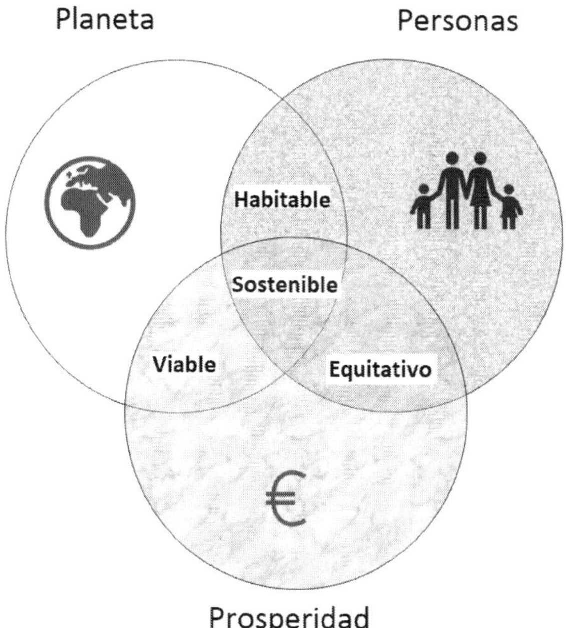

Diagrama que ilustra los tres pilares del desarrollo sostenible

La noción de desarrollo sostenible es muy criticada. El término es bastante vago y puede utilizarse para describir políticas más o menos virtuosas. Muchos lo ven como un oxímoron: el desarrollo es la fuente de la destrucción que esperamos mitigar, y el propio término "desarrollo" implicaría un crecimiento infinito, imposible en un mundo finito. La definición tal cual está desfasada, puesto que, a diferencia de los años 80, las crisis medioambientales ya no conciernen únicamente a las generaciones futuras, sino que forman parte de nuestra vida diaria. También es interesante señalar que el término apareció unos 35 años antes de que se escribiera este libro, y que desde entonces se han tomado pocas medidas efectivas. Han pasado dos generaciones desde que las preocupaciones ecológicas aparecieron por primera vez en la agenda de la gobernanza mundial. Hoy en día, estos problemas están en el centro de la actualidad. Así que es justo decir que aquellas personas de las futuras generaciones mencionadas en su momento que deberían haberse salvado ya han nacido.

El desarrollo sostenible es, sin embargo, un marco de pensamiento muy extendido, utilizado por muchos actores: gobiernos y agencias gubernamentales, Unión Europea, empresas, ONG, think tanks, etc. Entre otras cosas, permite pensar en cómo aplicar de forma pragmática medidas para reducir el impacto ambiental de un producto o servicio dentro de una empresa, que es lo que nos interesa en este libro. La responsabilidad digital es la aplicación de los conceptos del desarrollo sostenible al mundo digital.

Capítulo 1
El impacto de la tecnología digital

1. Introducción

Antes pasar a hablar del impacto de la tecnología digital en el planeta y de su contribución a las crisis ecológicas, recordemos brevemente lo formidable que es esta herramienta y cómo ha cambiado nuestras vidas y sociedad para mejor.

Empecemos por lo más obvio: en el momento en el que estamos escribiendo estas líneas, a principios de 2024, el valor de lo digital como medio de comunicación es indiscutible.

El teletrabajo ya existía antes de los confinamientos impuestos por el COVID-19, e incluso había *digital nomads*, autónomos que aprovechaban la posibilidad del teletrabajo para viajar. Hoy en día, la posibilidad de trabajar desde casa cuando se tiene un empleo de oficina es algo natural y parece haberse convertido en algo habitual, entre uno y tres días a la semana, sin que la relación con los compañeros deje de ser importante.

Muchos proyectos se hacen totalmente a distancia. Este libro es un ejemplo: no nos reunimos físicamente con el editor y no vivimos en el mismo lugar. Algunas empresas incluso utilizan un *remote first* (a distancia) y organizan seminarios de forma ocasional.

De hecho, gracias a la tecnología digital, cualquiera puede hacer muchas cosas desde el salón de su casa. Todos los creadores de contenidos, músicos, autores, diseñadores, creadores de vídeos entretenidos o instructivos; pueden llegar a su público sin tener que desplazarse. Antes había que estar en el lugar idóneo, tener los contactos y rodearse de los profesionales adecuados para desarrollar una carrera artística. Además, estos creadores pueden financiar sus proyectos con donaciones gracias *al crowdsourcing*.

La tecnología digital facilita mucho el acceso al conocimiento y a la cultura. Ahora se pueden llevar a todas partes miles de libros, cientos de álbumes, vídeos, etc. Los periódicos y la actualidad, que antes se imprimían, ahora están disponibles en línea.

Wikipedia, la famosa enciclopedia libre, es un proyecto digital emblemático. El conocimiento de la humanidad está disponible gratuitamente, en cualquier lugar del mundo conectado. Era una quimera para los escritores de ciencia ficción de mediados del siglo XX. Sin embargo, la página web existe y es de uso común hoy en día. Además de ser gratuita y de libre acceso, voluntarios de todo el mundo crean y actualizan los contenidos de Wikipedia. Aunque haya que relativizar la información relacionada con acontecimientos actuales, la enciclopedia es fiable la mayor parte del tiempo. No hay controversia sobre descubrimientos científicos que tienen un siglo de antigüedad, ni con temas relacionados con la geografía o la botánica.

La informática se creó para realizar tareas de cálculo de forma rápida y eficaz. Como suele ocurrir, la idea nació en el ámbito militar, con el Proyecto Manhattan y el descifrado de los mensajes nazis cifrados con máquinas Enigma por el gran matemático Alan Turing. Después, la herramienta se extendió a todos los sectores económicos, haciéndose indispensable, dado que contribuyó a la aceleración y optimización económica. Hoy en día, no existe prácticamente ninguna actividad económica en la que no se utilice la informática.

La tecnología digital es una herramienta vital, sobre todo en medicina. Instrumentos de diagnóstico por imagen como los escáneres y las resonancias magnéticas salvan vidas a diario. Los objetos conectados se utilizan para controlar a los pacientes enfermos y alertar al personal sanitario de cualquier incidencia.

Gracias a los superordenadores, también podemos modelizar la circulación del aire y de las nubes y predecir el tiempo, lo que resulta muy útil a diario. Podemos modelizar el clima a largo plazo y predecir mejor las adaptaciones esenciales que hay que hacer como consecuencia de las alteraciones climáticas.

La tecnología digital también es una herramienta para la investigación científica. Todos los campos de investigación se basan ahora en herramientas informáticas para obtener imágenes o realizar simulaciones que permitan comprender mejor los fenómenos. Incluso las pruebas matemáticas se hacen ahora con ordenadores. Los robots que exploran Marte son dispositivos digitales, al igual que la sonda Hayabusa 2, que trajo a la Tierra trozos de un asteroide en 2020, o el telescopio JWST, sucesor del famoso Hubble, que despegó el día de Navidad de 2021. Estas aplicaciones se benefician de los avances de la electrónica de consumo, como la miniaturización.

Además de ser una herramienta para la investigación y la economía, y un vector para los creadores de contenidos, la tecnología digital es también una herramienta para la creación artística. En la actualidad, las artes gráficas dependen en gran medida de herramientas informáticas (Photoshop, Illustrator, etc.). Los músicos también utilizan dispositivos digitales; por ejemplo, los guitarristas utilizan simuladores de amplificadores y efectos, y algunos artistas componen directamente música electrónica.

El mundo digital tiene incluso su propia belleza. Los mundos puramente virtuales, las páginas web, los blogs, los juegos, etc.; son creaciones artísticas. Incluso la programación, que desde lejos puede parecer fríamente lógica y complicada, permite cierta expresividad.

Y desde finales de la década de 2000, con los smartphones, todas estas ventajas están disponibles en todo momento. La tecnología digital une y cultiva a las personas. La tecnología digital es bella y útil. Está en el centro de nuestra sociedad y de nuestras vidas, y de ella se manan muchos mensajes positivos.

2. Impacto de la digitalización mundial

¿Cuál es el impacto ecológico de la tecnología digital en la humanidad? Estudios recientes muestran cifras sobre el papel de este sector en las crisis ecológicas, la escala, la distribución y la evolución.

2.1 Un impacto significativo

Lo digital no es inmaterial, tiene un impacto medioambiental, como todos los sectores de actividad. La concienciación sobre esta cuestión del público en general y de los actores del sector aumentó en 2018 y 2019 con la publicación de los estudios del Shift Project.

Estos documentos muestran que, a escala mundial, la tecnología digital representa algo menos del 4 % de las emisiones de gases de efecto invernadero, lo que puede compararse con el impacto de las flotas de vehículos ligeros (8 % de las emisiones de gases de efecto invernadero) o de la aviación civil (2,5 %).

El estudio de GreenIT.fr, basado en un ACV (análisis del ciclo de vida - véase el capítulo Medir el impacto de un SI) de tipo screening, incluye también una estimación del consumo de agua del sector digital mundial, evaluado en un 0,2 %. Esto puede no parecer mucho, pero el agua se consume localmente y la tecnología digital puede competir con otros usos como la agricultura, la alimentación doméstica o la industria, lo que puede resultar problemático en lugares donde este recurso escasea (por ejemplo, los estados desérticos americanos) o en épocas de sequía.

Otras fuentes tienen estimaciones diferentes debido a diferencias metodológicas y a fuentes de datos imperfectas. La energía digital representa entre el 2,1 % y el 3,9 % de las emisiones mundiales de gases de efecto invernadero.

En 2022 y 2023, la ADEME (la agencia francesa para el desarrollo y la gestión de la energía) y la ARCEP (Autoridad francesa reguladora de las comunicaciones electrónicas, el correo y la distribución de prensa) elaboraron conjuntamente, en tres lotes, un estudio del impacto de la tecnología digital en Francia, con un análisis prospectivo de su evolución.

Muestra que el sector digital (en Francia) representa 16,9 millones de toneladas equivalentes de CO_2 en emisiones de gases de efecto invernadero, es decir, el 2,5 % de la huella de carbono. Los dispositivos digitales consumen 48,7 TWh, es decir, el 10,3 % del consumo eléctrico en el país. Por habitante y año, el sector digital emite tanto como 2.259 km en coche, produce 299 kg de residuos y desplaza 932 kg de materias primas. Desgraciadamente, el consumo de agua no está incluido en los resultados de este estudio.

Las proporciones son diferentes según nos fijemos en el impacto en el mundo o en Francia, por varias razones: Francia tiene más equipos digitales que la media mundial, la producción de electricidad en el país emite menos gases de efecto invernadero y utiliza más agua que la media, y los tipos de terminales y usos digitales difieren.

2.2 ¿Cómo se distribuyen estos impactos?

El estudio ADEME/ARCEP nos muestra el reparto de los impactos medioambientales según tres categorías: usuarios, redes y centros de datos. Según el indicador elegido, entre el 66,3 % y el 91,8 % de los impactos medioambientales de la tecnología digital en Francia se sitúan al nivel de los usuarios.

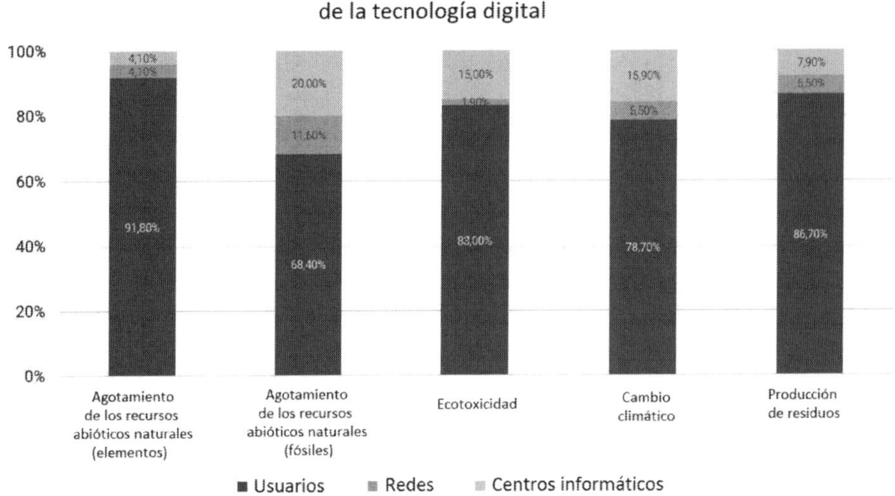

Desglose del impacto medioambiental de la tecnología digital entre usuarios, redes y centros de datos, ADEME/ARCEP, 2022

Sin embargo, este estudio no tiene en cuenta el impacto de los centros informáticos que no están situados en Francia. Eric Fourboul ha realizado un análisis añadiéndolos, que arroja un desglose más equilibrado: el 42 % de las emisiones de GEI del sector digital procederían así de los centros de datos, frente al 15,9 % del estudio ADEME/ARCEP. Este reparto también se encuentra en estudios de alcance mundial, como los del Shift Project.

Otro punto interesante es que si tenemos en cuenta todos los diferentes tipos de impactos ambientales. El mayor impacto se produce durante la fabricación de los aparatos y no durante el uso de los mismos.

Esto se debe a que los dispositivos digitales son objetos complejos, fabricados a partir de una amplia gama de materias primas (vidrio, silicio, aluminio, oro, plata, cobre, tierras raras, etc.); que se transforman para crear componentes que luego se transportan para su ensamblaje. Este proceso consume mucha energía y tiene muchos y variados impactos ambientales (consumo de agua, recursos naturales, distintos tipos de contaminación, etc.). Además, suele tratarse de pequeños aparatos que consumen muy poca electricidad.

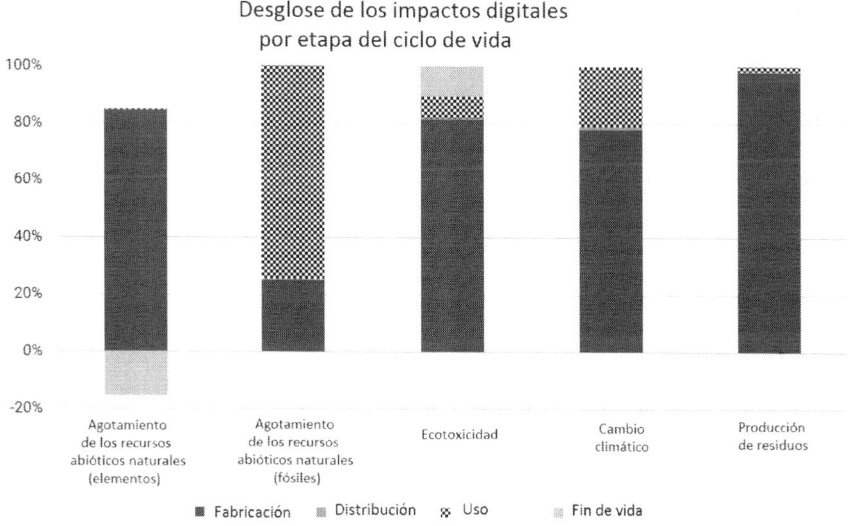

Desglose de los impactos digitales por etapa del ciclo de vida, ADEME/ARCEP 2022

Durante su periodo de uso, el impacto ambiental de los dispositivos digitales procede del consumo de electricidad. La producción de electricidad es una de las principales fuentes de emisión de gases de efecto invernadero a nivel mundial.

2.3 Un impacto creciente

El impacto de la tecnología digital es, por tanto, significativo. A diferencia de otros sectores, también está creciendo. El impacto de la tecnología digital se duplicará o incluso triplicará entre 2010 y 2025, según el indicador elegido. Shift Project, en su escenario más conservador, prevé un crecimiento de las emisiones de gases de efecto invernadero asociadas al sector del 6 % anual, alcanzando alrededor del 5,5 % de las emisiones mundiales en 2025. Este crecimiento se debe al aumento del número de terminales en el mercado y al incremento del tráfico en la red.

El estudio ADEME/ARCEP examina varios escenarios, pero el escenario tendencial conduce a un aumento significativo de los impactos, ya sea en términos de huella de carbono, consumo de energía o uso de recursos.

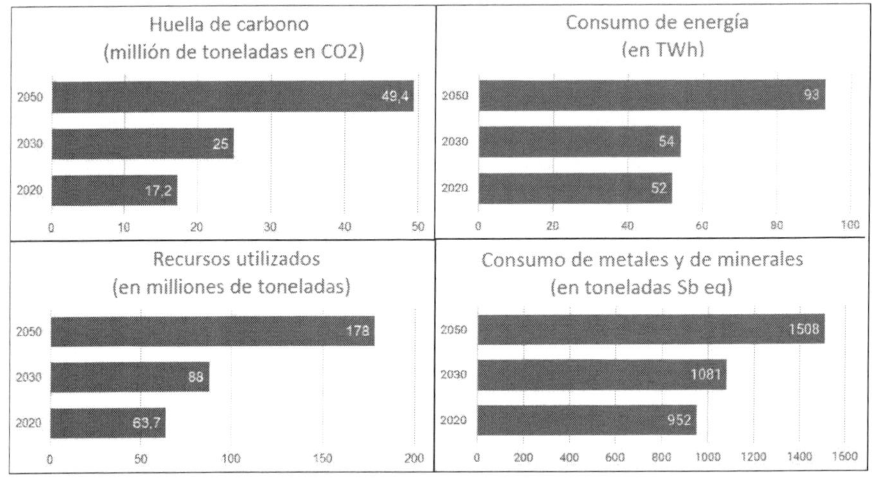

Evolución del impacto de la tecnología digital en el escenario tendencial, ADEME/ARCEP 2022

El número de smartphones en el mundo crece un 9 % al año, impulsado por la progresiva adopción de teléfonos inteligentes en los países emergentes, pero también por la tendencia de los países que ya disponen de ellos a sustituirlos demasiado deprisa (véase la sección sobre Aumento del uso y los terminales).

Sin embargo, son los nuevos objetos conectados, pulseras, altavoces, televisores, videovigilancia, etc.; los que están impulsando más este crecimiento que los propios smartphones. Como muestra el Shift Project en su informe Lean ICT, es el IoT (*Internet of Things*) el que está impulsando la mayor parte del crecimiento del número de dispositivos.

La mayoría de los dispositivos digitales están conectados a la red. Además, los vídeos que ya representan el 80 % de todo el tráfico, se emiten a resoluciones cada vez más altas, por lo que requieren cada vez más información, y se añaden nuevos usos: streaming, juegos en línea, aumento del tráfico de datos.

Observación

Según algunas fuentes, como el trabajo del investigador Jens Malmodin, las emisiones digitales de GEI disminuirán, de nuevo debido a las diferentes hipótesis, metodologías y bases de datos. Pero dado el aumento del número de dispositivos y servicios, y el progresivo equipamiento de los países emergentes, parece más probable un aumento: cada vez hay más tecnología digital en nuestras vidas, y el impacto ecológico asociado aumenta proporcionalmente.

2.4 El papel estructural de las infraestructuras

El uso y el consumo de energía vienen determinados por las decisiones tomadas en el desarrollo de las infraestructuras de red.

La reacción del público en general y la aparición de un debate sobre el 5G demuestran que los ciudadanos se han dado cuenta de que cuestiones técnicas como el despliegue de una nueva infraestructura digital, son asuntos que les conciernen, son asuntos políticos. Los sucesivos despliegues de las redes anteriores (4G, 3G y 2G) no causaron especial revuelo.

La mejora de las infraestructuras es consecuencia del creciente número de dispositivos conectados y de la intensidad cada vez mayor del ancho de banda de los servicios digitales. Pero también es, para sus promotores, una fuente potencial de nuevos usos que generarán más tráfico, o incluso la fabricación de nuevos dispositivos conectados. Esperamos que se añadan o intensifiquen multitud de usos de entretenimiento: videojuegos, realidad aumentada, incluso realidad virtual, descarga o streaming de vídeos de alta resolución (la videoconferencia y la voz sobre IP ya funcionan bien con 4G), así como el despliegue de numerosos objetos conectados, sensores de contaminación, videovigilancia, mobiliario urbano capaz de comunicarse con vehículos inteligentes o incluso autónomos, y robots industriales.

¿Es inevitable este crecimiento del uso? Por el momento, la gobernanza digital consiste simplemente en gestionar su crecimiento. Podríamos imaginar que no se limitara a esto, sino que este crecimiento se limitara o incluso se detuviera.

La presencia de una infraestructura determina la escala de utilización. Aunque no hay límites de uso, la utilización de ancho de banda y recursos de servidores y redes, así como el número de terminales conectados, es cada vez mayor. Esto está llevando a los responsables de la toma de decisiones a instalar nuevas infraestructuras, como la red 5G, para seguir el ritmo del crecimiento. Como estas infraestructuras han seguido el ritmo del crecimiento, los creadores de servicios no tienen incentivos para optimizar sus productos, y el crecimiento continúa.

El despliegue de nuevas infraestructuras también tiene un coste medioambiental y energético en sí mismo: hay que fabricar las antenas y conectarlas a la red, además de suministrarles electricidad. Aunque la red 5G consuma menos por byte, es probable que el consumo de energía de los operadores aumente, al menos unas decenas de puntos porcentuales, debido a la necesidad de instalar más antenas, más cerca unas de otras, para ofrecer mayores velocidades. Los resultados de los primeros despliegues realizados por Huawei en China, por ejemplo, indican incluso que este consumo se ha triplicado.

Pero el despliegue de la 5G incitará a los usuarios a renovar sus equipos y comprar nuevos dispositivos digitales para aprovechar los nuevos usos de entretenimiento que surgirán. El Alto Consejo francés por el clima estima que la huella de carbono del sector digital aumentará entre un 18 % y un 44 % hasta 2030, principalmente a causa de estos nuevos terminales.

3. Impactos de la fase de uso de las infraestructuras y de los terminales

3.1 Producción de electricidad

Los dispositivos digitales consumen electricidad cuando se están usando.

La electricidad puede generarse a partir de diversas fuentes: carbón, gas, uranio, agua, viento, luz solar, etc. Algunas de ellas, sobre todo los combustibles fósiles (gas y carbón), pero también las presas, pueden movilizarse rápidamente para hacer frente a una fuerte demanda. Las energías renovables intermitentes (solar, eólica) dependen de los elementos: si es de noche o no hace viento, no hay producción; por lo que se necesitan otras fuentes para compensar.

No existe la energía limpia. Todas las fuentes de energía presentan inconvenientes. Los combustibles fósiles emiten muchos gases de efecto invernadero, la energía nuclear produce residuos peligrosos y de larga vida (aunque en pequeñas cantidades y parcialmente reciclables); y la energía solar y eólica requieren grandes cantidades de materiales. Por ejemplo, para sustituir la central de Fessenheim se necesitan 4.000 aerogeneradores, cada uno de los cuales requiere toneladas de hormigón y materiales compuestos para las aspas. Se necesita cobre para conectar cada panel solar y cada aerogenerador a la red eléctrica. Los paneles solares requieren mucha arena para el vidrio, silicio y otros materiales raros para la electrónica. Construir una presa hidroeléctrica significa inundar un valle. Por tanto, cada tipo de generación de electricidad tiene un impacto medioambiental diferente.

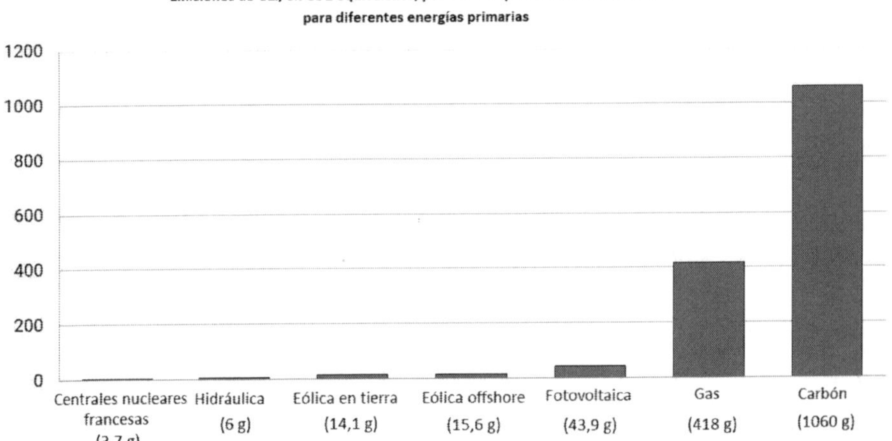

Emisiones de GEI por kWh de diversas fuentes primarias, según la base de datos empreinte de ADEME

Todas las fuentes de energía utilizadas por un país para producir su electricidad constituyen su combinación eléctrica. Como cada combinación eléctrica es diferente, el impacto medioambiental de la fase de uso de los dispositivos digitales es, por tanto, diferente según el país y el momento de uso.

Los datos sobre emisiones de gases de efecto invernadero son bastante fáciles de encontrar. La página web https://electricitymap.org/ ofrece incluso un mapa que muestra la intensidad de carbono de la electricidad en Europa en tiempo real. Francia aparece generalmente en verde, ya que su combinación eléctrica emite muy poco y exporta esta electricidad a sus vecinos. En su base de datos ADEME proporciona las emisiones de GEI asociadas a la producción de un kWh de electricidad en un gran número de países. Irlanda, que ha atraído a muchos de los centros informáticos que prestan servicio en Europa, se sitúa en la mitad del pelotón, con 0,458 gramos de CO_2 equivalente por kWh.

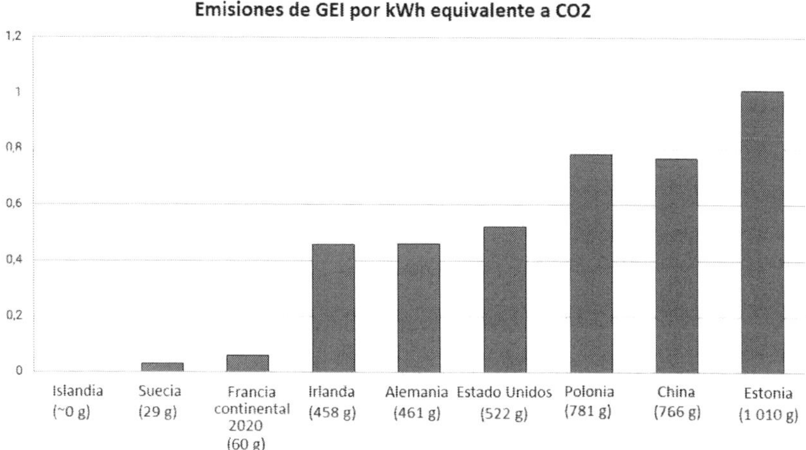

Emisiones de GEI por kWh en varios países, según la base de datos de ADEME

3.2 La no linealidad del consumo eléctrico de los terminales

Cabe esperar que el consumo eléctrico de los aparatos dependa del uso de los mismos. Por ejemplo, un rúter no consume casi nada si no hay tráfico de red, pero consume mucho más si se utiliza para descargar. De hecho, no es así. Tras un estudio realizado por ARCEP en 2024, casi el 95 % de la electricidad consumida por un rúter no depende de la intensidad de su uso.

Es posible encontrar otros ejemplos que muestran esta no linealidad en el consumo eléctrico de los dispositivos digitales en función de su carga. Por ejemplo, la demostración en línea de Scaphandre, una herramienta diseñada específicamente para medir el consumo eléctrico de las aplicaciones en un servidor; muestra que el consumo eléctrico total del servidor tiene un mínimo por debajo del cual nunca disminuye.

Sin embargo, los fabricantes son conscientes de este problema y están optimizando sus máquinas para evitar el consumo innecesario de energía. Por ejemplo, los servidores están cada vez más optimizados para consumir menos energía cuando están inactivos, como demuestra un estudio del Laboratorio Nacional Lawrence Berkeley. Pero este no es el caso de todos los dispositivos, sobre todo los equipos de red, ni, por supuesto, de los servidores más antiguos.

Esto significa que **desde el momento en que se*enciende*una infraestructura digital, incluidos terminales de cliente, servidores y redes, consume electricidad, se utilice o no**. Por eso es importante sacar el máximo partido de la infraestructura utilizándola al máximo de su capacidad. Ahorrar recursos de servidores y redes no reducirá en la misma medida el consumo de energía. En cambio, es una buena manera de evitar la necesidad de desplegar nuevas infraestructuras.

3.3 Comparación de las emisiones de GEI con el uso de nuestros productos

Enviar 200 correos electrónicos a la semana durante un año emite algo más de 1 kg de CO_2 de GEI. Si añadimos un archivo adjunto de 1 MB, esta cifra aumenta a 11 kg de CO2. Del mismo modo, 10 horas de streaming HD a la semana durante un año emiten 16 kg de CO2, o lo que es lo mismo, menos de tres comidas de carne de vacuno. Nótese que esta cifra se duplica con creces en 4K.

Estas cifras no incluyen el impacto de la fabricación de los dispositivos de los usuarios, sino el impacto de su uso, así como la transmisión de datos y la construcción y uso de centros de datos.

Se miden teniendo en cuenta el impacto total de las infraestructuras digitales y dividiéndolo por el tráfico. Por tanto, tienen una limitación importante: como hemos visto antes, el consumo de las infraestructuras digitales depende solo parcialmente de su carga, por lo que atribuir una fracción del total a un uso concreto es engañoso.

En la misma página web se puede observar el impacto de fabricar un smartphone (30 kg de CO_2), un ordenador portátil (135 kg de CO2) o un televisor (350 kg de CO_2). La comparación muestra claramente que, para un particular (o incluso para una pequeña empresa), centrarse en el uso tiene poca relevancia.

Comparación de las emisiones de GEI asociadas al uso digital con otras acciones cotidianas

3.4 El impacto de los centros de datos

Según un estudio de la Agencia Internacional de la Energía (AIE), los centros de datos, incluidas las granjas de criptomonedas, consumen el 2 % de la electricidad mundial, es decir, unos 460 TWh. La AIE estima que esta cifra aumentará a entre 620 y 1050 TWh en 2026 (800 TWh en el escenario preferido). Esto equivale a sumar el consumo de un país europeo (Francia consumió 424 TWh en 2020).

El impacto de las criptomonedas es significativo: la AIE calcula que solo el bitcoin habrá consumido 120 TWh en 2022. La IA (inteligencia artificial) también está aumentando la demanda: la AIE estima que este uso se multiplicará por diez en los próximos años.

Este aumento del consumo de los centros de datos se produce a pesar del desarrollo del *cloud computing*, de los centros de datos a hiperescala y de las numerosas innovaciones destinadas a optimizar el consumo de energía en las salas de servidores: confinamiento de los racks, pasillos calientes y fríos, *free cooling* y utilización de equipos que soportan variaciones importantes de temperatura.

La optimización tiene sus límites y, a medida que el tráfico siga creciendo, habrá que instalar nuevas infraestructuras, con el consiguiente aumento del consumo eléctrico.

Además, el impacto de los centros de datos no se limita a su consumo de electricidad. Su fabricación, es decir, la construcción de edificios y la fabricación de equipos informáticos, representa el 15 % de su huella de emisiones de gases de efecto invernadero. También son responsables de impactos locales, como el elevado consumo de agua. En Estados Unidos, un centro de datos de 15 MW consume hasta 1700 millones de litros de agua al día.

3.5 Las redes móviles consumen más energía que las alámbricas

Una red 5G, por ejemplo, se compone de estaciones base y numerosas antenas con distintos alcances, todo lo cual necesita alimentación eléctrica.

Además, el tráfico móvil ha aumentado un 60 % al año entre 2015 y 2020. En el mismo periodo, el consumo eléctrico de la red ha aumentado un 25 %. Por tanto, se ha ganado mucho en eficiencia, pero el consumo de energía sigue aumentando. Según el Shift Project, las redes móviles consumen ahora 1,5 veces más energía que las redes alámbricas.

3.6 Ondas electromagnéticas

Algunos usuarios están preocupados por el impacto de las ondas electromagnéticas producidas por los dispositivos digitales durante su uso.

Estamos constantemente rodeados de una gran cantidad de radiación electromagnética. La luz visible forma parte de ella, al igual que los rayos infrarrojos emitidos por la tierra o incluso por los seres humanos, visibles por cámara infrarrojos y utilizados por los termómetros sin contacto. Las ondas de radio, utilizadas por las redes móviles y Wifi, derivan del mismo fenómeno físico, pero con un parámetro diferente: la frecuencia. Las radiaciones ultravioletas, de rayos X y gamma, conocidas como radiaciones ionizantes, son peligrosas porque rompen las moléculas. La luz visible y las ondas de mayor longitud de onda, como los infrarrojos, las microondas y las ondas de radio, no son ionizantes.

El efecto de las radiaciones no ionizantes sobre el cuerpo humano es calentar los tejidos, como hace la luz solar. A bajos niveles de exposición, menores consecuencias. Además, la potencia recibida disminuye con el cuadrado de la distancia al emisor.

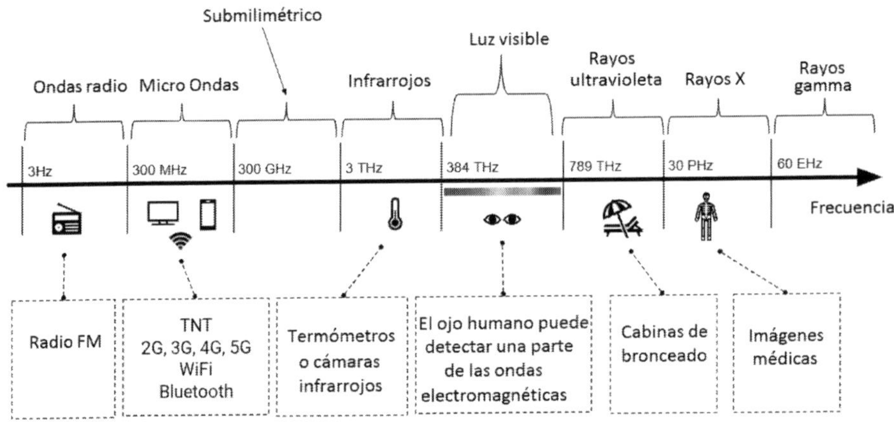

Rangos de frecuencia de las ondas electromagnéticas con sus nombres y algunos usos

Numerosos estudios han examinado el posible impacto de la exposición a las ondas de radio en la salud humana, sin que existan pruebas concluyentes de un efecto. Para mayor seguridad, se han establecido normas de exposición, pero los niveles reales de exposición son mucho más bajos.

Además, llevamos un siglo utilizando ondas de radio para la radio y la televisión. Tenemos teléfonos móviles desde hace tres décadas y redes wifi desde hace casi el mismo tiempo. No se han registrado grandes problemas de salud pública relacionados con estas tecnologías. Si las ondas electromagnéticas tienen un impacto, es en cualquier caso mucho menor que muchos otros peligros cotidianos como la contaminación atmosférica, que, como hemos dicho antes, mata a más 100 000 personas al año, o los metales pesados o los plásticos de nuestros alimentos (se cree que los ftalatos matan a 100 000 personas al año en Estados Unidos).

4. Impacto de la fabricación de terminales

Como hemos visto, la fabricación de dispositivos es responsable de la mayor parte del impacto medioambiental de la tecnología digital. En esta sección, detallaremos los impactos y las causas, así como los límites al crecimiento de la tecnología digital en todo el mundo y los riesgos asociados.

4.1 Fabricar un dispositivo high-tech: una tarea costosa para el medio ambiente

4.1.1 Importantes emisiones de gases de efecto invernadero

Shift Projet indica en su informe Lean ICT de 2018 que el 90 % de los gases de efecto invernadero emitidos por un smartphone a lo largo de su vida útil se emiten durante su fabricación. Si tenemos en cuenta los datos de la base *empreinte* de ADEME, encontramos una proporción similar del 87 % de emisiones durante la fabricación para un smartphone, alrededor del 74 % para un ordenador portátil y el 82 % para un televisor. Esta proporción es más equilibrada en el caso de aparatos mucho menos miniaturizados y que consumen más electricidad, como las secadoras y las lavadoras.

También hay datos sobre un ordenador de alto rendimiento donde domina ligeramente el impacto del uso.

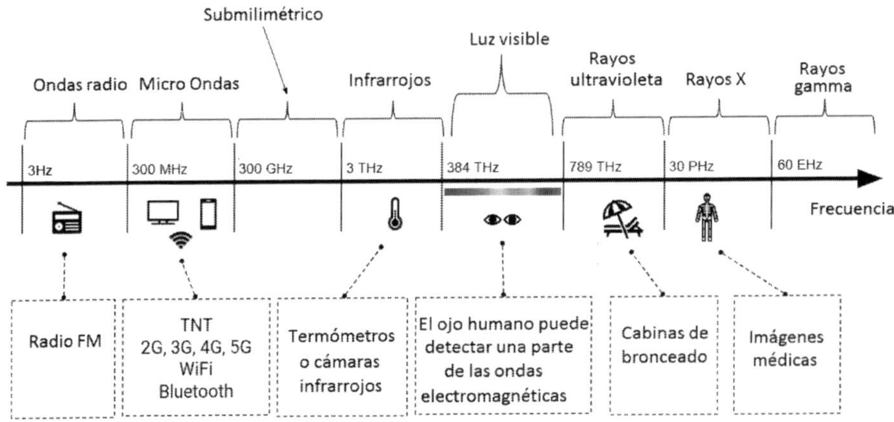

Desglose de las emisiones de GEI por etapa del ciclo de vida de diversos aparatos eléctricos, según la base de datos empreinte de ADEME

En el caso de los dispositivos *high-tech*, con la excepción de los servidores, la mayor parte de las emisiones de gases de efecto invernadero proceden de la fabricación. Se necesita mucha energía para extraer y transformar los minerales metálicos y otras materias primas necesarias para fabricarlos.

También es necesario para producir, transportar y montar los componentes, y para transportar los propios productos acabados a la tienda. Esta energía no visible por el usuario se denomina "energía gris". A diferencia de la fase de uso, el impacto de esta energía gris es comparable al de otras actividades contaminantes que consumen combustibles fósiles, como los largos viajes en coche o en avión.

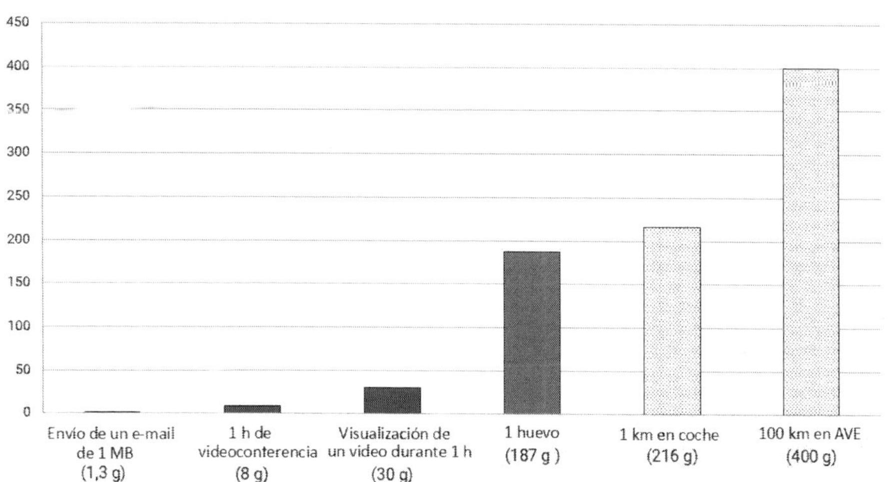

Comparación de las emisiones de GEI asociadas a la fabricación de dispositivos digitales con otras acciones cotidianas, según The Shift Project y la base de datos empreinte de ADEME

4.1.2 Alto consumo de materias primas

Los dispositivos *high-tech* son máquinas complejas fabricadas con muchos materiales diferentes. Si tomamos el ejemplo de un smartphone, la batería contiene litio, además de cobalto, carbono y aluminio. La electrónica contiene el famoso silicio que dio nombre a un valle de California, cobre, estaño, pero también oro, níquel, plomo y elementos con nombres menos familiares como gadolinio o praseodimio. La pantalla está hecha de vidrio, y por tanto de sílice, pero también de aluminio, estaño, indio (un metal transparente, conductor y flexible, esencial para las pantallas táctiles), terbio, europio, etc. En total, hay entre 50 y 70 elementos diferentes en un dispositivo.

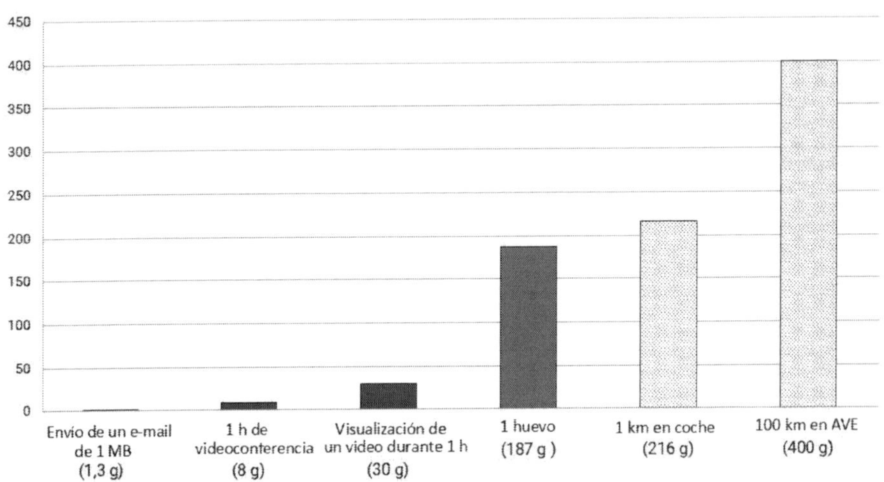

Algunos de los elementos químicos presentes en un smartphone

Los componentes electrónicos se fabrican con aleaciones complejas que tienen propiedades especiales que permiten miniaturizarlos. Por ejemplo, los imanes utilizados en los para la fabricación de motores vibratorios de los teléfonos contienen ferrita, pero también neodimio o samario, para aumentar su potencia magnética a pesar de su pequeño tamaño. Con estas limitaciones de rendimiento y miniaturización, es muy difícil sustituir un material por otro. También se necesitan metales muy puros para crear estas aleaciones de alto rendimiento, lo que significa que no es fácil utilizar metal reciclado.

Es cierto que para un smartphone o un pequeño objeto conectado se necesitan relativamente pocos materiales en términos de masa. El smartphone final pesa apenas unos cientos de gramos, y la mayor parte es vidrio, aluminio, plástico y cobre. En el caso de las tierras raras y los metales raros, que son las vitaminas de las aleaciones y les confieren sus propiedades; apenas se utilizan unos gramos por dispositivo. Pero este pequeño volumen debe multiplicarse por el número de terminales fabricados y en circulación. En su informe "Consumo de metales digitales", *France stratégie* pone el ejemplo del galio y el germanio, que son semiconductores y dopantes para las fibras ópticas. La demanda mundial es de varios centenares de toneladas al año para fabricar 1.400 millones de smartphones. Los grandes aparatos digitales, como las pantallas de televisión o las pantallas publicitarias, consumen matemáticamente más materiales.

Para obtener los metales necesarios para las aplicaciones digitales hay que utilizar mucho material. La concentración de cobre en el mineral es de un máximo del 3 %, pero puede ser tan baja como el 0,3 %. Así que hay que purificar 3 toneladas de mineral para obtener un kilo de cobre. En "*La guerra de los metales raros: La cara oculta de la transición energética y digital*", Guillaume Pitron señala que hacen falta 50 toneladas de mineral para obtener 1 kg de galio, y 1.200 toneladas para 1 kg de lutecio. Según la ADEME, se necesitan 221 kg de materias primas, sin contar el agua y la energía, para fabricar un smartphone, y 836 kg para un ordenador portátil.

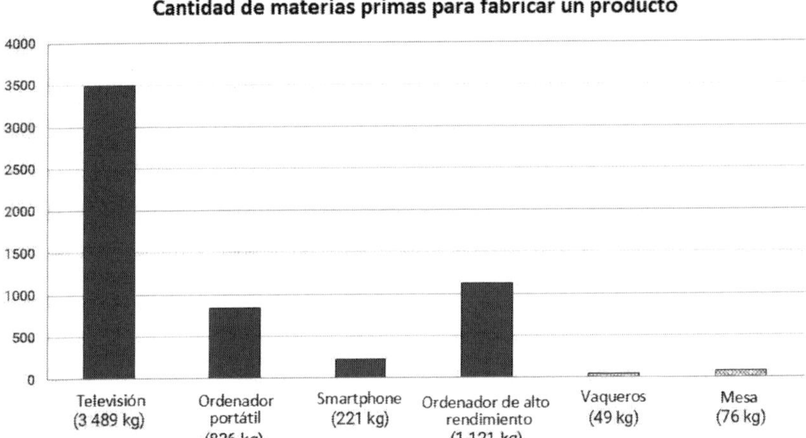

Materias primas necesarias para fabricar cámaras digitales, según ADEME

4.1.3 Materiales procedentes de actividades mineras muy contaminantes

La minería representó el 10 % del consumo mundial de energía primaria en 2012. Este consumo va en aumento y podría alcanzar el 40 % en 2030. También se necesitan grandes cantidades de agua.

La creación de una mina también significa destruir el suelo superficial y, por tanto, sacrificar una gran extensión de vida salvaje, granjas e incluso pueblos. La mina de carbón de Hambach, en Alemania, por ejemplo, ocupaba una superficie de 43,8 km^2 en 2017 -la mitad de París- y acabará extendiéndose hasta los 85 km^2. La mina de cobre de Geamana, en Rumanía, es inusual, ya que tanto ella como su cuenca de drenaje se han tragado un pueblo. Los cambios en el uso del suelo como consecuencia de la minería, como la deforestación, contribuyen a la pérdida de biodiversidad en la Tierra.

La extracción de estos materiales también provoca contaminación local. Esta contaminación es incluso más importante como la que se produce en países que no tienen las mismas normas de protección del medio ambiente que los países desarrollados.

France Stratégie enumera los siguientes tipos de contaminación:

- **Contaminación del agua**: por el desagüe de ácidos de las minas, rica en metales tóxicos; el desbordamiento de las cuencas de sedimentación durante las lluvias; o, peor aún, su ruptura y la escorrentía de aguas cargadas de sedimentos. Esta contaminación es muy perjudicial para la fauna acuática, incluso lejos de las zonas de explotación.
- **Contaminación atmosférica**: por emisiones de gases y partículas, cuya naturaleza depende de la explotación.
- **Contaminación del suelo**: por el polvo transportado por el viento y la lluvia, y los vertidos químicos.

En Baotou (China), ciudad apodada el "Silicon Valley de las tierras raras" por ser el lugar de producción a gran escala, esta contaminación perjudica los cultivos, el ganado y la salud de los habitantes. La situación es igual de dramática en el Congo, donde se extrae cobalto, donde la contaminación de los ríos compromete la vida acuática y donde la población local sufre enfermedades e incluso malformaciones congénitas.

4.1.4 Consumo de agua significativo, a veces problemático a nivel local

La minería es responsable de la mayor parte del consumo de agua en el entorno digital. El agua es necesaria en todas las fases de purificación de los minerales para transformarlos en metales. Pero el agua también es necesaria para producir componentes como los semiconductores. En total, se necesitan hasta 27 litros de agua para fabricar un chip electrónico de un cm^2. Si multiplicamos esta cifra por el número de componentes fabricados en todo el mundo, es mucha agua. Por ejemplo, Intel afirma utilizar 37 millones de m^3 al año y Samsung 90 millones.

A nivel local, este consumo puede ser problemático. Este fue el caso de Taiwán en 2021. La fabricación de semiconductores es una industria muy desarrollada en esta isla, y el gigante TSMC, en particular, se hizo con el 50 % del mercado en 2017. Sin embargo, se necesita agua muy pura para enjuagar los discos de silicio en los que se graban los transistores que deben sumergirse en agua para realizar este grabado. Para algunas plantas, este consumo representa una proporción significativa de las reservas disponibles localmente, y entra en conflicto con otros usos, como la agricultura. Durante las recientes sequías hubo que transportar agua en camiones cisterna para abastecer los centros de fabricación.

En otro ejemplo, STMicroelectronics cuya planta está situada cerca de Grenoble, está lanzando un proyecto de expansión en un momento en que habrá consumido el 20 % del agua potable de Grenoble para 2022, lo que ha provocado reacciones locales.

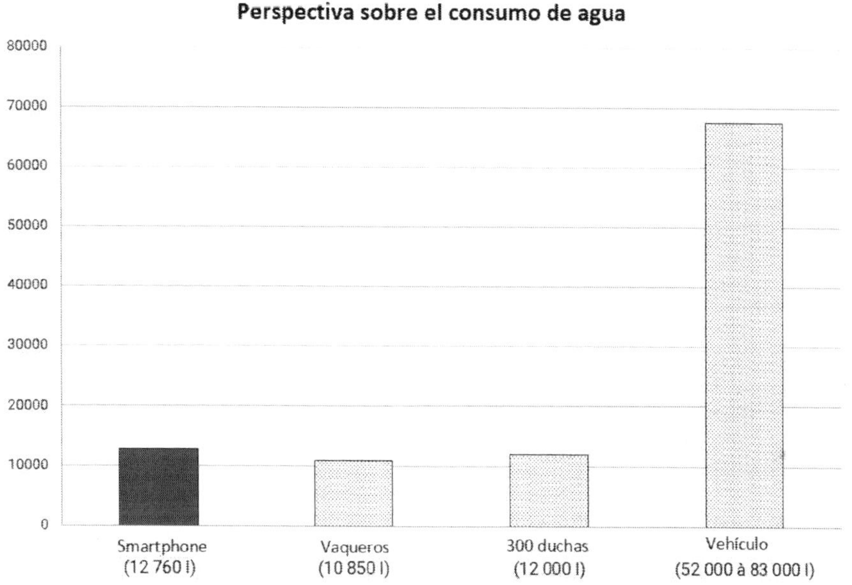

Consumo de agua necesario para fabricar un smartphone, según https://www.watercalculator.org/

4.2 Agotamiento de los recursos naturales

La explotación de los recursos necesarios para la tecnología digital no solo es muy costosa desde el punto de vista medioambiental, sino que además estos recursos se están agotando. Aunque siempre hemos conseguido encontrar nuevas reservas explotables de materiales, su explotación es cada vez más difícil y puede resultar imposible a largo plazo. A esto se añaden las limitaciones económicas, industriales, geográficas y geopolíticas, así como el fuerte crecimiento de la demanda, todo lo cual podría provocar tensiones en el suministro y escasez en un futuro próximo. Esta situación preocupa a muchos agentes, como ADEME, *France Stratégie*, CNRS y la Agencia Internacional de la Energía, que advierten de que cabe esperar escasez en las próximas décadas.

4.2.1 Recursos frente a reservas

Para entender mejor la problemática, debemos separar y definir dos conceptos.

Los **recursos** son los materiales disponibles en la Tierra en su totalidad. En función de lo que sabemos, estos pueden "medirse" o "suponerse". Los recursos son lo que podríamos imaginar explotar si dispusiéramos de medios infinitos en términos de tecnología, energía y tiempo.

Las **reservas** son la proporción de recursos que pueden explotarse en las condiciones actuales. Son los recursos presentes en los yacimientos activos. Deben ser accesibles con las tecnologías actuales y deben ser rentables. Por tanto, la cantidad de reservas depende de la evolución del precio de la materia prima en cuestión y de los costes de extracción, que dependen, entre otros factores, del precio de la energía.

Por tanto, las reservas disponibles de una materia prima varían en función de la evolución tecnológica y del mercado. Pero la apertura de nuevas explotaciones y la modificación de las condiciones de producción no se producen con la misma rapidez que la evolución de los precios: se necesitan varios años, o incluso décadas, para realizar estos cambios. Así que hay tensiones de suministro entre el aumento de la demanda y la puesta en marcha de nuevas capacidades de producción. Además, los operadores tienen que decidir si el aumento de la demanda es sostenible antes de invertir en este tipo de grandes proyectos, lo que hace que estos cambios sean aún menos fluidos.

También necesitamos establecer cadenas de suministro para transformar los recursos en productos que puedan ser utilizados por la industria, lo que plantea problemas de investigación y desarrollo, inversión y dependencia industrial y geopolítica. La escasez de semiconductores en 2021, que ha provocado retrasos en la producción y la entrega de pedidos en muchos sectores, ilustra estas tensiones y dependencias cíclicas. Sin embargo, el silicio es un mineral abundante en la Tierra.

Otra dificultad es que muchos materiales, sobre todo los necesarios para la tecnología digital, son subproductos de otros materiales. En otras palabras, la extracción de un metal produce otros elementos. Por ejemplo, el indio, que se utiliza en las pantallas táctiles, es un subproducto del estaño y el plomo. Pero los mercados de estos metales no están necesariamente vinculados. El germanio solo puede extraerse del mineral de zinc. El cobalto es un subproducto del cobre, el plomo y el zinc, pero no depende totalmente de ellos.

Estas dependencias entre productos son también una de las causas de las tensiones potenciales en el mercado y de la posible escasez de materias primas que preocupan a los agentes y responsables.

Hierro	Aluminio	Cromo	Cobre	Titanio	Plomo-Zinc	Níquel	Estaño
Zinc	Vanadio	Paladio	Plata	Arsénico	Plata	Plata	Plata
Plomo		Platino	Oro	Bismuto	Cobre	Oro	
Galio		Arsénico	Molibdeno	Antimonio	Paladio	Platino	
		Bismuto	Paladio	Titanio	Cobalto	Indio	
			Platino		Iridio	Niobio	
			Zinc		Cadmio	Osmio	
			Circonio		Cobalto	Rodio	
			Hafnio		Galio	Rutenio	
			Cobalto		Germanio	Selenio	
			Iridio		Indio	Telurio	
			Osmio				
			Renio				
			Rodio				
			Rutenio				
			Selenio				
			Telurio				

Dependencias en la producción de metales (primera línea del cuadro) y sus subproductos, según Benoît de Guillebon y Philippe Bihouix

4.2.2 Un contexto geopolítico que favorece las tensiones

Muchos de los materiales necesarios para fabricar cámaras digitales se producen en unos pocos países. El 65 % de la producción de cobalto procede de la República Democrática del Congo y el 90 % de la de tierras raras, de China. Por tanto, estos países se llevan la peor parte de la contaminación asociada a la extracción.

Pero esta situación es peligrosa. Los países productores pueden utilizar sus monopolios para subir los precios, crear tensiones en el suministro o presionar a las potencias rivales. Por ejemplo, como señala Guillaume Pitron en "*La guerra de los metales raros: La cara oculta de la transición energética y digital*", las empresas chinas se negaron a suministrar tierras raras a Japón tras un incidente diplomático sobre el archipiélago Senkaku/Diaoyu en 2010.

Como demostraron las crisis del petróleo de los años setenta, la dependencia de un recurso crítico permite a un pequeño número de actores geopolíticos tener una gran influencia en el mundo. Dependemos en gran medida de la tecnología digital y, por tanto, de estos materiales críticos, y el número de países productores es mucho menor que el de los miembros de la OPEP (Organización de Países Exportadores de Petróleo).

4.2.3 Reservas cada vez menos explotables

En 1950, las reservas de cobre (yacimientos conocidos que podrían explotarse de forma rentable) se estimaban en 38 años de consumo, en 1990 en 35 años y en 2010 en 34 años. Esta cifra se mantiene más o menos igual a pesar de un consumo cada vez mayor, gracias a la explotación de nuevos yacimientos. Esto podría parecer positivo: el mercado sigue consiguiendo mantener el ritmo de la demanda. El problema es que el mineral de cobre que extraemos es cada vez menos concentrado y de acceso cada vez más difícil. Así que el cobre es cada vez más caro en términos de consumo de energía y de impacto medioambiental.

En 1770, la concentración del mineral de cobre rondaba el 12 %. Hoy en día, muy a menudo es inferior al 1 %. Esta tendencia se aplica a todos los metales. Las primeras minas explotadas por la humanidad se encontraban a nivel del suelo. En el siglo XX, se encontraban a unos cientos de metros de profundidad. Hoy en día, la mina a cielo abierto de Bingham Canyon, en Estados Unidos, se encuentra a 1.200 metros de profundidad y la mina de oro subterránea de Tau Tona, en Sudáfrica, a 3.900 metros. Así que, para satisfacer la demanda, hay que excavar cada vez más profundo y utilizar minerales cada vez menos concentrados.

La minería representó el 10 % del consumo mundial de energía primaria en 2012. Esta cifra podría aumentar hasta el 40 % en 2030. Este espectacular aumento se debe al descenso de las concentraciones y al agotamiento de las reservas más fácilmente accesibles. Este descenso de la concentración también implica un mayor consumo de agua.

Así que cada vez necesitamos más agua y energía para extraer el mineral. Si seguimos así, llegará un momento en que no podremos extraer nada. Será imposible obtener localmente agua suficiente para purificar el mineral. Del mismo modo, la energía necesaria para hacer funcionar las máquinas será demasiado grande, sobre todo con el fin programado de los combustibles fósiles. Por tanto, la minería será imposible.

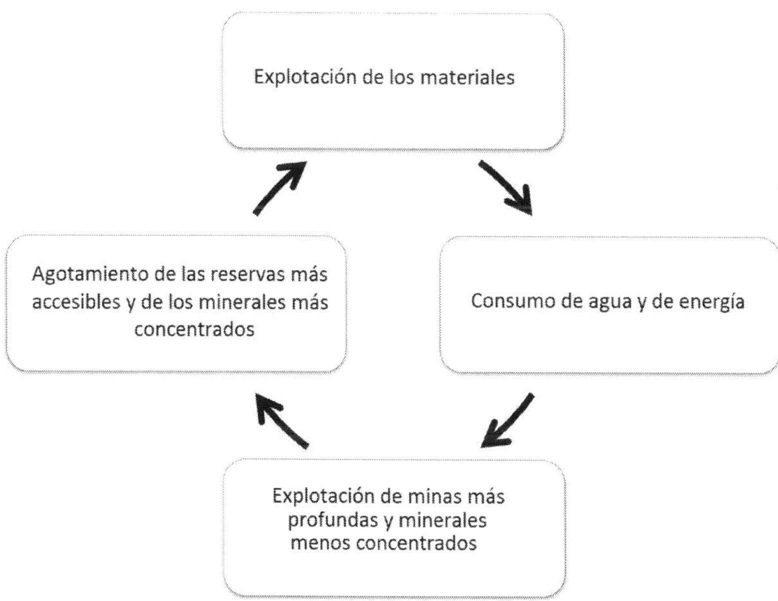

El círculo del agotamiento de los recursos: la minería es cada vez más difícil

4.2.4 El futuro de los recursos: peak everything, subida de precios, escasez y colapso

Si explotamos un recurso disponible en cantidades finitas, llegará un momento, al cabo de años o siglos, en que habremos consumido la mitad de la cantidad disponible. En ese momento, la producción solo puede disminuir, lo que, si la demanda sigue siendo la misma, provoca escasez y conflictos. Este momento crucial es el **pico** de recursos. En la práctica, debido a la complejidad de evaluar las reservas en función de los límites técnicos, físicos y económicos, es muy difícil estimar la fecha exacta del pico.

Según la Agencia Internacional de la Energía (AIE), el pico (el *peak oil* en inglés) del petróleo convencional se alcanzó en 2006, y actualmente se estima en 2025, teniendo en cuenta el gas de esquisto estadounidense. Esto significa que el petróleo será cada vez más escaso y caro. Sin embargo, el petróleo es actualmente esencial para el transporte de personas y mercancías en todo el mundo, así como para la minería y la producción de muchos productos manufacturados, incluidos los dispositivos digitales.

En un momento en que la demanda solo puede aumentar como resultado del desarrollo de la tecnología digital y las energías renovables, la AIE dijo en 2021 sobre el cobre: "La producción de las principales minas de cobre existentes ya ha alcanzado su punto máximo o se espera que lo haga a principios de la década de 2020, debido a la disminución de la calidad del mineral y al agotamiento de las reservas.".

En el futuro, si prolongamos las curvas de demanda y explotación de los recursos, alcanzaremos más o menos rápidamente el pico de los distintos materiales. Existe un riesgo real de que alcancemos en el siglo XXI un "pico de todo" *peak everything*.

No se trata de catastrofismo, sino de un tema que preocupa a *France Stratégie*, al CNRS, a la Agencia Internacional de la Energía, a la Comisión Europea e incluso a la ADEME, que en 2017 dijo que "la escasez de ciertos materiales minerales podría producirse en un futuro próximo (diez años)".

De 5 a 50 años	De 50 a 10 años	De 100 à 1000 años
Indio	Cobre	Aluminio
Galio	Uranio	Fósforo
Germanio	Níquel	Cromo
Antimonio	Cadmio	Selenio
Hafnio	Titano	Tántalo
Oro		Platino
Plata		Tierras raras
Estaño		
Plomo		
Zinc		
Renio		
Arsénico		

Número de años de reservas de metales raros y preciosos según Dodson et al

De hecho, ya en 1972, los autores del informe del Club de Roma "*Los límites del crecimiento*" identificaron en sus diversos escenarios el fin del crecimiento económico y demográfico y su colapso en algún momento del siglo XXI, debido al agotamiento de las materias primas y la contaminación, por no hablar de otras crisis ecológicas.

4.3 Condiciones laborales de los trabajadores digitales

La explotación de materias primas no siempre se hace en buenas condiciones para los trabajadores. Un informe de Amnistía Internacional de 2016 condenaba el uso de mano de obra infantil en la fabricación de productos electrónicos. Una parte importante del cobalto utilizado en estos productos procede de minas a pequeña escala de la República Democrática del Congo, donde trabajan niños. Los mineros están expuestos a accidentes mortales (al menos 80 muertes entre septiembre de 2014 y diciembre de 2015) y a enfermedades pulmonares o dermatológicas, debido a la falta de equipos adecuados. Trabajan hasta 12 horas diarias, sea cual sea su edad, por unos pocos euros. Del mismo modo, 10.000 niños, algunos de tan solo 5 años, trabajan en las minas de mica de Madagascar.

Tampoco son ideales las condiciones en los lugares donde se ensamblan los componentes para fabricar dispositivos digitales de lujo. Foxconn, el famoso subcontratista de Apple encargado de ensamblar los teléfonos, se ha visto envuelto en varias polémicas sobre las condiciones laborales en sus fábricas, incluida una oleada de suicidios en 2010. Los testimonios apuntan a discriminación y humillación, y a un ritmo infernal en las cadenas de montaje, aunque reconocen que los trabajadores están bien pagados si hacen muchas horas extra.

5. Impactos al fin de la vida útil

Como hemos visto, el sector digital es responsable de impactos ambientales cuando se utilizan los dispositivos a través del consumo de electricidad, así como cuando se fabrican con los impactos de la minería, la fabricación y el transporte de los componentes. ¿Qué ocurre cuando los equipos llegan al final de su vida útil? ¿Tiene esto también un impacto medioambiental significativo? ¿El reciclado permite ahorrar recursos naturales?

5.1 RAEE

Como todos los productos, los equipos digitales se convierten en residuos al final de su vida útil. Es lo que se conoce como RAEE: residuos de aparatos eléctricos y electrónicos, que engloba todos los aparatos que se pueda imaginar, desde frigoríficos hasta teléfonos móviles y paneles fotovoltaicos. Según el último informe de la ONU, en 2022 se producirán 62 millones de toneladas, frente a los 34 millones de 2010. Esto representa 7,8 kg por persona en todo el mundo, con una distribución desigual según las regiones (de 17,6 kg en Europa a 2,5 kg en África).

Estamos viendo una mejora en el tratamiento de estos residuos. Según el mismo estudio, en 2019 se reciclaron correctamente el 17,4 % de residuos. Ahora se ha aumentado al 22,3 %. En el caso de los equipos informáticos, se estima que el 22 % de los equipos pequeños (en particular ordenadores y teléfonos) y el 25 % de las pantallas se procesan correctamente. El aumento constante de las normativas internacionales y locales, sobre todo en lo que respecta a la responsabilidad de las empresas productoras de RAEE, parece estar funcionando.

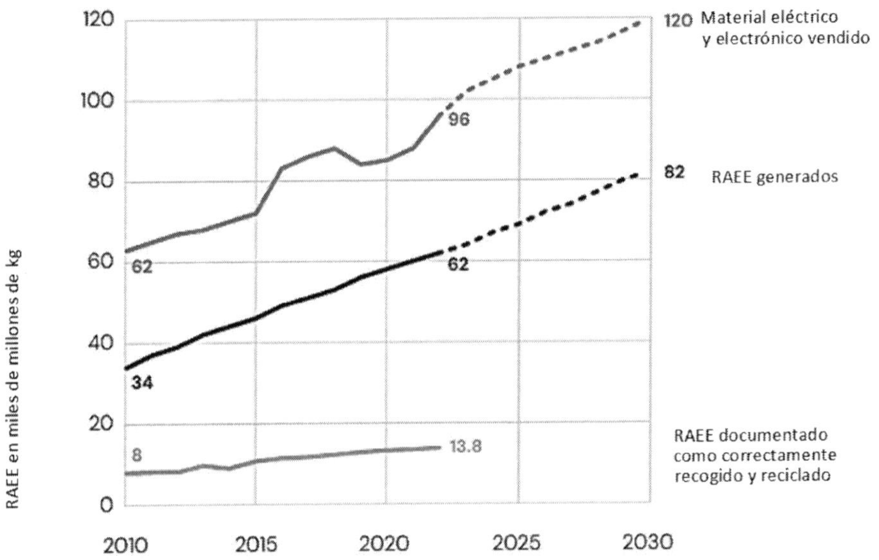

Tendencias mundiales en la producción de aparatos y residuos electrónicos y eléctricos .

5.2 ¿Solo basta con reciclar?

Los recursos naturales que se han extraído y están ahora presentes en forma de productos manufacturados en nuestras casas, cajones, garajes, almacenes y vertederos, pueden considerarse reservas que pueden explotarse para satisfacer la demanda de materiales para producir nuevos bienes. Se habla incluso de "minas urbanas". De hecho, hay más concentración de oro en un smartphone que en los minerales de las minas explotadas actualmente.

5.2.1 Incentivos para la recuperación

Están surgiendo nuevas formas de actuación por parte de la industria y las autoridades locales para combatir la generación de RAEE y aumentar el uso de canales sostenibles de tratamiento de residuos.

Hasta ahora, la compensación de residuos electrónicos se ha centrado en productos con un valor intrínseco percibido, como teléfonos móviles, tabletas y ordenadores portátiles, como en el caso del proyecto nigeriano de compensación financiera ECoN (parte de la alianza PREVENT Waste), que ha ampliado la gama de productos a baterías y pantallas. Este proyecto ha demostrado que el modelo también se ha probado en el caso de las pantallas de ordenador, que tradicionalmente son productos de valor negativo. Estos programas animan a la gente a devolver los equipos que ya no se usan o no sirven, y a integrarlos en planes de segunda vida o reciclaje. Más cerca de casa, esto es lo que están poniendo en marcha muchas plataformas de compra cuando se adquiere un teléfono nuevo; y en el caso de las empresas, se están reforzando las prácticas de recogida y tratamiento de los aparatos electrónicos de oficina como parte de sus prácticas de Green IT o RSC.

De los RAEE recogidos y procesados, la mayor parte de las materias primas contenidas en los aparatos se reciclan. En la Unión Europea se producen cada año 13 millones de toneladas métricas de residuos electrónicos. El informe de la ONU sobre la gestión de los RAEE estima que el valor económico de las materias primas que podrían extraerse de ellos ascendería a casi 26.000 millones de euros. Para conservar estas materias primas, cada vez más fabricantes de equipos informáticos establecen sistemas de gestión del final de la vida útil de sus equipos. Es el caso de Apple, se anima a los consumidores a canjear sus equipos por un crédito de compra o una tarjeta regalo de Apple a través de su programa de intercambio. Cisco y Dell Technologies también recogen residuos electrónicos directamente de sus consumidores.

5.2.2 Complejidad del reciclado y áreas de mejora

Es muy difícil reciclar equipos de *high-tech*. Los componentes electrónicos están formados por aleaciones complejas, con algunos componentes en concentraciones muy bajas. Las industrias de reciclado tienen que identificar qué metales están presentes en cada componente, lo que no es necesariamente fácil; y separarlos unos de otros, lo que puede resultar muy costoso en términos de energía, agua y disolventes. Para demostrar esta complejidad, *France Stratégie* cita el ejemplo de la planta de reciclaje de Umicore en Bélgica, que requirió una inversión de mil millones de dólares, y compara este coste con el necesario para una planta de reciclaje de papel, que oscila entre 30 y 50 millones de dólares.

En la práctica, los metales que se reciclan son los que abundan en los equipos y son de fácil acceso, como el cobre, el hierro (70 % reciclado), el aluminio (50 % reciclado) y metales muy preciosos como el oro, la plata y el platino (más del 50 % reciclado). Los "pequeños metales" utilizados en la alta tecnología apenas se reciclan: el indio, el neodimio y el galio se reciclan en menos de un 1 %. Además, los metales recuperados tras el reciclado no suelen ser lo bastante puros como para reutilizarlos en equipos de alta tecnología: es lo que se conoce como "degradación por uso".

Dado que no todos los metales pueden reciclarse (al menos con las tecnologías actuales) y que están sujetos a degradación por el uso, incluso en un mundo ideal en el que todos los productos se procesaran, habría que seguir extrayendo materias primas de las minas para satisfacer la demanda. Esto es tan cierto que la demanda es cada vez mayor. Por tanto, en el mejor de los casos, el reciclaje solo puede ralentizar el agotamiento de los recursos naturales si la producción de productos a partir de estos recursos no disminuye significativamente.

5.3 Contaminación local

Una parte importante de los RAEE producidos por la humanidad se desvía hacia canales ilegales y acaba en lugares de tratamiento inadecuados. Estos canales se aprovechan de una laguna en la legislación: se autoriza la exportación de productos electrónicos en estado de funcionamiento, considerados de segunda mano. En la práctica, sin embargo, no se comprueba que los aparatos funcionen o que vayan a ser revendidos para su uso y no desmontados.

El ejemplo de Agbogbloshie, en Ghana, un vertedero de RAEE cerrado en la actualidad, está bien documentado. Un estudio de la ONU considera que este vertedero es el más contaminado del mundo, incluso más que Chernobil. Jóvenes y niños trabajaban allí 12 horas al día, seis días a la semana, por menos de dos euros al día. Su trabajo consistía en desmontar los residuos electrónicos para recuperar el cobre, el aluminio y el hierro que contenían. El lugar está contaminado con plomo, cadmio, mercurio y arsénico. Estos contaminantes son arrastrados por la lluvia al río y la laguna cercanos; y luego al Golfo de Guinea. Las personas que han trabajado allí sufren quemaduras, daños oculares, problemas respiratorios y cáncer. Hay otros lugares similares en todo el mundo, como Guiyu, en China.

Ante estos problemas, China ha prohibido las importaciones de RAEE desde 2018, pero esto no ha detenido completamente el mercado. Otros países, como Malasia, devuelven los residuos a los países exportadores.

Observación

Anteriormente, se afirmaba que el valor financiero del reciclado de metales se aproximaba a los 26.000 millones de euros, a los que podría añadirse un ahorro de más de 34.000 millones de euros vinculado al cese del tratamiento por problemas de salud causados por impactos medioambientales vinculados al mal tratamiento de los RAEE.

Capítulo 2
Cada vez más usos y terminales

1. Introducción

El capítulo anterior destacaba los diversos impactos ecológicos asociados al sector digital. Entre los factores presentados, uno especialmente preocupante es el crecimiento previsto del sector digital. Aquí exploramos algunas de las razones de este crecimiento, analizando en particular una serie de usos recientes o emergentes y sus impactos específicos.

2. Cada vez más terminales de usuario

Antes de entrar en detalles sobre las razones de esta evolución, detengámonos un momento en la arquitectura implantada por los servicios digitales conectados, es decir, basada en intercambios cliente-servidor (los servidores suelen estar situados en un centro de datos conectado a Internet). Esta arquitectura tiene tres niveles:

- La capa de "usuario" formada por los propios terminales, ya sean ordenadores, smartphones u objetos conectados.
- La capa de "red" que permite transmitir información entre terminales y servidores.

- La capa de "centro de datos", donde se encuentran los servicios de Internet que consumen los terminales y que permite recoger, tratar y almacenar los datos de los usuarios.

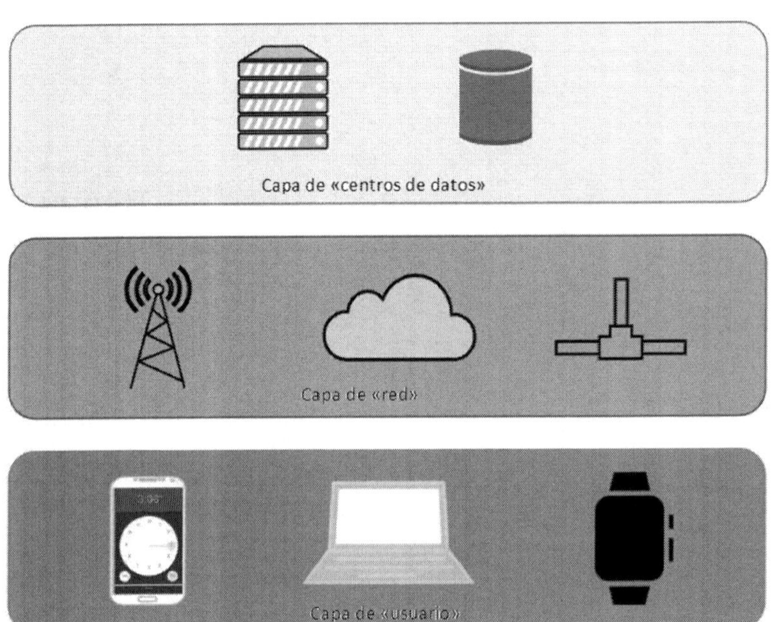

Arquitectura de un servicio digital conectado

Esta arquitectura es similar a las propuestas por los estudios, Shift Project o ADEME/ARCEP presentados en el capítulo anterior. Sin embargo, es importante señalar que, aunque estas capas son distintas, son interdependientes. En particular, el crecimiento del número de terminales en la capa de "usuario" conlleva un crecimiento de las necesidades en las otras dos capas.

2.1 Cambios en las tendencias de compra

Todo el mundo puede constatar la omnipresencia de los dispositivos digitales en nuestras vidas. Una gran mayoría de la población tiene un *smartphone* y uno o varios ordenadores, entre otros objetos conectados. Las tendencias en el número y las ventas de estos dispositivos son interesantes porque, como vimos anteriormente, representan la mayor parte de los impactos de la tecnología digital.

Según una encuesta realizada en 2024, en 2022 se vendieron 20,6 millones de teléfonos móviles, un 3 % menos que en 2021. Por tanto, las ventas están cayendo, y esta caída es aún más acusada a nivel mundial. El descenso de las ventas de smartphones es una tendencia mundial desde 2017.

Tres cuartas partes de los teléfonos vendidos en 2022 eran nuevos, pero los mercados de reacondicionado y de segunda mano están creciendo. La proporción de teléfonos vendidos con un forfait de grupo es minoritaria y está disminuyendo.

Otros tipos de equipos siguen una tendencia similar: en 2022 se vendieron un 7 % menos de pantallas y un 22 % menos de portátiles que en 2021.

Desgraciadamente, estas caídas en las ventas no significan necesariamente un menor impacto ambiental, ya que los equipos que salen al mercado tienen pantallas más grandes y mayores capacidades.

2.2 El impacto de la transición digital

La transición digital o transformación digital, se refiere al fenómeno fundamental iniciado a principios de los años 2000 que consistía en utilizar las posibilidades que ofrecen Internet y los avances del mundo digital para transformar los modos de funcionamiento y los modelos económicos de los distintos agentes de la sociedad (empresas, poderes públicos, asociaciones, etc.).

Desde los años 70, la tecnología digital se ha utilizado para mejorar la eficiencia y la productividad de los procesos empresariales existentes (por ejemplo, informatizando el procesamiento y almacenamiento de datos, pero también ofreciendo herramientas que ahorran tiempo en tareas cotidianas, como escribir una carta).

La fase de transición digital, por su parte, está provocando un vuelco en los usos y está impulsando a las empresas a reinventar sus modelos de negocio (véase la sección sobre modelos de negocio en el capítulo Innovaciones y modelos virtuosos). Estos cambios radicales se basan, en particular, en el uso generalizado de Internet y de los terminales de usuario conectados a ella.

Ya se trate de ordenadores de sobremesa, portátiles, tabletas o teléfonos inteligentes, la mayoría de los terminales de usuario permiten ya el uso de servicios en línea. Esta conexión está sustituyendo usos que antes se realizaban sin recurrir a la tecnología digital (por ejemplo, tomar asiento en el transporte público o declarar impuestos) y dando acceso a nuevos servicios (por ejemplo, plataformas que ponen en contacto directo a los usuarios, como Airbnb o Milanuncios).

Asistimos, pues, a un efecto de amplificación: la transición digital aprovecha las nuevas capacidades que ofrecen los terminales conectados, creando nuevas oportunidades comerciales. Estas fomentan la creación de nuevos servicios digitales, que a su vez conducen a un aumento del número de terminales, y financian la investigación de nuevas capacidades técnicas.

Aunque algunos de estos bucles pueden parecer positivos y dar lugar a avances en los conocimientos técnicos y a la aparición de nuevas tecnologías; también existen fenómenos mucho menos virtuosos, como las prácticas conocidas como obsolescencia programada.

2.3 Obsolescencia programada

Para definir la obsolescencia programada, nos remitimos al artículo L441-2 del Código de Consumo francés [Enlace 2]: "Está prohibida la práctica de la obsolescencia programada, que se define como la utilización de técnicas, incluidos los programas informáticos, mediante las cuales el responsable de la comercialización de un producto pretende deliberadamente reducir su vida útil".

Esta prohibición se introdujo en la legislación francesa en 2015, y la terminología fue modificada por la ley de 15 de noviembre de 2021 (véase Vocabulario y normas).

En general, existen tres tipos de obsolescencia programada: obsolescencia psicológica, obsolescencia técnica y obsolescencia del software.

2.3.1 Obsolescencia psicológica

También conocida como obsolescencia estética u obsolescencia cultural, consiste en crear en el usuario de un producto la sensación de que su producto está anticuado, presentando una nueva versión del producto como más "a la moda"; este comportamiento corre el riesgo de incitar al usuario a sustituir un producto que sigue siendo funcional.

En el mundo digital, este mecanismo suele ir acompañado de la oferta de nuevas funciones que los usuarios no necesariamente utilizan. Por ejemplo, los fabricantes de smartphones juegan con criterios estéticos (teléfonos cada vez más planos, con pantallas sin bordes, con materiales "nobles", etc.) y con la evolución de las características técnicas (tamaño de pantalla, resolución, conectividad) para incitar a los usuarios a renovar sus equipos.

Se trata, por supuesto, de una obsolescencia basada en criterios subjetivos, por lo que parece difícil de demostrar fácticamente, sobre todo en el ámbito digital (en comparación, por ejemplo, con el ámbito de la moda).

2.3.2 Obsolescencia técnica

La obsolescencia técnica se refiere a la aplicación de mecanismos que limitan la vida útil de un equipo, ya sea directamente haciendo que el producto sea inutilizable tras un determinado número de ciclos de uso; o indirectamente, haciendo que el producto sea muy difícil de reparar o limitando la disponibilidad de piezas de repuesto.

En la web es.wired.com se pueden encontrar varios ejemplos históricos de mecanismos de obsolescencia, y en particular el ejemplo del "Cartel de Phœbus" formado en los años 20 por los principales productores de bombillas incandescentes, que acordaron en su momento limitar el tiempo de funcionamiento de una bombilla a 1.000 horas, cuando la tecnología permitía alcanzar las 2.300 horas. Más cerca de nosotros, la asociación HOP (véanse las asociaciones que figuran en el capítulo Vocabulario y normas) presentó en 2017 una denuncia contra el fabricante de impresoras Epson, al que acusaba, entre otras cosas, de limitar deliberadamente la vida útil de sus cartuchos de tinta. Al parecer, en el momento de escribir estas líneas, el caso aún no ha llegado a los tribunales.

En un extenso artículo, la página web iFixit detalla el mecanismo de emparejamiento de piezas: se identifica una pieza de un dispositivo y no se puede sustituir por otra, aunque sea absolutamente idéntica, sin inutilizar el aparato o dificultar su uso (con notificaciones incesantes, por ejemplo). Esta técnica ha sido utilizada por Apple y Samsung, entre otros.

Para luchar contra estos mecanismos abusivos, la legislación francesa introdujo la obligación de mostrar un " Índice de Reparabilidad" en cinco categorías de productos: lavadoras con ventanas, smartphones, ordenadores portátiles, televisores y cortacéspedes.

2.3.3 Obsolescencia del software

Este tipo de obsolescencia se refiere al hecho de que un dispositivo técnico, ya sea físico o de software, se vuelve menos eficiente, o incluso inoperable. La causa puede ser un mal funcionamiento del software o la imposibilidad de acceder a los recursos necesarios para el funcionamiento del dispositivo (soportes de reinstalación, actualizaciones, etc.). Existen varias técnicas para crear estas situaciones de obsolescencia, entre ellas las siguientes:

- El fin puro y simple del soporte del producto. Por desgracia, es bastante frecuente en el mundo de los objetos conectados: si el servicio se interrumpe por una decisión estratégica de la empresa, o si la empresa cierra; los dispositivos no se pueden utilizar. Orange, por ejemplo, interrumpió su servicio de hogar conectado y se limitó a decir a sus clientes que tiraran sus bombillas perfectamente funcionales. Del mismo modo, los primeros Apple Watch ya no reciben actualizaciones y ya no pueden repararse en las Apple Stores ni en los talleres autorizados.
- La indisponibilidad de controladores de hardware para determinadas versiones de sistemas operativos: puede tratarse de equipos recientes que será imposible hacer funcionar en sistemas operativos antiguos o, a la inversa, equipos que no disponen de controladores cuando salen nuevas versiones de un sistema operativo.
- La creación de nuevos formatos de archivo que hacen incompatibles las versiones antiguas del software con los documentos creados en los nuevos formatos. Del mismo modo, en las actualizaciones de software pueden añadirse determinadas funciones, lo que imposibilita la colaboración con personas que tengan versiones anteriores del mismo software.

- No disponibilidad de actualizaciones de seguridad: el uso del dispositivo expone al usuario al riesgo de que se exploten vulnerabilidades. Por ejemplo, en el momento de redactar este informe, el sistema operativo Android ya no ofrece actualizaciones para los dispositivos que ejecutan versiones Red Velvet Cake (11) e inferiores, teniendo en cuenta que la versión 11 se lanzó hace menos de cuatro años. Sin embargo, en febrero de 2024, las estadísticas sobre la distribución de usuarios por versiones seguían mostrando que más del 41 % de los dispositivos ejecutaban versiones inferiores o iguales a la 11.
- Por ejemplo, es probable que el fin del soporte para Windows 10 empuje a muchos dispositivos a la obsolescencia, a pesar de que las actualizaciones de pago estarán disponibles hasta octubre de 2028. Lo mismo ocurre con los Chromebooks de Google, que se venderán masivamente en las escuelas en 2020, pero cuyo soporte finalizará tres años después. Sin embargo, no todo son malas noticias: por ejemplo, Google se compromete a actualizar sus Pixel Pro durante siete años.
- Actualizaciones que, bajo el pretexto de aportar nuevas funciones, ralentizan el uso del dispositivo, dando a los usuarios la impresión de que necesitan cambiar de equipo. Un ejemplo bien conocido es un conjunto de actualizaciones de Apple realizadas en 2017, que ralentizaron varios modelos de iPhone, lo que dio lugar a una multa de 25 millones de euros en 2020 tras una investigación de la DGCCRF (Dirección General de la Competencia, el Consumo y la Represión del Fraude).

Versión para Android	**Cuota de mercado (febrero de 2024)**	**Fecha de publicación**	**Apoyo a la seguridad (febrero de 2024)**
4.1 Jelly Bean	0,01 %	Julio de 2012	No
4.2 Jelly Bean	0,03 %	Octubre de 2012	No
4.3 Jelly Bean	0,03 %	Julio de 2013	No
4,4 Kit Kat	0,24 %	Octubre de 2013	No
5.0 Lollipop	0,30 %	Noviembre de 2014	No
5.1 Lollipop	0,84 %	Marzo de 2015	No
6 Marshmallow	1,40 %	Octubre de 2015	No
7.0 Nougat	1,42 %	Agosto de 2016	No
7.1 Nougat	0,45 %	Octubre de 2016	No
8.0 Oreo	3,04 %	Agosto de 2017	No
8.1 Oreo	2,12 %	Diciembre de 2017	No
9 Pie	6,00 %	Agosto de 2018	No
10 Queen Cake	8,94 %	Septiembre de 2019	No
11 Red Velvet Cake	16,56 %	Septiembre de 2020	No
12 Snow Cone	17,05 %	Octubre de 2021	Sí
13 Tiramisu	28,83 %	Agosto de 2022	Sí
14 Upside down cake	12,58 %	Octubre de 2023	Sí

Desglose de usuarios de Android por versión, y soporte de seguridad asociado

Sobre estos dos últimos puntos, los últimos desarrollos legislativos (y en particular la ley de 15 de noviembre de 2021) están animando a los editores de soluciones a proporcionar a los usuarios una mejor información sobre el contenido de las actualizaciones propuestas.

Observación

A veces, la obsolescencia puede ser involuntaria, por ejemplo porque un desarrollo de software no se ha probado en hardware o sistemas operativos antiguos. En una entrada de blog fechada en enero de 2022, el diseñador y desarrollador Jim Nielsen explica, por ejemplo, cómo una evolución en el código JavaScript de un sitio para inscribirse como voluntario lo hizo inaccesible desde determinados equipos.

La web https://www.iberdrola.es/, ofrece claves para elegir electrodomésticos robustos y reparables y cuidarlos para que duren lo máximo posible. Por último, veamos más concretamente un factor que puede ser una fuente importante de obsolescencia del software: la tendencia a producir el llamado *bloatware* porque contiene demasiadas funciones. Este tipo de software suele denominarse "hinchado".

2.4 Los Bloatwares

Alrededor de 70 kB. Esta es la capacidad de almacenamiento del ordenador a bordo de la nave Apolo 11 que permitió al hombre pisar la Luna. Este ejemplo, utilizado a menudo en la literatura, ilustra bien la evolución de los volúmenes de datos asociados a los programas informáticos (a modo de comparación, una foto tomada con un *smartphone* en 2022 pesa alrededor de 5 MB, es decir, 70 veces más).

Esta evolución también puede ilustrarse con la cita atribuida a Bill Gates en 1981, según la cual 640 KB (el límite de memoria del PC IBM) deberían bastar para cualquiera. Hoy, Windows 11 requiere un mínimo de 4 GB de RAM para ser instalado.

Detrás de estos ejemplos históricos se esconde una verdad innegable: nuestro software es cada vez más pesado y la evolución de su peso es, a veces, difícil de justificar si solo tenemos en cuenta la cobertura funcional asociada a las distintas versiones del software.

2.4.1 Tendencia al sobrepeso técnico

En un artículo publicado en 2020, Frédéric Bordage analiza la evolución de los recursos de memoria y procesador necesarios para hacer funcionar el sistema operativo Windows/suite Office entre 1998 y 2019, y constata que estas capacidades se han multiplicado por 60 en el caso del procesador; y por 171 en el de la memoria.

Aunque pueda parecer lógico que a medida que evoluciona la tecnología, el software pese cada vez más, todo es cuestión de proporción. La mayor parte de nuestro software moderno se basa en un conjunto de capas de abstracción -conocidas como bibliotecas o *frameworks*- que facilitan el trabajo del desarrollador al evitarle la necesidad de "reinventar la rueda" y proporcionarle bloques de construcción básicos. Esto le permite concentrarse en las funciones empresariales que debe implementar. Estas capas de abstracción, aunque son esenciales para la productividad de la industria del software (y a menudo beneficiosas, sobre todo en términos de seguridad y de facilidad de mantenimiento), tienden a añadir peso a las aplicaciones producidas.

Esta tendencia se observa, por ejemplo, en las herramientas de creación de páginas web, con *frameworks* JavaScript que permiten desarrollar aplicaciones completas que se ejecutan en el navegador, pero que, mal utilizados, pueden dar lugar a páginas demasiado pesadas y ávidas de recursos de máquina por parte del navegador del usuario.

Esta misma tendencia se observa en el mundo de las infraestructuras: la aparición de mecanismos que permiten "contenerizar" las cargas de trabajo hace que actualmente todas las empresas puedan beneficiarse de mecanismos como la elasticidad dinámica o la alta disponibilidad multisitio (véase el capítulo Impacto y optimización del alojamiento). Sin embargo, estos mecanismos se apoyan en una multiplicidad de capas técnicas, dando lugar a veces a la imagen de "catedrales técnicas". Sin embargo, al igual que una catedral tiene sentido en una gran ciudad, pero mucho menos en un pequeño pueblo; no todas las empresas tienen las mismas necesidades de disponibilidad y elasticidad. Por lo que la implantación de estos sistemas "por defecto" puede resultar una fuente de sobrecarga técnica.

Nuestra infraestructura moderna es una pila de ladrillos técnicos (fuente: https://xkcd.com/2347/)

Pero aparte del aumento de peso debido a los avances técnicos, hay otra razón importante por la que nuestro software es cada vez más pesado: la obesidad funcional.

2.4.2 El peso de la cobertura funcional

En un informe de 2014 titulado "*Exceeding value*", el *Standish Group* publicó estadísticas sobre el uso de las funcionalidades desarrolladas en proyectos informáticos, que han sido objeto de numerosos comentarios. Según este informe, casi el 50 % de las funcionalidades desarrolladas casi nunca se utilizan, y del 50 % restante, solo el 20 % se utiliza con regularidad. Si bien estas cifras han sido matizadas desde entonces por varios estudios adicionales, no dejan de ser indicativas de una tendencia a la obesidad funcional en el desarrollo informático.

Una primera ilustración de esta tendencia es la creación de software "a medida", es decir, desarrollado específicamente para un cliente. Un proceso estándar asociado a este tipo de desarrollo es pasar por una fase de recopilación de requisitos de los usuarios, que conduce a la redacción de un pliego de condiciones funcional. Aunque los enfoques modernos de diseño de software (véase la sección sobre agilidad en el capítulo Cuestionar la funcionalidad) abogan por la priorización, basada en particular en el valor de las funcionalidades solicitadas, esta priorización no siempre se lleva a cabo. Por lo que sigue siendo frecuente que la recopilación de requisitos se convierta en una especie de "lista de Papá Noel" en la que se acumulan las funcionalidades solicitadas. Además de que esta acumulación de funcionalidades deseadas es una de las causas identificadas de fracaso en los proyectos de desarrollo informático, la producción de software con numerosas funcionalidades poco útiles, o incluso inútiles, aumenta la necesidad de recursos de ejecución, lo que puede llevar a los usuarios a sentir que su terminal está técnicamente obsoleto.

Este fenómeno también se observa en la proliferación de funciones adicionales en softwares para el gran público que lo hacen más pesado y lento de manejar. Tomemos iTunes, por ejemplo. En sus primeras versiones, iTunes era un reproductor de música con funciones de organización de la biblioteca musical. Luego se amplió con toda una serie de nuevas funciones, como una plataforma de venta en línea, publicidad e integración con redes sociales (incluida una red social creada por Apple, "iTunes Ping", que se suspendió poco más de dos años después de su lanzamiento). Actualmente es difícil encontrar información técnica sobre las primeras versiones de iTunes; sin embargo, en la página iTunes de theiphonewiki.com se puede ver cómo ha cambiado el tamaño de los programas de instalación desde la versión 7.3 (35 MB en la versión macOS X) hasta la versión 12.8.3.1 (291 MB en la versión macOS X).

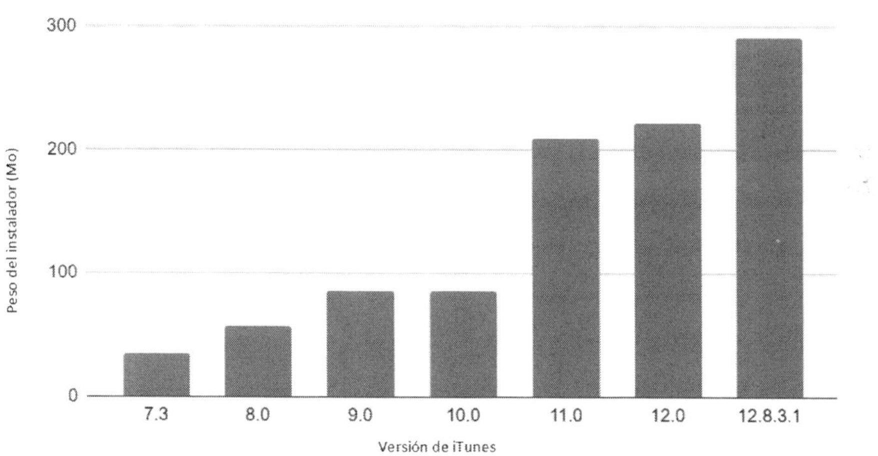

Fuente: The iPhone Wiki

Este aumento de más de 8 veces el peso del programa de instalación es, por supuesto, solo un indicador aislado, y se debe sin duda tanto a la evolución funcional como a la técnica. No obstante, vuelve a ser representativo de la tendencia del mercado, lo que llevó a Niklaus Wirth (inventor del lenguaje Pascal) a formular ya en 1995 esta ley empírica: "los programas se ralentizan más rápido de lo que se acelera el hardware".

Por último, otra ilustración de esta tendencia a la obesidad funcional la encontramos en nuestros teléfonos inteligentes, con toda una serie de programas preinstalados en el dispositivo en el momento de la compra (a veces incluso imposibles de desinstalar), algunos de los cuales nunca se utilizarán o incluso van en contra de la protección de los datos personales. En 2020, en el marco de su campaña *"privacy shouldn't be a luxury"*, la ONG Privacy International publicó una carta abierta a Google, que recibió el apoyo de más de 50 organizaciones, en la que le pedía que tomara medidas para limpiar el ecosistema Android, señalando de paso que algunos dispositivos tenían más de 4 GB de software inútil preinstalado, de una capacidad total de almacenamiento de 8 GB. Esta campaña se basó, en particular, en los datos del estudio *"An Analysis of Pre-installed Android Software"* publicado en 2019.

Uno de los carteles de la campaña de Privacy International "privacy shouldn't be a luxury"

Ya sea de origen técnico o funcional, esta tendencia al "cada vez más" en el desarrollo de software es actualmente una de las principales causas de la renovación de los terminales de usuario. Tal y como se expone en el capítulo dedicado al impacto de la tecnología digital, es vital luchar contra esta renovación injustificada.

Como acabamos de ver, varios factores contribuyen a este importante crecimiento relacionados con los usos. Pero, ¿qué ocurre con aplicaciones más recientes como Big Data, inteligencia artificial, arquitecturas descentralizadas e internet de las cosas? Eso es lo que vamos a explorar en el resto de este capítulo.

3. La era del Big Data

Desde el comienzo de la historia de la informática, dos capacidades han experimentado un crecimiento extremadamente fuerte al mismo tiempo:

- La capacidad de procesar datos, que puede ilustrarse citando la famosa ley derivada de los postulados de Gordon Moore sobre la complejidad de los semiconductores, que estima una duplicación de la capacidad informática cada 18 meses.
- La capacidad de almacenar datos, desde tarjetas perforadas hasta memorias flash (almacenamiento en semiconductores dedicados), soportes magnéticos (disquete, disco duro) y soportes ópticos (CD, DVD).

Este doble crecimiento, que puede calificarse de exponencial, junto con la maduración de los enfoques de procesamiento en paralelo (véase más adelante), propició llegada en la década de 2000 de una disciplina vinculada a la adquisición, el procesamiento y el almacenamiento de datos: los *Big Data*.

Aunque el volumen de datos suele citarse en primer lugar como el elemento característico de los Big Data, no es el único elemento que entra en juego. Tomaremos aquí una definición comúnmente utilizada, la de las 3 V: Big Data se refiere a la manipulación de datos con limitaciones significativas de Volumen, Variedad o Velocidad.

3.1 Crecimiento asombroso de los volúmenes

Existen numerosos estudios, tanto del mundo académico como industrial, que abordan el crecimiento de los volúmenes de datos producidos, manipulados y almacenados en todo el mundo. Aunque hay algunas variaciones en las cifras generadas y las predicciones realizadas, todos los modelos convergen en la misma conclusión: este volumen de datos ha experimentado un crecimiento fenomenal, sobre todo en los últimos veinte años, con previsiones de crecimiento igualmente impresionantes para los años venideros.

Fuente: IDC / Statistica (https://www.statista.com/statistics/871513/worldwide-data-created/)

La International Data Corporation (IDC) anuncia estimaciones de unos 64 zettabytes para 2020 y 79 zettabytes para 2021 (1 zettabyte equivale a 1.000 millones de terabytes), cifras que deben compararse con los 2 zettabytes de 2010. Hay que señalar que estas estimaciones tienen en cuenta el hecho de que algunos datos son redundantes (es decir, se almacenan varias veces) para garantizar su disponibilidad e integridad en caso de fallo del hardware.

Este aumento de los volúmenes se explica por una serie de tendencias cuyos usos se acumulan:

- El crecimiento de los usos "tradicionales" de Internet, en términos de número de aplicaciones, número de usuarios y peso medio de los datos intercambiados (las páginas web son cada vez más pesadas, las fotos tomadas con *smartphones* tienen resoluciones cada vez más altas, etc.).
- La monetización de los datos, en particular de los datos personales, que es la base del modelo de negocio de varios de los principales actores de Internet, y que les incita a almacenar tantos datos como sea posible (aunque no sean directamente utilizables en el momento del almacenamiento).
- El crecimiento de los datos generados en los intercambios "máquina a máquina", especialmente ligado a la explosión del número de terminales y objetos conectados a Internet (véase la sección Internet de los objetos de este capítulo).

Este volumen de datos genera una serie de impactos vinculados tanto a su encaminamiento hacia el lugar de almacenamiento como al propio almacenamiento (estos impactos se detallan en el capítulo Impacto y optimización del alojamiento), pero también a los distintos procesos que pueden realizarse con estos datos.

3.2 Plataformas de procesamiento paralelo

Como hemos visto en la definición anterior, los Big Data no solo abordan cuestiones de volumen, sino también de variedad y velocidad de los datos (de adquisición, procesamiento y recuperación).

Uno de los factores que permitieron la aparición de Big Data en la década de 2000 y la resolución de estos problemas fue la aparición de sistemas de procesamiento paralelo accesibles a las empresas. Un ejemplo es el *framework open source* Hadoop, inspirado en particular en los trabajos de Google sobre el concepto MapReduce. El principio de funcionamiento es la división de un cálculo de gran tamaño (el tamaño del cálculo suele estar vinculado al volumen de datos necesarios para el cálculo) en un conjunto de "subcálculos" que se distribuyen en nodos de procesamiento (máquinas virtuales, por ejemplo).

A continuación, cada nodo devuelve los resultados del subcálculo del que era responsable, y estos resultados se agregan.

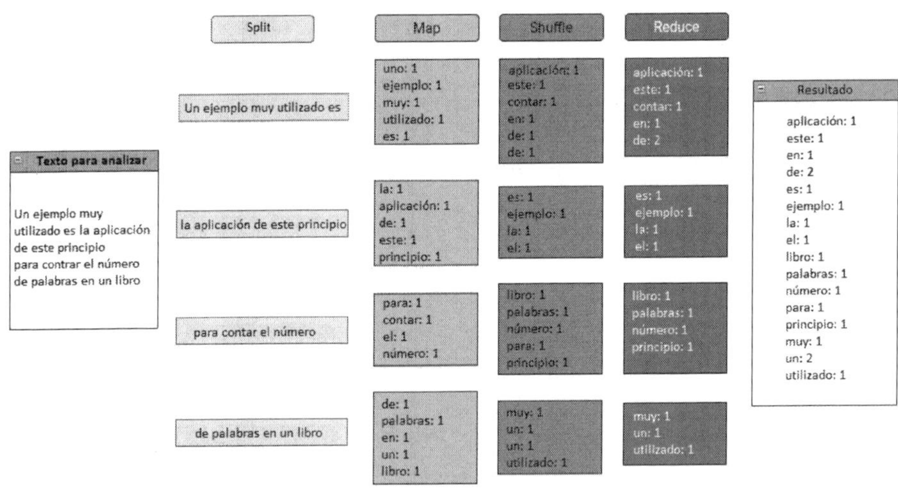

Ejemplo de uso de MapReduce para contar el número de palabras de un texto

Un ejemplo muy utilizado es la aplicación de este principio al recuento del número de palabras de un libro: cada nodo de procesamiento recibe un subconjunto del texto (un capítulo), y cuando cada nodo ha completado su recuento de palabras, los datos se cotejan sumando los valores de las palabras presentes en varios capítulos.

La ventaja de este principio es que permite realizar el procesamiento en un gran número de servidores, lo que significa que puede hacerse mucho más rápido que si se hubiera utilizado un único servidor. Por ejemplo, Facebook opera un clúster Hadoop compuesto por 2.300 máquinas.

Es precisamente este uso masivo de máquinas para procesar datos lo que constituye uno de los mayores impactos ecológicos del uso de Big Data, ya que estas máquinas generan impactos a lo largo de su ciclo de vida. Estos impactos también se tratarán en detalle en el capítulo Impacto y optimización del alojamiento.

3.3 La disciplina no siempre es virtuosa

Además del impacto ecológico relacionados con la manipulación de datos, el Big Data también genera impactos vinculados a los modelos económicos asociados a su uso.

Los modelos de monetización de los datos llevan a las empresas a recopilar cada vez más datos, en particular datos personales sobre los usuarios de sus servicios. En ocasiones, esta recopilación está vinculada al uso de mecanismos para captar la atención de los usuarios o retenerlos, con el objetivo de que pasen el mayor tiempo posible en la plataforma utilizada (véanse los *dark patterns* analizados en el capítulo Cuestionar la funcionalidad). Además, históricamente, estos datos se recogían sin el conocimiento ni el permiso del usuario.

Para contrarrestar esta tendencia a comercializar datos personales sin el consentimiento del usuario surgió la legislación de protección de los usuarios y, en particular, el Reglamento General de Protección de Datos (RGPD), publicado en 2016 a instancias de la Comisión Europea.

4. Inteligencia artificial

Objeto de fantasías desde la aparición de los primeros sistemas informáticos en la segunda mitad del siglo XX, la inteligencia artificial (IA), según la definición que figura en la página web del Parlamento Europeo, "se refiere a la capacidad de una máquina para reproducir comportamientos relacionados con el ser humano, como el razonamiento, la planificación y la creatividad".

Esta amplia definición permite incluir toda una serie de usos, entre los que se incluyen los siguientes:

- traducción automática de textos, así como traducción de voz en tiempo real;
- vehículos autónomos;
- procesamiento *del Lenguaje Natural* (*Natural Language Processing* en inglés cuyas siglas son NLP), utilizado en particular por los motores de búsqueda y en los asistentes personales;
- optimizar los flujos logísticos mediante la previsión de la demanda y la utilización de motores de ayuda a la toma de decisiones;
- motores de recomendación, que sugieren nuevos contenidos o productos a los usuarios basándose en los hábitos observados y los comportamientos correlacionados;
- aplicaciones en el ámbito médico, como el análisis genómico, o la ayuda al diagnóstico mediante, por ejemplo, el análisis de imágenes (escáneres, resonancias magnéticas, etc.);
- modificación de flujos de audio o de vídeo (a veces se utiliza para crear contenidos *deepfake*, es decir, creación de contenido sintético de audio o vídeo realistas);
- grandes modelos lingüísticos (o LLM *Large Language Model*), que pueden utilizarse para un gran número de tareas, pero que se han popularizado para el uso de la generación de contenidos (de ahí el término IA generativa), sobre todo desde el lanzamiento oficial de ChatGPT a finales de 2022. Volveremos sobre estos LLM con más detalle en nuestro análisis de los impactos asociados a la IA.

Desde un punto de vista más técnico, son los avances logrados en los últimos años en los mecanismos de aprendizaje automático (*Machine Learning* en inglés) -y en particular en la subdisciplina del aprendizaje profundo (*Deep Learning* en inglés)- los que, combinados con el aumento de la potencia de cálculo y la presencia de bases de datos cada vez mayores, han permitido la aparición y disponibilidad de estas tecnologías de IA para empresas y particulares.

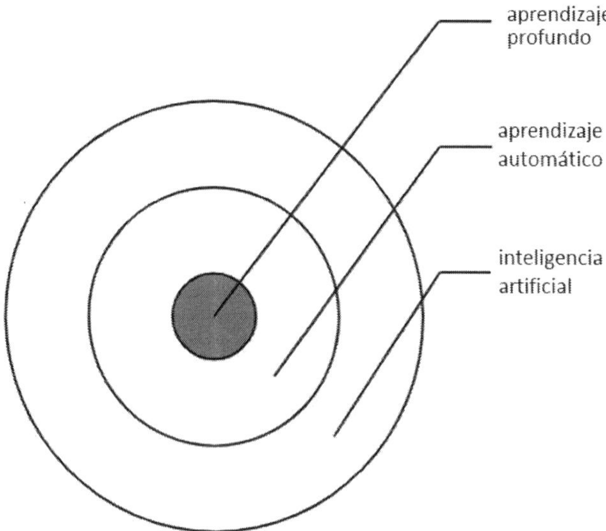

Jerarquía entre inteligencia artificial, aprendizaje automático y aprendizaje profundo

A continuación nos centraremos en estos dos enfoques de aprendizaje, describiendo su funcionamiento y examinando después el impacto medioambiental de su uso.

4.1 Aprendizaje automático

El aprendizaje automático reúne una serie de técnicas, algunas de ellas bastante antiguas, diseñadas para hacer que ordenadores o grupos de ordenadores lleven a cabo tareas de análisis de datos utilizando conceptos matemáticos. La particularidad del aprendizaje automático es que la máquina realiza estos análisis sin hacer grandes suposiciones sobre la estructura de los datos, a diferencia de un enfoque estadístico.

Para explicar este mecanismo, tomemos un ejemplo deliberadamente simplista: determinar el color del primer píxel de una imagen. Un enfoque algorítmico tradicional consistiría en escribir un programa que enumere los valores de los componentes rojo/verde/azul de esta imagen y asocie un nombre de color a cada combinación. En el caso del *machine learning* utiliza métodos supervisados. Esto consiste en preparar conjuntos de datos que contengan imágenes, así como la respuesta esperada para cada una de ellas, lo que permite al sistema determinar por sí mismo, en una fase denominada de aprendizaje, qué algoritmo le permite obtener las mismas respuestas que las proporcionadas como entrada.

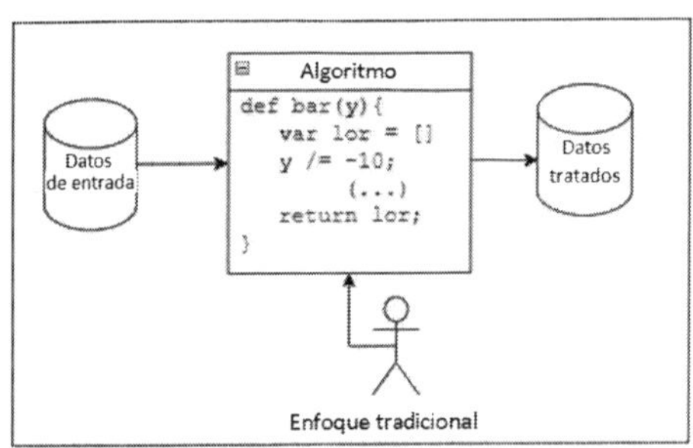

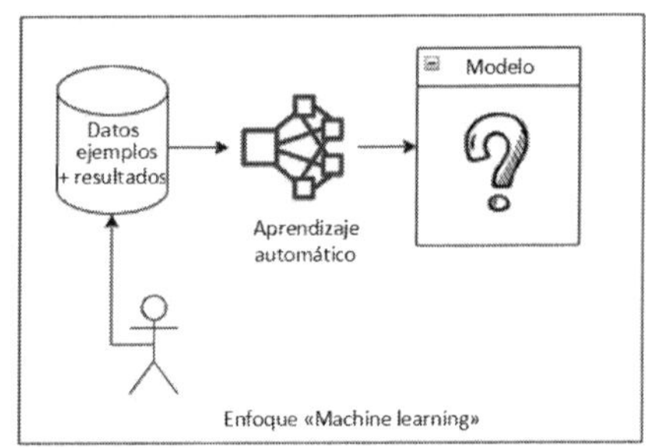

Comparación de enfoques algorítmicos

El hecho de que la propia máquina determine el modelo de procesamiento es lo que lleva a clasificar el aprendizaje automático en la categoría de mecanismos de inteligencia artificial.

Por supuesto, la calidad del modelo final obtenido depende de muchos factores, entre ellos la calidad y cantidad de los datos de entrada, la capacidad de clasificar estos datos y, sobre todo, los tipos de algoritmos utilizados en la máquina.

Uno de los tipos de algoritmos más utilizados produce modelos en forma de redes neuronales. El concepto de redes neuronales artificiales se remonta a los primeros tiempos de la informática, ya que fue conceptualizado en los años 50 por dos investigadores de la Universidad de Chicago, Warren McCulloch y Walter Pitts, y posteriormente implementado en el modelo del perceptrón por Frank Rosenblatt.

En términos sencillos, estas neuronas artificiales son funciones matemáticas que producen un resultado en función de datos y parámetros de entrada. A continuación se organizan en una red (a su vez organizada en capas) para modelizar procesos complejos.

En los mecanismos tradicionales de aprendizaje automático, el objetivo es aumentar la robustez del modelo limitando el sobreaprendizaje. Esto se consigue limitando el número de neuronas artificiales utilizadas en la arquitectura y reduciendo el número de valores de entrada. Limitar el número de valores de entrada implica analizar los datos para extraer sus características esenciales. Este trabajo lo suelen realizar manualmente *los data scientists*. Reducir el número de neuronas de la red también reduce el tiempo de aprendizaje y la potencia de cálculo necesaria.

Pero también existe un enfoque en el que se busca sustituir esta etapa de abstracción manual por otras redes neuronales, cuyo objetivo es extraer características que sirvan de entrada a la red neuronal final. Es lo que se conoce como aprendizaje profundo o el *Deep Learning*.

4.2 Aprendizaje profundo

El aprendizaje profundo implica, por tanto, la creación de redes neuronales artificiales en arquitecturas compuestas por un número muy elevado de neuronas. Y este elevado número de neuronas artificiales conduce a su vez a largas fases de aprendizaje, que duran de varios días a varios meses, y que requieren una gran potencia de cálculo.

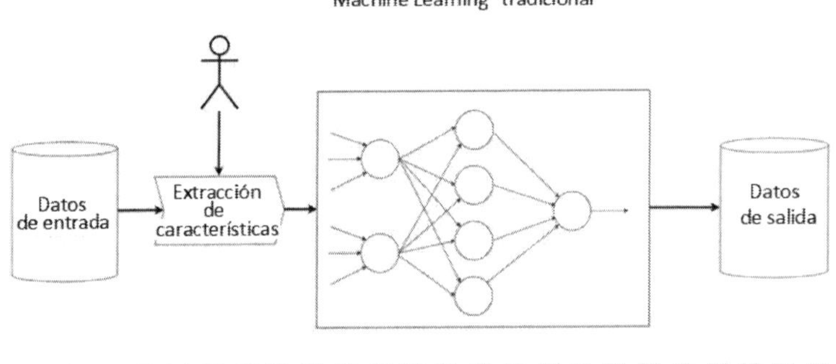

Deep Learning

Datos de entrada

Datos de salida

Esta es la razón por la que el aprendizaje profundo es una disciplina relativamente reciente (se desarrolló en los años 2010): hemos tenido que esperar a la llegada del *cloud computing* para disponer de la potencia de máquina necesaria para estas fases de aprendizaje, a través de clústeres de máquinas virtuales. Además, la presencia de una gran cantidad de datos (e idealmente datos cualificados) es un factor clave para el éxito de las fases de aprendizaje, y la acumulación de datos en los últimos años con la tendencia al Big Data también ha sido un factor facilitador. Un ejemplo es el trabajo del *Stanford Vision and Learning Lab*, un laboratorio de investigación estadounidense que ha contribuido a la creación de la base de datos ImageNet, que contiene más de 14 millones de imágenes y sus descripciones asociadas. Otro ejemplo figura en el capítulo Innovaciones y modelos virtuosos, con la base de datos puesta a disposición por el gobierno francés en el marco de Open Data.

El aprendizaje profundo ha abierto todo un nuevo campo de posibilidades, algunos de los cuales se abordan en el capítulo Innovaciones y modelos virtuosos de este libro. No obstante, es importante señalar que las fases de aprendizaje automatizado, y el aprendizaje profundo en particular, requieren una gran potencia de cálculo, lo que automáticamente repercute en el medio ambiente.

4.3 Impactos asociados

Acabamos de describirlo: en el contexto del aprendizaje profundo basado en una red neuronal artificial, hay un gran número de parámetros con los que jugar durante la fase de aprendizaje. En 2019, Emma Strubell, Ananya Ganesh y Andrew McCallum, los tres investigadores de la Universidad de Amherst Massachusetts, publicaron un artículo en el que estiman las emisiones de GEI de varios modelos de redes neuronales artificiales utilizados habitualmente para el reconocimiento del lenguaje natural, en casos de uso documentados públicamente (y cuya documentación especifica los tiempos de entrenamiento que fueron necesarios para el modelo).

El artículo describe los distintos modelos y las unidades producidas, utilizando unidades de procesamiento gráfico (GPU) NVIDIA, o circuitos electrónicos dedicados a este tipo de uso denominados TPU (*Tensor Processing Units*), y establece una comparación de costes y emisiones de GEI en CO_2eq. No obstante, cabe señalar que, debido a la falta de información sobre el funcionamiento de estas TPU, los investigadores no pudieron determinar las emisiones de GEI en este caso de uso.

Estas comparaciones se muestran en la siguiente ilustración, utilizando como puntos de referencia la huella de carbono anual media de un europeo (9 toneladas de CO_2 eq.) y la huella de carbono de un vehículo de combustión interna como un Renault Clio diésel a lo largo de todo su ciclo de vida (47 toneladas de CO_2eq. para un kilometraje al final de su vida útil de 240.000 km).

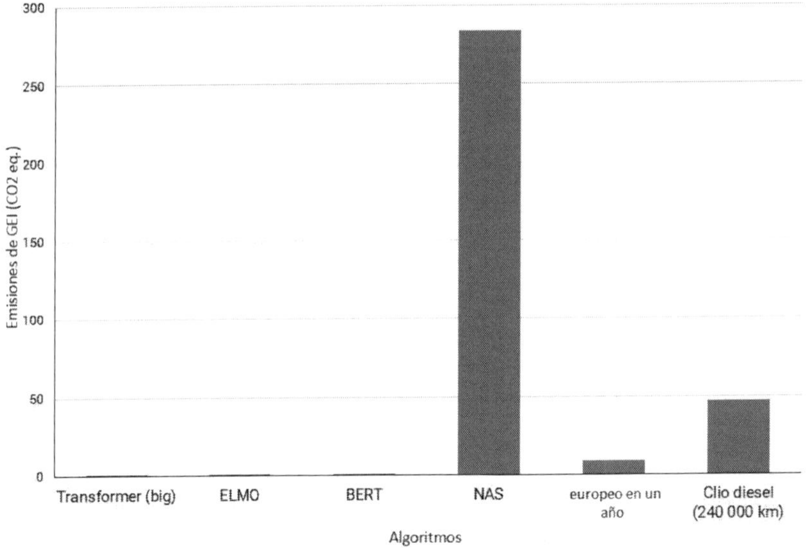

Emisiones de GEI (en toneladas equivalentes de CO_2) de distintos algoritmos de machine learning - los algoritmos y bucles de aprendizaje utilizados se detallan en el artículo citado anteriormente

Aunque este artículo solo representa una muestra basada en unos pocos modelos, tiene el mérito de presentar claramente los impactos asociados al uso de mecanismos de aprendizaje automático y aprendizaje profundo: el consumo intensivo de energía de la máquina durante lo que pueden ser periodos de tiempo muy largos.

La irrupción de IA generativas como ChatGPT o Midjourney, basadas en los LLM descritos anteriormente, también ha dado lugar a un nuevo fenómeno: la explosión de impactos vinculados a la fase de inferencia (fase de utilización del modelo).

No solo la amplísima fase de entrenamiento de los LLM requiere una enorme cantidad de potencia de máquina (un estudio conjunto de Google y la Universidad de Berkeley estimó que el entrenamiento del modelo GPT-3 requirió 552 toneladas equivalentes de CO2), sino que el elevadísimo número de usuarios (ChatGPT tenía 180 millones de usuarios a finales de 2023) también conlleva un consumo intensivo vinculado a la inferencia de estos LLM.

Por un lado, como se destaca en los dos artículos anteriores, este consumo intensivo requiere que los servidores utilizados se abastezcan de electricidad, lo que genera emisiones de GEI (que varían en función de la combinación energética utilizada), pero también exige la disponibilidad de clústeres de máquinas.

Si el uso de la nube puede extender esta demanda de máquinas (véanse los aspectos de la puesta en común mencionados en el capítulo Impacto y optimización del alojamiento), cuantos más usuarios haya de estos mecanismos de aprendizaje o inferencia, mayor será la necesidad de producir nuevas máquinas. Sobre todo porque los materiales utilizados (GPU y más aún TPUs) son específicos para este tipo de uso, y que ya existe una presión sobre el suministro de GPU, vinculada en particular a la "minería" de criptomonedas y generalmente a ciertas tecnologías *blockchain* que abordaremos con más detalle a continuación.

Observación

Los informes medioambientales 2023 de Microsoft y Google, publicados en mayo y julio de 2024 respectivamente, muestran un aumento significativo de las emisiones de GE. En ambos casos, este aumento está vinculado con el desarrollo de las inteligencias artificiales, en particular de la IA generativa.

5. Una Internet más distribuida y descentralizada

5.1 Web3 y arquitecturas distribuidas

Para entender qué es *blockchain*, primero tenemos que entender el concepto de arquitecturas distribuidas. Así que empezaremos explorando estas arquitecturas, utilizando un término que causó furor en 2021: Web3.

Acuñado por Gavin Wood (cofundador del sistema *blockchain open source* Ethereum) en 2014, el término se refiere a la evolución de Internet hacia un sistema mucho más distribuido y descentralizado de lo que es hoy:

- Al principio, la Web 1.0 se componía principalmente de contenidos estáticos producidos por editores de contenidos, y la mayoría de los usuarios de Internet venían a consumir estos contenidos.
- La Web 2.0 dio la posibilidad a cada internauta de ser productor de contenidos, sobre todo a través de las redes sociales, que facilitan el intercambio inmediato de información con toda una comunidad, pero que siguen basándose en plataformas centralizadas.
- La Web3 (no confundir con la web semántica conceptualizada por Tim Berners-Lee, que a veces se denomina Web 3.0) propone un modelo en el que la distribución de contenidos por los internautas ya no pasa por plataformas centralizadas, sino por sistemas distribuidos, lo que permite prescindir de estas plataformas y de los inconvenientes que conllevan.

En la visión planteada por Gavin Wood, *blockchain* desempeña un papel importante porque es el medio que permite la difusión de los datos, pero también; y sobre todo, ofrece garantías en cuanto a la integridad de los datos difundidos.

Aunque esta visión centrada en *blockchain* no es necesariamente unánime, la tendencia hacia la descentralización de Internet es, no obstante, deseada por muchos actores. Esta es la visión de Tim Berners-Lee, inventor de la *World Wide Web*, a través del proyecto Solid llamado "*Re-decentralizing the Web*". El objetivo de esta descentralización es devolver a los internautas el control de sus datos, haciéndoles dueños de su almacenamiento.

Observación

No obstante, es importante señalar que, tal y como hace referencia el título del proyecto Solid, se trata de una vuelta a los principios originales de Internet, que se concibió originalmente como una red descentralizada y sigue siéndolo desde el punto de vista técnico, aunque la concentración de actividades en torno a unos pocos actores provoque esa sensación de centralización.

5.2 Blockchain

La descentralización de los datos, y por tanto el hecho de que puedan ser manipulados directamente por diferentes usuarios, plantea un problema a la hora de garantizar su integridad. Para ilustrar este problema, tomemos un ejemplo que es un caso de libro en el mundo de *blockchain*: el mantenimiento de un registro de intercambios monetarios.

En su uso habitual, estos intercambios monetarios están centralizados en una plataforma (por ejemplo, la de un banco), y es mediante la implantación de mecanismos de seguridad en esta plataforma como se garantiza la integridad de las transacciones.

Pero si descentralizamos la base de datos de transacciones, cualquier usuario de la red podrá modificarla. En este caso, ¿cómo podemos garantizar que la base de datos no ha sido alterada por un usuario malintencionado?

La respuesta que ofrece *blockchain* es la implementación de un algoritmo de consenso que aporte esta garantía. El algoritmo "prueba de trabajo" (*Proof-of-Work* en inglés) fue el primer algoritmo de consensoutilizado en *blockchain*, y sigue siendo ampliamente utilizado, en particular por la famosa criptomoneda Bitcoin.

En concreto, la prueba de trabajo se basa en algoritmos criptográficos para validar los datos contenidos en la base de datos y validar la inserción de nuevos datos.

La base de datos se compone de bloques de datos que contienen transacciones, cada bloque tiene un tamaño limitado. Cuando se llena un bloque, debe sellarse con un *hash*, una huella digital. En el caso de Bitcoin, debe generarse utilizando el algoritmo criptográfico SHA256 y comenzar con un número determinado de ceros. Para ello, se añade un número aleatorio al bloque de datos, y este número aleatorio se modifica hasta que la huella digital generada cumpla los criterios. Esto significa realizar un gran número de operaciones criptográficas complejas hasta obtener el valor correcto, ya que la propia naturaleza de un algoritmo como SHA256 es generar huellas digitales impredecibles.

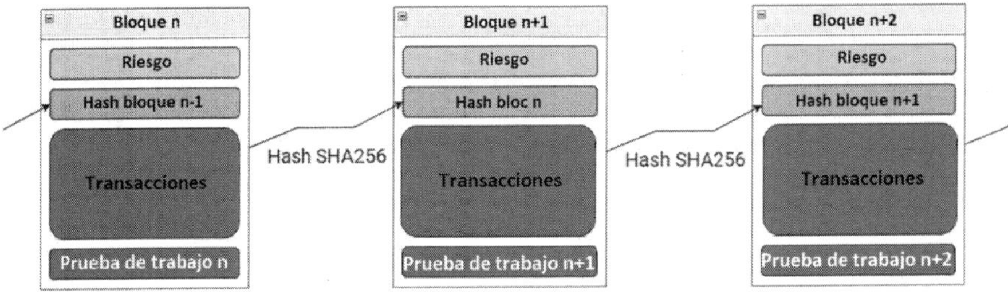

Ejemplo de blockchain

Esta operación se conoce como minería, porque a cambio de estas operaciones criptográficas que llevan mucho tiempo, el primer grupo de personas que consigue generar una huella válida recibe una recompensa; en el caso de Bitcoin, reciben Bitcoins.

A continuación, la prueba de trabajo (la huella digital válida) se inserta en el bloque actual, y se genera una nueva huella digital del bloque completo (sin ninguna restricción particular esta vez) y se inserta en el siguiente bloque de la base de datos, creando así una cadena de bloques.

Por tanto, una persona malintencionada que quisiera alterar los datos tendría que "reescribir la historia" de las transacciones, alterando no solo el bloque en el que quisiera hacer un cambio, sino también todos los bloques posteriores. Esto requeriría una potencia de cálculo fenomenal, ya que sería necesario regenerar todas las huellas digitales de los bloques, y es en esta imposibilidad teórica en la que se basa el algoritmo de prueba de trabajo para garantizar la integridad de los datos contenidos en la cadena de bloques.

Por desgracia, el sistema de minería, que es el punto fuerte de este algoritmo de prueba de trabajo, es también lo que constituye el mayor impacto ecológico negativo. De hecho, este mecanismo de recompensa está dando lugar a la proliferación de granjas de ordenadores que operan con el único fin de minar, lo que requiere un gran suministro de electricidad para funcionar y la producción de una gran cantidad de equipos dedicados.

En el caso de las criptomonedas, los impactos han adquirido proporciones extremadamente significativas: según un estudio publicado en 2019 por Susanne Köhler y Massimo Pizzol, investigadores de la Universidad de Aalborg en Dinamarca, solo la red Bitcoin consumió 31,29 TWh de electricidad en 2019, apenas un poco menos que el consumo anual de Dinamarca. Y esta demanda está creciendo significativamente, como se puede ver en la web proporcionada por la Universidad de Cambridge, dedicada a rastrear el consumo de Bitcoin. En el momento de escribir este artículo, la estimación dada por esta página web es de más de 123 TWh al año.

Además, una parte importante de los mineros de Bitcoin se encuentran históricamente en China, un país cuya producción de energía está considerada una de las principales emisoras de GEI. No obstante, cabe señalar que China decidió prohibir las criptomonedas en su territorio en 2021, tras organizar el desmantelamiento de instalaciones mineras industriales (lo que ha provocado que una parte importante de estas actividades se haya trasladado a Kazajistán). Del mismo modo, Kosovo, que se enfrenta a problemas de suministro eléctrico, prohibió la criptominería en enero de 2022.

Además del consumo de energía eléctrica, el uso masivo de máquinas para la minería también tiene un importante impacto medioambiental. Tanto es así que a principios de 2021 asistimos a una escasez (y, por tanto, a un repunte de los precios) de tarjetas gráficas, una escasez asociada en parte al uso de GPU por parte de los mineros de criptomonedas.

Sin embargo, es importante entender que los impactos atribuidos a Bitcoin son consecuencias directas del algoritmo de consenso utilizado, la prueba de trabajo, cuyo propio principio de funcionamiento se basa en la potencia de cálculo. Existen otros algoritmos de consenso y se basan en mecanismos que tienen menos impacto.

El principal algoritmo alternativo es la prueba de participación (*proof of stake*), que esta vez no se basa en la potencia de cálculo, sino en la capacidad de comprometer capital. La creación de un nuevo bloque ya no está condicionada a la producción de un cálculo matemático, sino al secuestro de parte del capital del creador del bloque. El proyecto Ethereum, uno de los principales proyectos de *blockchain* de código abierto, basado históricamente en el algoritmo prueba de trabajo, ha migrado a prueba de participación en su versión Eth2, justificando esta migración en particular por el ahorro asociado en el consumo de energía.

Otro algoritmo es el propuesto por el proyecto Chia, la prueba del espacio y el tiempo, basado en la puesta a disposición de la red de espacio en disco. Fundado por Bram Cohen (conocido por haber desarrollado el sistema peer-to-peer BitTorrent), el proyecto destaca los aspectos ecológicos de este algoritmo, utilizando una semántica ligada a la naturaleza (hacer crecer su dinero en lugar de minarlo); sin embargo, su funcionamiento basado en el uso del espacio en disco no está totalmente exento de impacto, ya que implica la fabricación de nuevos discos duros.

Por último, aunque *blockchain* se asocia muy a menudo a las criptomonedas, se utiliza en un sentido más amplio, en particular por su capacidad para soportar *smart contracts* (literalmente, contratos inteligentes), es decir, transposiciones digitales del concepto de contrato basadas en los mecanismos de firma inherentes a *blockchain*. Estos *smart contracts* pueden utilizarse, por ejemplo, para proporcionar mecanismos descentralizados de trazabilidad, como los *non-fungible tokens* (literalmente tokens no fungibles), que fueron populares durante un tiempo. Entre otras cosas, estos tokens criptográficos permiten rastrear las transacciones vinculadas a la comercialización de obras de arte virtuales. Según un artículo de Business Insider, en la actualidad el 95 % de ellas carecen de valor.

5.3 Internet de los objetos

Paralelamente a esta evolución hacia modelos descentralizados, otra tendencia fundamental está redibujando el mapa de la red de redes: la Internet de los objetos o IoT (*Internet of Things*), Es a través de numerosos usos, entre los que podemos citar los siguientes:

- La domótica, cuyo objetivo es optimizar la gestión de los edificios mediante todo tipo de sensores, interfaces físicas (como botones conectados), motorización, control de la iluminación, la calefacción, etc.
- Gestión de entornos urbanos, también mediante sensores, mobiliario urbano conectado, dispositivos de información y señalización, etc.
- Optimización de la logística, especialmente mediante el uso de etiquetas conectadas y sensores de posición.
- El sector médico, utilizando equipos diseñados tanto para profesionales como para el público en general, como básculas conectadas, relojes inteligentes y ropa inteligente (conocidos como *wearables* en inglés), o haciendo que dispositivos de control como tensiómetros y medidores de glucosa estén "conectados".
- El medio ambiente, mediante sensores que controlan la calidad del aire, del agua y del suelo.

Este concepto de Internet de los objetos se basa esencialmente en un modelo de tres capas (muy similar a la arquitectura presentada al principio de este capítulo):

- Capa formada por equipos, denominados objetos conectados, que permiten interactuar con el entorno físico; pueden ser simples sensores de datos u objetos que permiten interactuar con el usuario.
- Una capa de red para transportar los datos generados por los objetos conectados. Esta red puede ser la red Wifi del hogar para la domótica (también existen redes domóticas dedicadas como Zigbee o Bluetooth Low Energy), o una red más amplia: red móvil (3G/4G/5G) o LPWAN (*Low Power Wide Area Network*) especializada como Sigfox, LoraWan, NB-IoT o LTE-M.

– Una capa de aplicación, cuya función es adquirir, procesar y utilizar o presentar los datos para que el usuario pueda acceder a ellos. Esta capa puede incluir infraestructuras de procesamiento de datos ubicadas en la nube en cuyo caso puede utilizarse el término plataforma IoT.

Representación en tres capas del concepto de Internet de los objetos

Observación

Cabe señalar que también existen modelos de representación basados en cuatro o cinco capas (la capa de aplicación puede desglosarse más finamente, por ejemplo distinguiendo entre modelos de tratamiento, explotación y visualización de datos y toma de decisiones). En aras de la simplicidad, utilizaremos aquí el modelo de tres capas para analizar el impacto de cada una de ellas.

5.3.1 La proliferación de objetos conectados

Aunque parece difícil estimar con precisión el número de objetos conectados desplegados actualmente en el mundo (esta dificultad está vinculada, en particular, a la ausencia de una definición oficial de lo que es un objeto conectado), los distintos estudios sobre el tema sitúan la cifra en varios miles de millones, o incluso decenas de miles de millones. Más allá de la cifra exacta, lo que se destaca es sobre todo el crecimiento de este número; podemos citar en particular el estudio "*Reliability side-effects in Internet of Things application layer protocols*" publicado en 2017, que presenta una estimación global del número de objetos conectados por persona, con una multiplicación por 3 de este número entre 2015 y 2025.

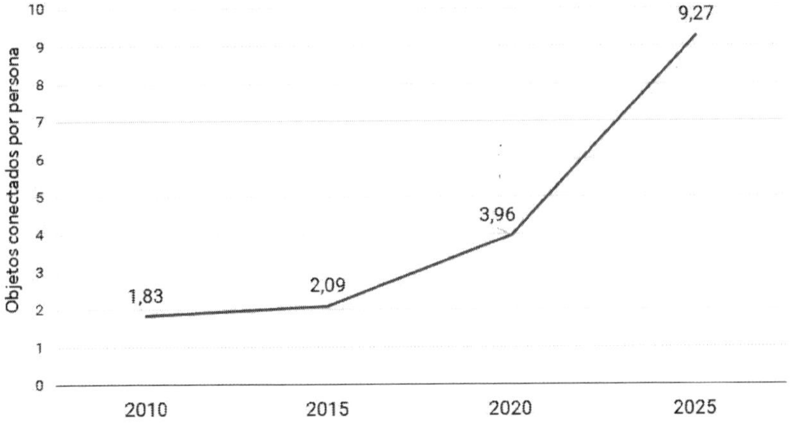

A grandes rasgos, estos objetos conectados tendrán el mismo impacto a lo largo de su ciclo de vida que otros equipos como los teléfonos inteligentes (véase el capítulo El impactos de la tecnología digital para más información):

- los impactos asociados a la extracción y refinado de minerales, y a la producción y montaje de los distintos componentes electrónicos durante la fase de fabricación;
- los impactos relacionados con el consumo de energía por estos objetos durante su fase de uso;
- los impactos relacionados con el tratamiento de los RAEE al final de su vida útil.

Sin embargo, existen una serie de particularidades en el caso de los objetos conectados.

Por un lado, muchos de estos objetos están especialmente miniaturizados y utilizan subcomponentes que se fabrican en pequeñas series, específicamente para una gama de objetos, lo que tiene un mayor impacto en la fase de fabricación (no nos beneficiamos aquí de los "efectos de escala" asociados a la producción masiva).

Por otra parte, estos objetos suelen estar destinados a funcionar 24 horas al día, 7 días a la semana con mecanismos de control más o menos intensos (algunos de estos objetos transmiten datos de forma continua). La fase de funcionamiento de los mismos conlleva, pues, a un consumo continuo de energía y, por tanto, impacta el medioambiente, ya sea de forma directa o a través de los ciclos de carga de las baterías.

Por último, muchos de estos objetos están diseñados de forma muy específica, lo que hace muy difícil, si no imposible, reutilizarlos para otros fines. Este diseño también suele ser "propietario", en el sentido de que el fabricante se guarda para sí las especificaciones técnicas del objeto (por ejemplo, los medios para interconectarse con él), lo que también dificulta su reutilización. Esta dificultad de reutilización conduce a la obsolescencia potencial de estos objetos. Aunque sigan siendo funcionales, pueden quedar inutilizables y convertirse prematuramente en residuos electrónicos, a menudo especialmente difíciles de reciclar debido a su miniaturización.

Este enfoque del diseño de objetos altamente especializados conduce a una fragmentación excesiva del mercado: un gran número de agentes industriales producen software y hardware cuya durabilidad y longevidad distan mucho de ser un hecho, lo que multiplica el riesgo de crear objetos obsoletos.

Observación

Un ejemplo de ello es la empresa Spectrum, que anunció a principios de 2020 que suspendía su oferta "Home Security", con lo que quedaban obsoletos los equipos de seguridad conectados adquiridos por los usuarios y vinculados específicamente a este sistema.

5.3.2 Crecimiento asociado de las redes de transporte

Uno de los corolarios inmediatos del crecimiento significativo del número de objetos conectados desplegados es el crecimiento asociado del volumen de datos generados por estos objetos; que por lo tanto necesitan ser retransmitidos a través de redes de transporte, en particular cuando estos datos se procesan en plataformas IoT desplegadas en la nube.

En el caso del IoT doméstico o del IoT industrial (por ejemplo, sensores situados en el interior de una fábrica), estos datos transitan la mayoría de las veces por redes Wifi internas (o redes domóticas específicas de corta distancia), antes de ser transportados por conexiones Internet que suelen ser preexistentes. En aras de la simplicidad, consideraremos por tanto que los impactos operativos asociados son "dependientes de la línea" de las redes preexistentes, al tiempo que contribuyen al crecimiento tendencial de los datos intercambiados a través de Internet.

Sin embargo, es cuando los datos generados transitan por redes móviles (3G/4G/5G) o redes LPWAN cuando el impacto es especialmente acusado. El aumento del número de objetos conectados que utilizan estas redes conduce a la necesidad de reforzar estas redes, cuyas infraestructuras se basan en antenas.

Tecnología	Despliegue	Fecha de la declaración
4G	58.800 emplazamientos	Enero de 2022
5G	31.600 emplazamientos	Enero de 2022
Lora	4.300 antenas	Noviembre de 2021
Sigfox	2.000 antenas	Octubre de 2021

Despliegue de las principales redes móviles y de IoT en Francia (redes NB-IoT y LTE-M basadas en infraestructuras 4G y 5G)

En su artículo "Quién vigila la radiación del 5G (y cuáles son sus verdaderos riesgos)", publicado en octubre de 2020, Alberto Nájera y Juan Carlos López estima que el 5G podría suponer graves problemas para la salud debido al aumento del número de antenas en todo el mundo desde los años 90.

La proliferación de objetos conectados a la red móvil es también uno de los argumentos a favor del despliegue de la 5G, destacando en particular la mayor eficiencia energética de las antenas 5G (más datos transmitidos para un consumo de energía determinado).

Sin embargo, hay que tener en cuenta que incluso con el aumento de la eficiencia energética en la fase de explotación; el despliegue de estas redes tiene impactos ligados a la fabricación de los equipos que las componen (antenas, rúteres, infraestructuras físicas de recepción, etc.), y al final de la vida útil de los equipos , estos quedan obsoletos por estos nuevos despliegues.

5.3.3 Plataformas IoT

Algunos objetos conectados emiten datos por Internet a plataformas dedicadas a procesar estos datos, conocidas como plataformas IoT.

A menudo desplegadas en la nube, estas plataformas se encargan de recuperar los datos de un conjunto de objetos; procesarlos de forma sincrónica o asincrónica; almacenar los datos brutos y procesados; y ponerlos a disposición de los usuarios de diversas formas (exportación de datos, consulta a través de API, interfaz de visualización, etc.).

En este caso se trata de impactos estándar relacionados con el despliegue de cargas de trabajo y almacenamiento en la nube, tal y como detallamos en el capítulo Impacto y optimización del alojamiento.

Sin embargo, en algunos casos es imposible transmitir todos los datos entre los objetos que los envían y las plataformas IoT, principalmente debido al volumen de datos producidos. Por ejemplo, los numerosos sensores de un avión Boeing 747 generan unos 20 TB de datos brutos por hora (a modo de comparación, se calcula que toda la plataforma Twitter genera 55 TB de datos al año). En 2017, Intel estimó que el volumen de datos generados por un coche autónomo podría alcanzar los 4 TB para un trayecto de hora y media.

Para responder a estas necesidades han surgido las arquitecturas conocidas como *Edge Computing* y *Fog Computing*. La idea que subyace a estas dos arquitecturas es llevar a cabo el procesamiento local de los datos generados por los objetos conectados, de modo que solo se envíen a la nube los datos cualificados, cuyo volumen se reduce considerablemente en comparación con los generados inicialmente por los objetos.

En el caso del *Edge Computing*, este preprocesamiento se realiza directamente en los propios objetos conectados (o en una *edge gateway*, el equipo que enlaza la red de objetos conectados con otras redes); mientras que en el caso del *Fog Computing*, son equipos de procesamiento potencialmente compartidos (los *fog nodes*), situados en una red intermedia, los que realizan este preprocesamiento.

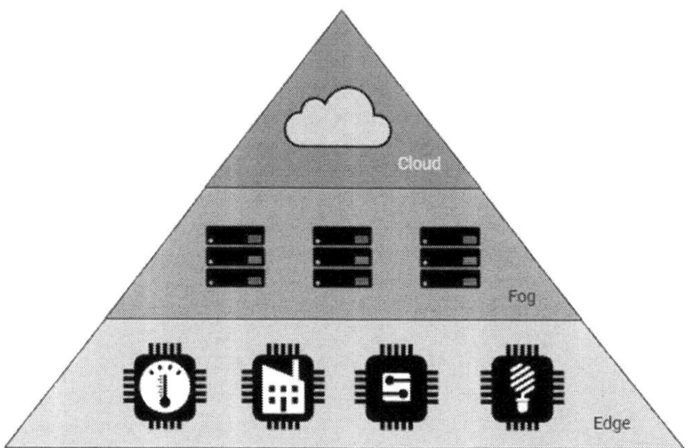

Representación de la arquitectura Edge-Fog-Cloud

Estas arquitecturas, aunque no son completamente descentralizadas, representan un modelo de Internet más distribuido que la visión centralizada proyectada por el *cloud computing*.

En un artículo de marzo de 2019 titulado "*Estimating Energy Consumption of Cloud, Fog and Edge Computing Infrastructures*", Ehsan Ahvar, Anne-Cécile Orgerie y Adrien Lebre estudian los impactos en el consumo de energía de diferentes modelos de procesamiento (totalmente centralizado, totalmente descentralizado, mixto). El artículo concluye que una arquitectura totalmente centralizada consume más energía que un modelo totalmente descentralizado, pero menos que un modelo híbrido.

6. Poner en perspectiva estos nuevos usos

En general, la idea de los análisis presentados en este capítulo no es determinar si un uso tecnológico es bueno o malo. Se trata simplemente de ser conscientes de que, sea cual sea el uso, siempre genera impactos ambientales.

Así que, volviendo a los distintos usos analizados, aunque el uso de modelos de aprendizaje profundo puede consumir muchos recursos, en la actualidad es una herramienta muy utilizada para analizar el cambio climático y combatir las alteraciones climáticas.

Aunque los modelos de almacenamiento de datos distribuidos en una cadena de bloques puedan conducir a un uso excesivo de los recursos; y aunque la moda de las NFT pueda parecer inútil, hay iniciativas que están explorando cómo el uso de la cadena de bloques y los contratos inteligentes podrían aportar soluciones para la acción por el clima.

Aunque el Internet de los objetos provoque un consumo masivo de datos, también puede utilizarse para la transición ecológica (véase la sección sobre *smart* * en el capítulo Innovaciones y modelos virtuosos). Además, es posible crear objetos conectados que se basen en bloques de construcción comunes y reutilizables, lo que simplifica enormemente la reutilización de estos objetos. Un ejemplo de ello, son las iniciativas Arduino y Raspberry Pi, cuyo objetivo es proporcionar plataformas (de *open source* en el caso de Arduino) que puedan utilizarse en particular para proyectos de objetos conectados.

El objetivo consiste, por tanto, en comprender plenamente el impacto de estos nuevos usos para poder utilizarlos cuando tengan un beneficio positivo real y evitarlos cuando no sea el caso.

7. Actuar para reducir el impacto: optimización y sobriedad

Ante las múltiples repercusiones de la tecnología digital, tanto en términos de causas como de efectos, puede parecer complejo adoptar un enfoque que responda a los diversos retos del Green IT.

Aunque existen muchas vías de actuación posibles, pueden agruparse en dos grandes categorías complementarias: la optimización y la sobriedad. La optimización consiste en reducir el impacto de los usos existentes. En un enfoque de sobriedad, se trata de reflexionar sobre los propios usos.

7.1 Optimización para un mundo digital menos impactante

El desarrollo de la informática está estrechamente ligado a la noción de optimización. En muchos casos, el ordenador ha sustituido al ser humano en ámbitos en los que la máquina es más eficaz, desde las simples operaciones matemáticas realizadas por las primeras calculadoras hasta los mecanismos más avanzados de inteligencia artificial, pasando por todas las formas de almacenamiento y tratamiento de datos.

Por tanto, es lógico e intuitivo que el sector digital recurra a estos mecanismos de optimización para reducir su propio impacto medioambiental. Esta es la base misma de las primeras iniciativas de Green IT. Por ejemplo, tal y como abordaremos en el capítulo Impacto y optimización del alojamiento, la innovación tecnológica ha conseguido ganar en eficiencia en términos de impacto por gigabyte de datos transportados y procesados.

Del mismo modo, se ha avanzado mucho, y es de esperar que se siga avanzando; en la reducción del impacto medioambiental unitario de las fases de producción, uso y fin de vida de los equipos. Por ejemplo, un estudio del *Center for Sustainable Energy Systems* de la rama estadounidense del Instituto Fraunhofer, publicado en 2017, destaca los progresos realizados en cuanto al consumo de energía de las pantallas planas. En este estudio se observa una reducción de más de 4 veces de la energía necesaria por pulgada cuadrada de pantalla. Las normas de diseño ecológico para equipos digitales han acelerado sin duda este progreso.

Optimizar el sistema existente es, por tanto, una primera palanca de actuación, que se explorará en los próximos capítulos, ya sea en términos de optimización de la infraestructura informática, del alojamiento o de las fases de diseño del software.

7.2 El efecto rebote

Sin embargo, es esencial ser consciente de un fenómeno que está relacionado con cualquier optimización y que, si no se tiene en cuenta, puede contrarrestar los efectos beneficiosos. Este fenómeno se conoce como la paradoja de Jevons (en honor al economista que lo teorizó), y también suele denominarse "efecto rebote".

William Stanley Jevons, en su libro "*The Coal Question; An Inquiry Concerning the Progress of the Nation, and the Probable Exhaustion of Our Coal Mines*", publicado en el Reino Unido en 1865, observó un efecto a priori contraintuitivo: los progresos realizados en la tecnología de las máquinas de vapor en el siglo XIX no condujeron a una reducción del consumo de carbón, sino a un aumento de dicho consumo en Inglaterra. Este fenómeno se explica por el hecho de que el descenso del coste de la energía vinculado a la optimización técnica provocó un aumento significativo de la demanda energética, anulando así el efecto esperado de estas optimizaciones sobre el descenso del consumo.

Este efecto de rebote también se produce cuando observamos los progresos realizados en las últimas décadas en el ámbito del consumo de combustible de los vehículos. Estos progresos en última instancia, han provocado un aumento (luego estabilizado desde 2005) de las emisiones de gases de efecto invernadero atribuidas al sector del transporte. El rebote se explica por varios factores, entre ellos un aumento significativo del peso medio de los vehículos (debido a la incorporación de equipos de seguridad y confort), un incremento del número de vehículos y un aumento de las distancias medias recorridas al año.

$$\text{rebote (\%)} = 1 - \frac{\text{ahorros realizados}}{\text{ahorros previstos}}$$

Fórmula propuesta para calcular el efecto rebote (fuente de la imagen: Wikipedia)

El investigador Gauthier Roussilhe profundiza en el concepto de efecto rebote. Se distinguen varios tipos:

- El efecto rebote directo: el cambio de uso de un producto o servicio hacia un mayor consumo; por ejemplo, una casa bien aislada calienta más.
- Efectos indirectos de rebote:
  - El efecto renta: los consumidores compran más porque el servicio se ha abaratado y, por tanto, consumen más.
  - El efecto de sustitución: si un servicio A resulta más barato que los servicios B y C, los consumidores se pasarán a A y, por tanto, se consumirá más de A.
  - El efecto rebote del tiempo: si el consumidor dedica menos tiempo a una actividad, este tiempo se libera para otras actividades, lo que provocará un aumento del consumo. Ahorrar tiempo suele requerir más energía, como se observa en el caso del transporte (los coches son más rápidos que las bicicletas).
  - Por último, hay efectos de rebote macroeconómicos y sistémicos: por ejemplo, el teletrabajo está cambiando las reglas del juego para los mercados de la vivienda y el transporte, el mapa escolar y las tiendas y restaurantes locales.

También hay que señalar que el efecto rebote no siempre está presente y, si existe, no compensa necesariamente la ganancia de eficiencia.

Este efecto rebote es muy frecuente en el mundo digital, como veremos en el capítulo Impacto y optimización del alojamiento.

7.3 La dinámica de la sobriedad

Dado que, por lo que respecta a los distintos impactos mencionados anteriormente, la optimización por sí sola no basta para reducir el impacto de la tecnología digital (en particular porque sus efectos beneficiosos se ven contrarrestados por efectos de rebote, o simplemente por el crecimiento de su uso), es esencial complementar este enfoque de "hacer mejor" con un enfoque de "hacer menos", es decir, un enfoque de sobriedad.

Esta sobriedad puede adoptar varias formas:

- La restricción material significa reducir la necesidad de adquirir nuevos equipos digitales, en particular alargando la vida útil de estos equipos. Esta restricción material también puede conducir a la aplicación de los llamados enfoques *Low Tech*, en los que el uso de equipos digitales puede sustituirse por otras herramientas más sencillas.
- La sobriedad de uso se refiere a limitar la cantidad de tiempo que se pasa utilizando herramientas digitales. En el caso de un editor de software, esto también significa limitar el tiempo que pasan en el software los usuarios del servicio.
- La restricción funcional es una piedra angular de los planteamientos de ecodiseño de los servicios digitales, al trabajar sobre la pertinencia de la necesidad expresada en la fase inicial de un proyecto y sobre los impactos potenciales vinculados al desarrollo de las funcionalidades asociadas.

Se propone una posible aproximación a la apropiación de esta sobriedad a través de una variación de la regla de las "5R" (derivada inicialmente de los planteamientos de "residuo cero") en el mundo digital:

- **Rechazar**: este rechazo puede consistir, por ejemplo, en sustituir un equipo que sigue siendo funcional porque ha salido un nuevo modelo. En realidad, se trata de plantearse la cuestión de la necesidad: ¿realmente necesito este nuevo equipo, esta funcionalidad, para utilizar la tecnología digital con este fin?
- **Reducir**: aquí hablamos de reducir el uso, el tiempo dedicado a las herramientas digitales, los volúmenes de datos utilizados y el número de equipos en propiedad.
- **Reparación**: como hemos visto, es esencial poder prolongar la vida útil de los equipos digitales que utilizamos, lo que implica seleccionar equipos fáciles de reparar, pero también incentivar a los usuarios a adoptar estos reflejos.
- **Reutilización**: puede haber buenas razones para sustituir un equipo que aún funciona por otro más eficiente. En este caso, lo importante es asegurarse de que el equipo sigue funcionando y puede reutilizarse, ya sea mediante una política interna de reutilización o recurriendo a profesionales del sector de la reutilización. Los nuevos equipos también pueden ser de segunda mano.
- **Reciclar**: llega un momento en que ni la reutilización ni la reparación son posibles. En estos casos, es esencial poder enviar el equipo en cuestión a reciclar para poder tratar los componentes tóxicos y recuperar eventualmente ciertos materiales.

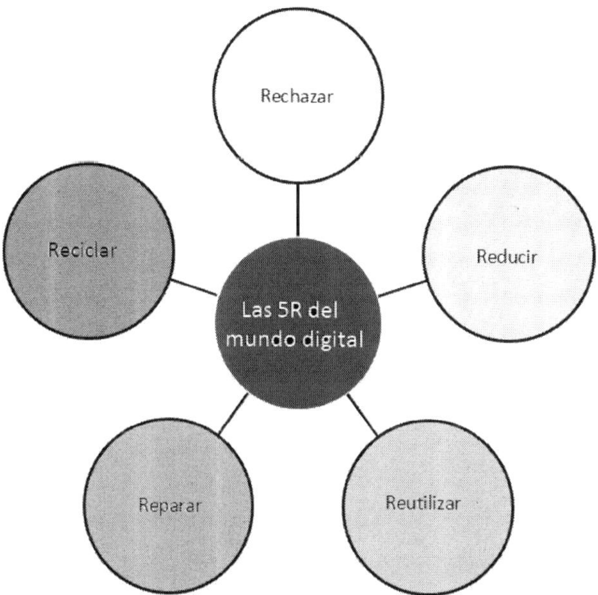

Como veremos con más detalle en el capítulo dedicado a la gestión del cambio, la aceptabilidad del enfoque de la sobriedad digital es más compleja que la de la optimización. Esto se debe a que se trata de proponer un enfoque que puede percibirse como contraintuitivo, porque va en contra de la corriente de progreso permanente y crecimiento continuo que suele proyectar el mundo tecnológico. Por lo tanto, es esencial apoyar a los agentes implicados, sobre todo cuando se trata de tener en cuenta los efectos beneficiosos de la sobriedad propuesta en el diseño ecológico de los servicios digitales.

Capítulo 3
Vocabulario y normas

1. Introducción

Cuando se empieza a estudiar el tema de la informática ecológica, rápidamente se topa uno con una serie de términos más o menos relacionados: digital responsable, Green IT, *tech for good*, IT for Green, etc.

En este capítulo, comenzaremos hablando de estos diferentes términos, definiéndolos y sugiriendo una forma de vincularlos entre sí.

A continuación, examinaremos la legislación y las normas relativas a la tecnología digital responsable y los Green IT.

Por último, exploraremos los vínculos entre los Green IT y la noción de responsabilidad social de las empresas (RSE).

2. Definiciones

2.1 Green IT

La definición dada por Euroinnova de Green IT, o más bien su equivalente en español, tecnología verde es la siguiente:

"La tecnología verde consiste en la creación, diseño y construcción de aparatos y dispositivos basados en energías limpias o eco-energía que ayuden a disminuir el **impacto ambiental**."

Esta sucinta definición va acompañada de una nota en la que se exponen las expectativas relativas a esta reducción de los efectos negativos:

"Se enfatiza en disminuir el consumo de **combustibles fósiles**al crear autos que no necesiten de gasolina u otro tipo de combustibles, sino haciendo uso de las energías limpias que promueven la disminución del **calentamiento global** que destruye el ecosistema del planeta y genera cambios en distintas zonas terrestres".

En resumen, abarca todas las técnicas y herramientas utilizadas para reducir el impacto ecológico del sector de las TIC.

2.2 IT for Green

A veces también llamado "*Green by IT*", este término se refiere al uso de las TIC en proyectos diseñados para tener un impacto ecológico positivo. En este caso nos centramos específicamente en la forma en que las TIC pueden utilizarse para reducir la huella ecológica en contextos distintos de las IT.

El informe del Cigref titulado "*From Green IT to Green by IT*", de enero de 2017 y redactado por Bela Loto, ofrece una serie de ejemplos en los que las TIC son un vector de reducción del impacto ecológico. Estos ejemplos pueden agruparse tras el término genérico "*smart* *" (contracción de la palabra inglesa "*smart*" y el carácter "*" que representa una multitud de posibilidades):

- *Smart grid* para redes eléctricas inteligentes.
- *Smart building* por el uso de una red de sensores que permiten optimizar la huella de un edificio.
- *Smart city* para la vigilancia y optimización del medio ambiente urbano.

Como se subraya en este informe, sigue siendo esencial mantener un enfoque global y sistémico que incorpore tanto el aspecto "Green IT" como el "Green by IT", para no caer en la trampa de las soluciones técnicas cuya huella medioambiental negativa (vinculada en particular a los impactos de la capa "conectada") disminuiría sus efectos beneficiosos. A este respecto, el uso de herramientas de análisis del ciclo de vida (detalladas en el capítulo Medir el impacto de un SI) ofrece garantías de análisis multicriterio para los proyectos "Green by IT".

2.3 IT for good / Tech for good

Mientras que el "IT for Green" / "Green by IT" se centra en la reducción de la huella medioambiental; el enfoque "IT for good" / "Tech for good" tiene un impacto positivo más amplio. En la página web de Computer Word se define Tech for Good como "la tecnología para el bien común", señalando que la capacidad transformadora de la tecnología puede ser utilizada "para el bien común. O lo que es lo mismo, para generar un cambio positivo en el mundo y mejorar la vida de millones de personas".

Los objetivos de estos enfoques suelen ser cubrir el componente "personas" del desarrollo sostenible, utilizando las TIC para apoyar proyectos de desarrollo social, inclusión, educación, etc.

En particular, cabe destacar la iniciativa lanzada por el presidente francés Emmanuel Macron en 2018, destinada a crear un colectivo internacional formado por empresas y ONG en torno a la idea de "un progreso tecnológico más responsable e inclusivo", y que culminó en diciembre de 2020 con el llamamiento *Tech for Good*.

Observación

En la conclusión del libro se exponen ejemplos de proyectos e iniciativas como Green by IT y Tech for good.

2.4 Informática justa

A veces también denominada "*Fair IT*", la informática justa se define a la vez como un subconjunto del enfoque *Tech for good* presentado anteriormente, en la medida en que se trata de utilizar las TIC para desarrollar proyectos con el objetivo de tener un impacto positivo y virtuoso; pero también como la toma en consideración de la dimensión ética y social en los proyectos informáticos. Se trata, pues, también en este caso, de prestar especial atención a la dimensión "personas" del desarrollo sostenible en los proyectos informáticos o en los proyectos que utilizan las TIC con una finalidad positiva.

2.5 Sobriedad digital

La noción de sobriedad digital puede considerarse un subconjunto de los Green IT, cuyo objetivo es reducir el impacto medioambiental y social de la tecnología digital aplicando un enfoque de reducción del uso, a través de una serie de acciones:

- La reducción del número de terminales; y en particular la reducción de terminales de objetos conectados.
- Prolongar la vida útil de los terminales, amortizando (y por tanto empleando) durante más tiempo los equipos de los usuarios en las empresas, reutilizándolos y desarrollando un mercado de segunda mano.
- El enfoque de diseño ecológico de los servicios digitales (véase más abajo).
- Identificar y combatir los efectos rebote de la tecnología digital (véase la sección sobre usos, Cada vez más usos de terminales).

2.6 Ecodiseño de los servicios digitales

El ecodiseño de los servicios digitales aplica al mundo digital el enfoque más genérico del ecodiseño, definido en particular en la norma ISO 14062 (véase la sección Referencias legislativas y normativas de este capítulo).

Este enfoque implica diseñar, rediseñar y optimizar un servicio digital midiendo su impacto medioambiental, con el objetivo de minimizarlo. La atención se centra en el ámbito funcional del servicio (y por correlación en la reducción de la "grasa funcional"), así como en su implementación técnica.

El enfoque de diseño ecológico de los servicios digitales se trata en detalle en los capítulos Crear servicios responsables y Cuestionar la funcionalidad.

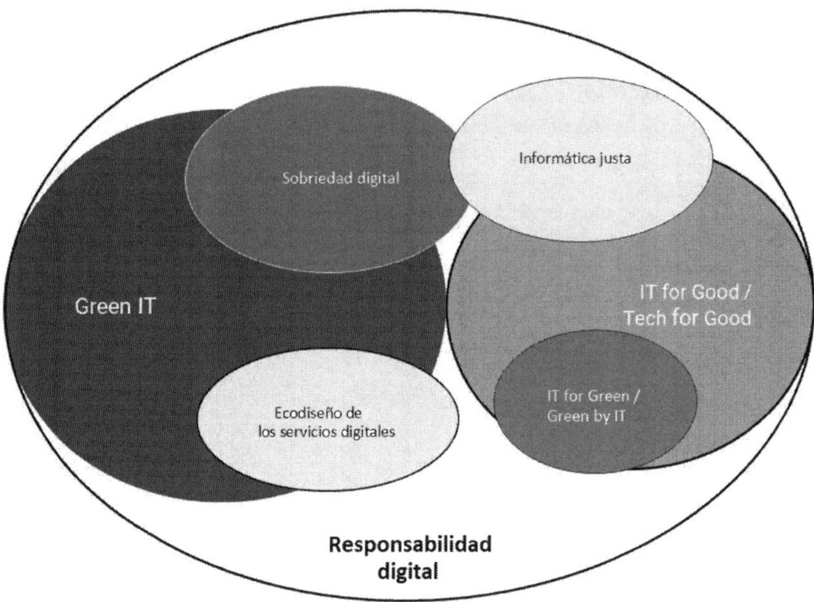

Una proyección de los diferentes enfoques definidos en este capítulo

2.7 Responsabilidad digital

La Responsabilidad Digital es un enfoque de mejora continua que pretende mejorar lahuella ecológica y social de la tecnología digital.

Por lo tanto, la responsabilidad digital puede considerarse un conjunto de prácticas que engloban los distintos enfoques definidos anteriormente y que tienen por objeto abordar tanto la dimensión "personas" como la dimensión "planeta" del desarrollo sostenible, ya sea en la mejora de las herramientas y servicios informáticos o en el uso de las TIC para proyectos destinados a mejorar la sociedad y el medio ambiente.

Observación

Es importante señalar aquí que, además de su impacto ecológico y medioambiental, la responsabilidad digital pretende encarnar valores éticos y sociales, por lo que está en plena consonancia con los planteamientos de la Responsabilidad Social de las Empresas que se desarrollan más adelante en este capítulo.

3. Actores

Aunque la estructuración de los enfoques de la responsabilidad digital es relativamente reciente, muchos actores, ya sean comunitarios, asociativos o empresariales; trabajan para desarrollar los conocimientos y los puntos de referencia en los que basarse.

Sin entrar mucho en detalle, presentamos por orden alfabético y las distintas comunidades que han contribuido.

4. Legislación y normas

4.1 Ley europea de mercados y servicios digitales (DMA y DSA)

En 2022, la Comisión Europea introdujo dos conjuntos de normativas: la Ley de Mercados Digitales (Digital Markets Act (DMA)) y la Ley de Servicios Digitales (Digital Services Act (DSA)), diseñadas para limitar el dominio económico de las principales plataformas y la distribución en línea de contenidos y productos ilegales. Ambas entraron en vigor en 2023, y se exige su cumplimiento a principios de 2024, so pena de sanciones.

El objetivo de la DMA es regular las mayores plataformas, calificadas por la Comisión Europea de "guardianes de acceso" por su posición dominante a la hora de beneficiarse de las ventajas de Internet. Esto significa que estas plataformas tienen prohibido favorecer sus servicios o productos frente a los de sus competidores; o explotar los datos generados por estos últimos (a los que tienen acceso gracias a sus servicios y políticas comerciales).

La DSA actualiza la gestión de los contenidos ilegales (odio, pornografía infantil, terrorismo, etc.) y los productos ilegales (falsificados o peligrosos) ofrecidos en línea, que ya había sido definida en el año 2000. En particular, pretende armonizar las legislaciones nacionales vigentes en los estados miembros con el lema: "lo que es *ilegal fuera de línea* también *debe* ser *ilegal* en online". Se han definido nuevas obligaciones específicas para los proveedores de servicios, y en particular para las plataformas; como la introducción de herramientas que permiten a los usuarios denunciar contenidos ilegales con la obligación de responder rápidamente a las alertas.

Además, la DSA prohíbe el uso de la religión, las preferencias sexuales, la información sanitaria o las creencias políticas para orientar la publicidad en línea. También está prohibida la publicidad dirigida a menores.

Observación

El 6 de septiembre de 2023, la Comisión Europea identificó las 22 plataformas afectadas por la Ley de Mercados Digitales (LMC), que pertenecen a seis grandes empresas tecnológicas: Alphabet (Google Search, Android, Maps, etc.), Amazon, Apple, Bytedance (TikTok), Meta (Facebook, Instagram, WhatsApp, etc.) y Microsoft.

En el marco de la Ley de Servicios Digitales (DSA), la Comisión Europea elaboró el 25 de abril de 2023 una primera lista de 17 grandes plataformas en línea (Alibaba AliExpress, Amazon Store, Apple AppStore, Booking.com, Facebook, Google Play, Google Maps, Google Shopping, Instagram, LinkedIn, Pinterest, Snapchat, TikTok, X (antes Twitter), Wikipedia, YouTube, Zalando); así como dos grandes motores de búsqueda en línea (Bing y Google Search). Esta lista se amplió el 20 de diciembre de 2023 con la adición de tres sitios pornográficos: XVideos, Pornhub y Stripchat.

4.2 Mayor accesibilidad y protección de datos

Como parte del plan de acción de la Comisión Europea, presentado en febrero de 2020, para garantizar la soberanía digital de Europa para 2030; el 30 de mayo de 2022 se adoptó la *Data Governance Act* sobre la protección de datos industriales y datos generados por el Internet de las Cosas. En vigor desde septiembre de 2023, su objetivo es facilitar y regular el intercambio de datos personales y no personales a través de servicios de intermediación de datos.

La Ley de Datos tiene varios objetivos, entre ellos facilitar el intercambio de datos de objetos conectados a cambio de una compensación justa, equitativa y proporcionada. También autoriza a los organismos públicos de los estados miembros y a las instituciones de la Unión Europea a acceder a estos datos y a utilizarlos, previa justificación de una necesidad excepcional. Además, establece normas de cooperación internacional en materia de transmisión de datos no personales y pretende combatir el acceso ilícito, en particular las intrusiones de gobiernos de terceros países. Desde una perspectiva más amplia, el objetivo es crear un mercado digital único de datos.

4.3 Ley europea de inteligencia artificial

Ante la creciente preocupación por las aplicaciones potencialmente dañinas de la inteligencia artificial, los eurodiputados han alcanzado un acuerdo "para garantizar que los derechos fundamentales, la democracia, el estado de derecho y la sostenibilidad medioambiental estén protegidos de los riesgos asociados a la IA, al tiempo que se fomenta la innovación y se hace de Europa un líder en este campo"

Esta ley impone obligaciones estrictas a los sistemas de IA de alto riesgo, incluidas las evaluaciones de impacto sobre los derechos fundamentales, la transparencia y la rendición de cuentas. En particular, prohíbe:

- la introducción de sistemas de categorización biométrica que utilicen datos sensibles (por ejemplo, opiniones políticas, religiosas o filosóficas, orientación sexual, raza);
- la extracción no dirigida de imágenes faciales para generar bases de datos de reconocimiento facial;
- el reconocimiento de emociones en el lugar de trabajo y escuelas;
- la puntuación social y la manipulación del comportamiento humano.

Se han concedido excepciones estrictamente reguladas en situaciones específicas, sujetas a autorización judicial y para delitos concretos.

Se están estableciendo salvaguardias para los sistemas de IA de uso general, que exigen transparencia, cumplimiento de las leyes de derechos de autor y obligaciones adicionales para los modelos que supongan un riesgo sistémico. El incumplimiento de las normas se castiga con multas de hasta el 7 % de la facturación global de una empresa.

Al mismo tiempo, para facilitar a las pequeñas empresas el acceso a esta nueva tecnología, se prevén medidas de apoyo a la innovación y a las PYME. Entre ellas la puesta a disposición por las autoridades nacionales de "espacios controlados de pruebas" y entornos reales.

Por último, otros elementos legislativos se tratarán detalladamente en otras secciones de este libro, entre ellos los siguientes:

- Legislación relativa a la responsabilidad social de las empresas, en la sección "Green IT y responsabilidad social de las empresas" de este capítulo.
- Legislación relacionada con la gestión de residuos, en el capítulo Optimizar los equipos y su uso.
- El concepto de huella de carbono y los aspectos legislativos asociados, en el capítulo Medir los impactos de un SI.

4.4 Normas digitales responsables

4.4.1 Normas ISO

Logotipo de la certificación ISO 14001

ISO 14000: la familia ISO 14000 incluye un conjunto de normas relativas a la gestión medioambiental, algunas de las cuales están directamente relacionadas con el Green IT y la tecnología digital responsable. A continuación encontrará una lista no exhaustiva:

- La norma ISO 14001 define los distintos requisitos que debe cumplir un sistema de gestión medioambiental y establece las directrices generales (se complementa con la norma ISO 14004).
- Las normas ISO 14040 y 14044 abordan la cuestión del análisis del ciclo de vida, y se tratarán con más detalle en el capítulo Medir los impactos de un SI, que trata del análisis del uso.
- La norma ISO 14062 era la que se integraba los planteamientos del diseño ecológico, pero ha sido *cancelled* (anulada). No obstante, en el momento de redactar este documento, sigue utilizándose ampliamente en este campo.
- La norma ISO 14051 trata de la contabilidad del flujo de materiales, agrupados bajo las siglas MFCA (*Material Flow Cost Accounting*), y afecta sobre todo a los fabricantes de equipos electrónicos.
- La serie de normas ISO 14020 trata de las etiquetas y declaraciones medioambientales, y se tratará en el capítulo Optimizar los equipos y sus usos.

ISO 26000: trata de la responsabilidad social de las empresas y se analizará en detalle más adelante.

4.4.2 Otras normas y directivas

Otras normas internacionales abordan cuestiones relacionadas con la responsabilidad digital. Entre ellas figuran:

- normas de diseño ecológico relativas a productos específicos, en particular de las directivas de la Unión Europea sobre pantallas (2009/125/CE) y ordenadores y servidores (617/2013);
- las directivas europeas (2002/96/CE de 27 de enero de 2003 y 2012/19/UE de 4 de julio de 2012) sobre residuos de aparatos eléctricos y electrónicos (RAEE), que establecen las normas de gestión para los productores y poseedores de aparatos eléctricos y electrónicos (AEE). En particular, estas directivas imponen la obligatoriedad del diseño ecológico de los AEE, la instauración de la recogida objetiva y selectiva de RAEE y definen objetivos progresivos de valorización.

5. Green IT y responsabilidad social de las empresas

En la mayoría de las empresas, el enfoque de Green IT forma parte de un proceso más amplio de reflexión sobre el impacto medioambiental de la empresa, y esta reflexión en sí suele ser un componente del enfoque de responsabilidad corporativa (o social), comúnmente conocido por sus siglas RSE.

Por lo tanto, es importante apropiarse de este enfoque de RSE y de las normas asociadas para que el enfoque Green IT esté alineado con las prácticas de RSE de la empresa.

5.1 ¿Qué es la RSE?

Aunque las primeras referencias a la noción de "responsabilidad social" de las empresas aparecieron en la literatura anglosajona en la década de los 60 (se utilizó el acrónimo CSR que corresponde a *Corporate Social Responsibility*); no fue hasta finales de la década de los 90 y principios de los años de 2000 que el tema cobró relevancia, tanto en el debate público como en el enfoque de la gobernanza empresarial.

Gracias a esta creciente importancia de este tema, surgió una estructuración de los temas, sobre todo en los años 10. Aunque no existe una única definición oficial de RSE, este capítulo se basará en dos definiciones de uso común.

5.1.1 Definición de la Comisión Europea

La primera es la definición adoptada por la Comisión Europea en octubre de 2011, que expuso en una comunicación al Parlamento Europeo titulada "Responsabilidad social de las empresas: una nueva estrategia de la UE para el período 2011-2014": la RSE se define como "**la responsabilidad de las empresas por su impacto en la sociedad**".

Es interesante señalar que esta definición viene a sustituir a la que se utilizaba anteriormente, que era "la integración voluntaria, por parte de las empresas, de las preocupaciones sociales y medioambientales en sus operaciones empresariales y sus relaciones con sus interlocutores"; esta nueva definición no solo es más concisa, sino que, sobre todo, suprime la palabra voluntaria de la definición, lo que ilustra la evolución de la última década hacia un enfoque de la RSE más sólido, estructurado e incluso reglamentado. Volveremos sobre este tema más adelante en este capítulo.

Además de esta nueva definición, la Comisión Europea precisa que "las empresas deben haber emprendido, en estrecha colaboración con sus interlocutores, un proceso destinado a integrar las preocupaciones sociales, medioambientales, éticas, de derechos humanos y de los consumidores en sus actividades comerciales y su estrategia de base".

5.1.2 Definición de ISO 26000

La segunda definición en la que nos basaremos aquí es la que propone la norma ISO 26000 de la Organización Internacional de Normalización. Esta norma define la RSE de la siguiente manera:

"La responsabilidad de una organización por el impacto de sus decisiones y actividades en la sociedad y el medio ambiente, reflejada en un comportamiento transparente y ético que:

- contribuye al desarrollo sostenible, incluida la salud y el bienestar de la sociedad;
- tiene en cuenta las expectativas de las partes interesadas;
- cumple la legislación en vigor y es compatible con las normas internacionales;
- está integrada en toda la organización y se aplica en sus relaciones".

Además de esta definición, la norma ISO 26000 propone un enfoque holístico (es decir, considerar el tema en su conjunto) basado en siete preguntas centrales (para cada una de estas preguntas, damos ejemplos de subpreguntas asociadas):

- **Gobernanza organizativa**: ¿cuál es el sistema de gestión y organización de la empresa? ¿Cómo aborda este sistema de gestión la cuestión de la responsabilidad?
- **Derechos humanos**: ¿cómo garantiza la empresa el cumplimiento de la Declaración Universal de los Derechos Humanos de las Naciones Unidas? ¿Qué mecanismos se ponen en práctica para prevenir los riesgos de incumplimiento (o complicidad en el incumplimiento) de estos derechos?
- **Relaciones y condiciones laborales**: ¿cuáles son las condiciones laborales de los empleados de la empresa? ¿Cómo se organiza el diálogo social? ¿Qué políticas y enfoques existen para desarrollar el capital humano?
- **Medio ambiente**: ¿cuáles son los impactos de la actividad de la empresa en el medio ambiente? ¿Cómo se evalúa y mide este impacto? ¿Qué esfuerzos realiza la empresa para reducir este impacto?

- **Prácticas leales**: ¿qué mecanismos se han establecido en la empresa para combatir los conflictos de intereses y la posible corrupción? ¿Cómo garantiza la empresa que compite lealmente? ¿Se respetan los derechos de propiedad?
- **Cuestiones relacionadas con los consumidores**: ¿qué impacto tienen las actividades y los productos de la empresa en los derechos, la salud y la seguridad de sus consumidores? ¿Tienen los consumidores acceso al nivel adecuado de información?
- **Comunidades y desarrollo local**: ¿cómo contribuye la empresa a su ecosistema local? ¿Cuál es su relación e implicación con las comunidades? ¿Cómo beneficia la actividad de la empresa al conjunto de la sociedad?

5.1.3 RSE y desarrollo sostenible

Observamos que estas dos definiciones, aunque estructuradas de manera diferente, son ampliamente convergentes en cuanto a los temas abordados por la RSE.

Más concretamente, estas definiciones ponen de manifiesto temas comunes no solo en el impacto social de la empresa, sino también en su impacto sobre las personas que componen su ecosistema, y en su impacto sobre el medio ambiente en el sentido más amplio.

La aparición de estos temas explica que a menudo se establezca un paralelismo entre la noción de RSE y la de desarrollo sostenible. El enfoque de la RSE se posiciona como la aplicación de los principios del desarrollo sostenible en las empresas; de hecho, es una variación de los tres pilares del desarrollo sostenible (*People, Profit, Planet*) ya presentados en el capítulo ¿Por qué Green IT? Crisis ecológicas de este libro.

5.2 RSE y responsabilidad digital

Así pues, la RSE propone la aplicación de principios de desarrollo sostenible en las empresas. Así pues, un enfoque de Green IT podría considerarse como una variación de estos principios centrada en el aspecto ecológico, concentrándose en particular en la cuestión central "Medio ambiente" del marco de referencia ISO 26000.

Sin embargo, es importante recordar que el enfoque cuestionador de la ISO 26000 pretende ser holístico, lo que implica la necesidad de conservar una visión sistémica de la RSE y, por extensión, de los impactos de un enfoque de Green IT sobre la RSE.

Por ello, exploraremos los vínculos entre el enfoque de los Green IT y las siete cuestiones centrales propuestas por la norma ISO 26000.

5.2.1 Gobernanza de la organización

Este es el primer punto importante de convergencia entre un enfoque de RSE y un enfoque de Green IT. En primer lugar, como cualquier enfoque de transformación empresarial, la implantación de los Green IT requiere una fase de gestión del cambio, que es más eficaz si se apoya en la estructura de gestión existente.

Además, a través de la difusión de las mejores prácticas de Green IT en las distintas líneas de negocio de la empresa, el enfoque contribuye a la implantación de la responsabilidad medioambiental en estas líneas de negocio. Esto puede ilustrarse en particular a través del impacto de un enfoque de diseño ecológico en las fases de expresión e instrucción de las necesidades empresariales internas, o incluso de las necesidades de los clientes, mediante la introducción de la noción de sobriedad en estas fases (véase el capítulo Cuestionar la funcionalidad).

5.2.2 Derechos humanos

Aunque a primera vista la cuestión de los derechos humanos pueda parecer relativamente alejada de las preocupaciones del Green IT, en realidad existen fuertes relaciones entre ambas cuestiones. El primero de estos vínculos es una consecuencia del impacto geopolítico de la extracción de recursos, que en ocasiones genera conflictos armados por la posesión de territorios ricos en recursos escasos y, por tanto, se dan casos de violaciones de los derechos humanos asociadas a estos conflictos.

Otra relación puede encontrarse en el hecho de que algunos equipos electrónicos son fabricados por niños. Por ejemplo, en un informe publicado en 2015, la ONG Amnistía Internacional denunció que 40000 niños trabajan en las minas del sur de la República Democrática del Congo, de donde se extrae más de la mitad del cobalto producido en el mundo. El cobalto es el elemento esencial para la fabricación de baterías.

Este tema se aborda detalladamente en el capítulo El impacto de la tecnología digital.

5.2.3 Relaciones y condiciones de trabajo

Una cuestión importante que relaciona los aspectos de la IT con las condiciones de trabajo, ha surgido de manera forzada, durante la pandemia de Covid que empezó en 2019. Nos referimos, por supuesto, al teletrabajo. El teletrabajo es un buen ejemplo de los vínculos que existen entre la ecología; las nuevas tecnologías de la información y la comunicación (NTIC), y trabajo. La implantación del teletrabajo tiene varias repercusiones desde el punto de vista de los Green IT.

Entre las repercusiones negativas puede implicar el despliegue de nuevos equipos, como cortafuegos o terminadores VPN, y ha llevado a muchas empresas a equipar a sus usuarios con ordenadores portátiles, en ocasiones sustituyendo los ordenadores fijos plenamente funcionales.

Dicho esto, estos impactos se ven potencialmente compensados por los efectos positivos del teletrabajo sobre el medio ambiente y, en particular, sobre la reducción del transporte asociado (este punto se trata con más detalle en el capítulo Innovaciones y modelos virtuosos).

Encontramos otro vínculo entre el enfoque de los Green IT y las condiciones de trabajo que aparece en el tema del "derecho a la desconexión".

5.2.4 Medioambiente

En esta cuestión central del medio ambiente, nos encontramos por supuesto en el centro de las interacciones entre la Green IT y el enfoque de la RSE, y los distintos temas abordados en este libro pueden integrarse directa o indirectamente en los aspectos medioambientales tratados en la norma ISO 26000.

Para entrar en más detalles, el tema medioambiental incluye el ahorro energético (que se trata en varios capítulos, entre ellos Impacto y optimización del alojamiento); el ecodiseño de productos y servicios (del que forma parte el ecodiseño de los servicios digitales), y la gestión del ciclo de vida (que incluye la gestión del ciclo de vida de los equipos informáticos).

La norma especifica cuatro ámbitos de acción:

- prevención de la contaminación;
- uso sostenible de los recursos;
- mitigación del cambio climático y adaptación;
- protección y restauración del entorno natural.

La Green IT exige que estos ámbitos de acción se apliquen en todo el ecosistema de la empresa, ya sea en sentido ascendente (en particular evaluando el impacto de los proveedores de servicios y suministradores), en el día a día de la empresa, o en sentido descendente. En este último caso, evaluando el impacto generado por el uso de los productos y servicios de la empresa por parte de sus consumidores y usuarios.

5.2.5 Buenas prácticas empresariales

Hay varios temas que vinculan esta cuestión central con las prácticas IT y, por extensión, con un enfoque de Green IT.

El primero de estos temas está relacionado con el ámbito de acción "Promoción de la responsabilidad social en el ámbito de influencia", e incluye una revisión de la política de compras para incluir criterios específicos de las cuestiones abordadas por el Green IT (criterios de ecodiseño, etiquetas, indicadores de calidad medioambiental, etc.).

Este tema de la evolución de las políticas de compra aparece detallado en el capítulo Optimizar los equipos y su uso, y es una ilustración de las posibilidades de impacto "ascendente" mencionadas anteriormente.

Otro tema relacionado es el respeto de los derechos de propiedad, y principalmente en el ámbito de las IT; los derechos de propiedad intelectual. Esta cuestión es especialmente relevante cuando se trata de utilizar componentes, librerías, *frameworks*, etc.; para construir *bricks* con licencia de open source. Algunas de estas licencias incluyen cláusulas específicas sobre sus condiciones de uso y redistribución, e incluso imponen el uso en contextos compatibles con determinados criterios éticos (por ejemplo, *The Hippocratic License*, cuyo lema es "*First, do no harm*").

Por último, cabe mencionar la cuestión de la distorsión de la competencia, que -aunque a veces es complicado analizar en detalle- puede estar relacionada con la falta de equidad en la aplicación de los criterios medioambientales, por ejemplo con empresas que, en el mismo mercado de suministro de equipos, pueden tener o no en cuenta las limitaciones relacionadas con la gestión del final de la vida útil de los equipos.

5.2.6 Consumidores

Se pueden establecer varios vínculos entre esta cuestión central y el enfoque del Green IT; aquí nos centraremos en dos de estos vínculos.

En primer lugar, hablemos de los datos de los usuarios. La llegada de las tecnologías de almacenamiento y manipulación masiva de datos -comúnmente denominadas *big data*- ha permitido a las empresas recopilar una enorme cantidad de datos sobre sus usuarios, especialmente cuando utilizan los servicios digitales puestos a su disposición. Aunque parte de esta recopilación de datos estaba justificada, por ejemplo para permitir una optimización de costes repercutida en los usuarios, o para mejorar el servicio en general; también se ha recopilado una gran cantidad de datos -en el mejor de los casos- sin ningún propósito en particular, o incluso por razones mucho menos obvias.

Además del evidente impacto ético de estas prácticas, para las que legislaciones como el Reglamento General de Protección de Datos (RGPD) ha supuesto un marco restrictivo para las empresas, el almacenamiento masivo de datos también ha supuesto un impacto ecológico directo; ya que requiere la construcción y el funcionamiento de una gran cantidad de equipos (en particular, servidores y matrices de discos), lo que genera diversos impactos ecológicos negativos ya mencionados en el capítulo El impacto de la tecnología digital.

Por lo tanto, es esencial tener en cuenta estos impactos a la hora de elegir los datos que la empresa va a tratar y almacenar a través de sus servicios digitales.

El segundo vínculo fuerte entre esta cuestión de los consumidores y el enfoque de los Green IT radica en una cuestión fundamental del ecodiseño de los servicios digitales: la búsqueda de la sobriedad funcional, centrándose en las funcionalidades que aportan un valor real a los usuarios. Además de esta búsqueda de sobriedad funcional, cabe señalar que -como se detalla en los capítulos Crear servicios responsables y Cuestionar la funcionalidad, en las secciones dedicadas a las convergencias y los beneficios cruzados- los enfoques de ecodiseño también tienen repercusiones beneficiosas en el ámbito de acción "Acceso a los servicios esenciales" al que hace referencia la norma ISO 26000, ya que a menudo permiten mejorar la accesibilidad de los servicios digitales.

5.2.7 Comunidades y desarrollo local

Esta última pregunta central del referencial que en general tiene como objetivo la búsqueda de impactos positivos de la empresa en las asociaciones, la cultura y la educación, menciona explícitamente un ámbito de acción directamente vinculado a los Green IT. Se trata del área de "Desarrollo y acceso a la tecnología".

En concreto, el objetivo de este ámbito de acción es animar a las empresas a que contribuyan en la mejora de los conocimientos tecnológicos, en el acompañamiento de las asociaciones que ayudan a los ciudadanos a dominar las tecnologías digitales y adoptar enfoques del tipo "IT for good"/"IT for green" (de los que se habla con más detalle en el capítulo Innovaciones y modelos virtuosos de este libro).

Por tanto, un enfoque de Green IT puede enriquecerse con estos planteamientos. Por ejemplo, ofreciendo al personal técnico de la empresa la posibilidad de donar sus competencias a asociaciones, o contribuyendo a iniciativas de lucha contra el analfabetismo digital.

Capítulo 4
Medir el impacto de un SI

1. Introducción

Para cuantificar el impacto de un producto, empresa o sistema en el medio ambiente, se han desarrollado diversos métodos de contabilización de las emisiones de gases de efecto invernadero (GEI).

La contabilidad de la huella de carbono permite cuantificar las emisiones de GEI de un producto o sistema. También puede aplicarse a toda una organización, como una empresa. El análisis puede realizarse de forma exhaustiva teniendo en cuenta otros impactos ambientales mediante un análisis del ciclo de vida (ACV). Este tipo de análisis se realiza cada vez más en el marco de iniciativas de diseño ecológico, sobre todo para comparar el comportamiento medioambiental de productos, procesos u organizaciones.

En este capítulo, detallaremos la diferencia entre estos dos enfoques y señalaremos sus puntos fuertes y sus limitaciones.

2. Balance de GEI de una empresa

Se define al balance de emisiones de gases de efecto invernadero o balance de GEI, como "la evaluación de la cantidad de gases de efecto invernadero emitidos o atrapados en la atmósfera a lo largo de un año por las actividades de una organización o un territorio". Existen varios métodos de evaluación, como el *GHG protocole*, la serie de normas ISO 14064 o, el más utilizado en Francia ***Bilan Carbone®***.

El término "huella de carbono" también aparece con regularidad, yaque por razones de claridad y comparación, los impactos de los distintos gases de efecto invernadero se convierten en la cantidad de CO_2 necesaria para producir los mismos impactos, lo que se denomina CO_2 equivalente (a menudo escrito co_2eq).

Potencial de calentamiento global (CO_2 eq)		
	Durante 20 ans	**Durante 100 ans**
CO_2 (dióxido de carbono)	1	1
CH_4 (metano)	84	28
N_2O (óxido nitroso)	264	265
CF_4 (tetrafluoruro de carbono)	4880	6630
HFC-152a (1,1-difluoroetano)	506	138

Valores convencionales de gases de efecto invernadero en "equivalente de CO_2" procedentes del 5° informe del IPCC

Un informe de GEI examina las cantidades de gases de efecto invernadero emitidos por la empresa en diferentes ámbitos (por ejemplo, transporte, calefacción, producción, etc.), que se denominan alcances. En el marco del ***Bilan Carbone®*** se denominan "elementos".

Los resultados de la evaluación permiten identificar las mayores limitaciones con el fin de:

- estructurar la política medioambiental de la empresa;
- identificar acciones para reducir la factura energética y el impacto global;
- evaluar la vulnerabilidad;
- cumplir con la normativa.

Generalmente permite adoptar una dinámica de proyectos y de acciones de reducción. Realizado sobre una amplia gama de emisiones, el balance de GEI permite evaluar la dependencia y la vulnerabilidad de una organización, hasta llegar a una revisión estratégica del desarrollo de la empresa.

2.1 Métodos de cálculo

Hoy en día existen varios métodos que se diferencian principalmente por su estatus (norma internacional o referencia privada), su alcance para la aplicación (perímetros cubiertos) y su objetivo (empresa, enfoque sectorial, administración local o territorio).

La metodología se inspira en las referencias existentes y se elaboró con representantes de las partes interesadas en la aplicación. Se divide en dos partes:

- **Método general** aplicable a cualquier organización.
- **Una guía específica para las administraciones locales**, que complementa el método general en los puntos metodológicos específicos de las administraciones.

Los elementos procedentes de este método son necesarios para la publicación obligatoria de los resultados del balance de GEI en la página web de ADEME. Existen correlaciones entre los valores solicitados para la validación del balance de GEI de la empresa y los proporcionados por otros métodos existentes.

- El **GHG Protocol** fue desarrollado en 1998 por el *World Business Council for Sustainable Development* (WBCSD) y el *World Resources Institute* (WRI). Es un método para que las empresas contabilicen y notifiquen sus emisiones de GEI. En octubre de 2011, el *GHG Protocol* se completó para especificar las posibles emisiones indirectas de GEI de una organización.
- Las normas **ISO 14064-1/2018** e **ISO 14069** especifican los principios y requisitos para que las organizaciones cuantifiquen e informen sobre las emisiones y eliminaciones de gases de efecto invernadero. La primera versión de la norma 14064-1 se basa en el protocolo GHG.
- ***Bilan carbone®*** es una metodología para las organizaciones que fue publicada en 2004 por la asociación *Bilan Carbone* y apoyada por ADEME. Según la descripción de esta última, "el método tiene en cuenta todos los gases de efecto invernadero definidos por el IPCC para todos los flujos físicos sin los cuales la organización no podría funcionar".

El cuadro siguiente resume los métodos enumerados:

	Origen	**Fecha**	**Características especiales**
ISO 14064-1	Norma internacional ISO	2018	Principios generales aplicables a todos los métodos
Bilan Carbone®	Asociación *Bilan Carbone*	2004	Cubre todos los ámbitos. Métodos disponibles para empresas, instituciones públicas, administraciones locales (patrimonio y competencias) y regiones.
GHG Protocol	WBCSD y WRI (EE.UU.)	1998	Cubre todos los ámbitos. Desde 2014, método disponible para los territorios (*Global Protocol for Community*).

2.2 Perímetros

2.2.1 Alcances

En primer lugar, los métodos expuestos dividen los perímetros de emisión en alcances:

- **Alcance 1** es el marco más "limitado" para las evaluaciones de GEI. Corresponde a las emisiones directas resultantes de la combustión de combustibles fósiles procedentes de recursos que son propiedad de la empresa o están bajo su control.
- **Alcance 2** resume las emisiones indirectas inducidas por la compra o producción de electricidad o calor.
- **Alcance 3**, el más amplio, abarca todas las demás emisiones indirectas de la cadena de suministro, incluido el transporte de mercancías y personas.

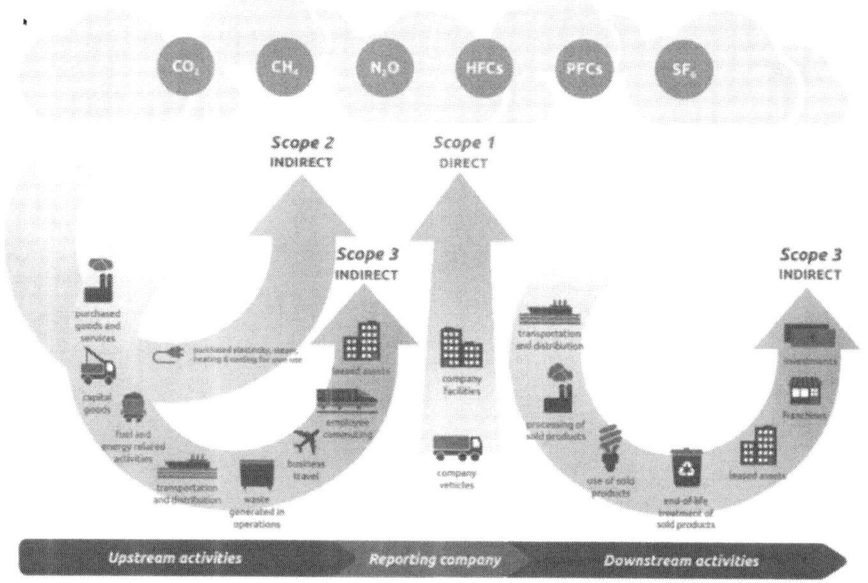

Diagrama de evaluación de gases de efecto invernadero (bilan carbone) para empresas, alcance con fuentes de emisiones de gases de efecto invernadero

El Alcance 3 puede ser complejo de realizar, sobre todo porque la información sobre la producción y el transporte de productos manufacturados suele ser difícil de obtener. Las fuentes de emisión pueden ser indirectas, conocidas como "grises" o deslocalizadas. Además, los valores correspondientes suelen extrapolarse debido a la falta de información.

Los límites en torno a los elementos que deben tenerse en cuenta en el Alcance 3 son difíciles de definir, y a menudo se dejan a la voluntad de las empresas que realizan la evaluación. A menudo se plantea la cuestión de hasta qué punto las emisiones de gases procedentes de la fabricación de un producto deben incluirse en el balance de la empresa productora, y a partir de qué parte del proceso de producción deben tenerse en cuenta en el Alcance 3 del comprador.

Observación

A raíz de estas preguntas sobre los alcances, es importante dar un paso atrás en las afirmaciones de "carbono neutral" que muchas empresas hacen habiendo calculado solo una parte de sus emisiones (Alcance 1 y, a veces, Alcance 2).

2.2.2 Las partidas

El *Bilan Carbone*® va más allá en el análisis de las fuentes de emisiones de GEI porque sus datos proceden de análisis del ciclo de vida (tema que se aborda más adelante en este capítulo). Las partidas ofrecen una visión más detallada de los impactos medioambientales y, en particular, de los distintos tipos de gases producidos (`CO2, CH4, N2O, SF6` y otros gases).

Hay cinco partidas:

- **Las partidas de combustible**, separadas en dos:
  - La "combustión", que corresponde a las emisiones vinculadas a la combustión de petróleo, gasolina, gas, carbón, etc.
  - El consumo "aguas arriba" que corresponde a las emisiones vinculadas al suministro de este combustible (extracción, transformación, refinado, transporte y distribución).
- **Las partidas de electricidadelectricidad**, dividido en dos:
  - Combustión en la central eléctrica", que corresponde con las emisiones de GEI de las centrales térmicas de la red de combustibles fósiles.
  - El consumo "aguas arriba" que corresponde con las emisiones vinculadas al suministro de combustible de las centrales eléctricas, las pérdidas en la red y la amortización de la fabricación de las centrales.
- **Las partidas del transporte** se divide en tres categorías:
  - La "combustión", que corresponde a las emisiones generadas por el uso de carburante para el vehículo.
  - Las emisiones de los combustibles anteriores.
  - La "depreciación", que corresponde a las emisiones vinculadas a la fabricación del vehículo depreciadas a lo largo de su vida útil.
- **Las partidas de los bienes** que incluyen factores de emisión generados durante la fabricación del bien; por la extracción de la materia prima y por la salida del bien de la fábrica. Son cinco:
  - la "energía" consumida durante la fabricación del bien;
  - las "emisiones fugitivas" del proceso de fabricación;
  - los "insumos", que corresponden a las emisiones generadas para la fabricación de los insumos necesarios para producir el bien;
  - el "transporte", es decir, el traslado de insumos desde la fábrica que los ha fabricado hasta la fábrica que produce el bien en cuestión;
  - la "depreciación" de maquinaria e instalaciones.

- **Las partidas de gestión de residuos** que corresponde a factores de emisión "de la cuna a la tumba", es decir, hasta el final de la vida útil del producto: desde la recogida hasta la eliminación:
  - la “recogida" de residuos;
  - el "funcionamiento" de los procesos de gestión de residuos;
  - las “emisiones fugitivas" del proceso de gestión de residuos (incineración, metanización, etc.).

Recuperar los valores de cada uno de estos elementos es tedioso y complejo. Sin embargo, para identificar las áreas en las que las acciones tendrán un mayor impacto, es necesario realizar un balance de GEI lo más detallado posible.

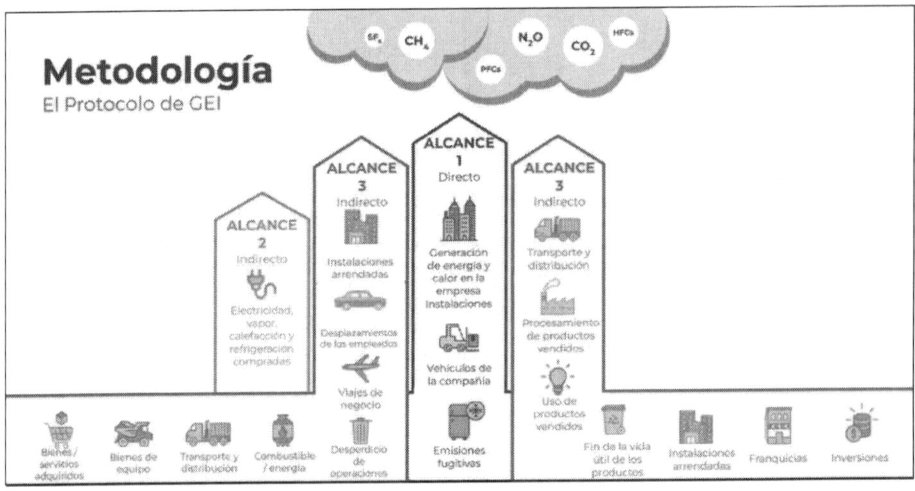

Posicionamiento de las emisiones en los distintos alcances (South Pole)

2.3 Las etapas

La evaluación de los GEI se lleva a cabo en las seis etapas siguientes:

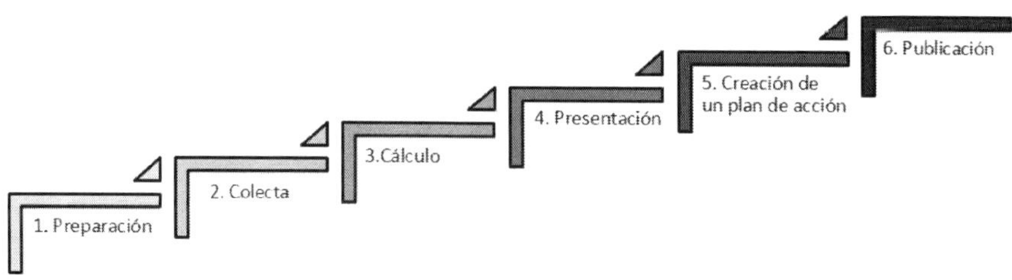

2.3.1 Etapa 1 - Preparación

Esta primera etapa permite delimitar la evaluación y definirla:

- el perímetro en la que se llevará a cabo la evaluación, es decir, el conjunto de alcances y emisiones que se evaluarán;
- el año de referencia;
- el método utilizado.

El objetivo es precisar la información que hay que recabar. En función del ámbito de actividad de la empresa, hay diferentes áreas que analizar (funcionamiento, transporte, producción, etc.). Por ejemplo, en el sector servicios, es más sencillo realizar una primera evaluación de GEI centrada únicamente en la "vida en la oficina", es decir, el impacto de la empresa y de sus empleados en relación con el uso de los locales y derivados de sus desplazamientos; ya que suele representar la gran mayoría de la huella ambiental, y los ámbitos de mejora resultantes de la evaluación son directamente accionables.

En el caso de una empresa de servicios digitales, los productos se producen principalmente, si no totalmente, de forma digital, y el impacto de los servicios prestados se sitúa principalmente en el Alcance 3, o incluso en el balance de GEI del cliente propietario del servicio. En cambio, una empresa productora de equipos informáticos, para mantenerse en el ámbito digital, debe tener absolutamente en cuenta el impacto de la producción de sus productos para tener una visión real de su huella de carbono.

La etapa de preparación también puede ser el momento en el que la empresa comunique con todos sus empleados acerca de las expectativas del informe. Durante esta etapa, también puede sensibilizarlos sobre los impactos medioambientales globales o específicos del sector. Así les resultará más fácil adherirse a la recogida de datos y a las posibles medidas correctoras que podrían ponerse en marcha para reducir el impacto de la empresa.

2.3.2 Etapa 2 - Colecta de datos

Una vez definido el objetivo, la empresa recopila la información necesaria para la metodología, lo que puede llevar un tiempo relativamente largo. Parte de esta información puede ser recabada dentro de la organización, pero otra puede tener que ser recabada de proveedores, clientes o estadísticas.

Los datos son tan variados como el número de empleados, la superficie del local, el consumo eléctrico, las particularidades de los desplazamientos domicilio-trabajo, el tipo de comidas servidas en el comedor de la empresa, etc. La colecta de datos se realiza con la ayuda de los responsables de numerosos departamentos de la empresa. Cuanto más precisos sean los valores, más exacta será la evaluación y más variadas y eficaces serán las opciones para reducir la huella ambiental.

Al final de esta etapa, los datos se asocian a un factor de emisión que permite calcular su equivalente en carbono. Aunque bases de datos como la *Base Carbone* ® (en Francia) facilitan la colecta de datos, no es fácil hacer las equivalencias; las consultorías pueden acompañar a las empresas en la realización de la evaluación de GEI, sobre todo si es la primera.

2.3.3 Etapa 3 - Cálculo del balance de GEI

Se trata de una etapa técnica, por lo que se recomienda haber recibido formación en contabilidad de emisiones de gases de efecto invernadero o llevarla a cabo con la ayuda de una consultoría. El método utilizado y la calidad de los datos recogidos influyen mucho en la sencillez de los cálculos y la precisión de los resultados obtenidos. Estos se utilizan para rellenar la página web de la ADEME que recoge los balances franceses de GEI.

Categoría	%
Emisiones directas	**0.5 %**
1.1 Emisiones directas de fuentes de combustión estacionarias	0.2 %
1.2 Emisiones directas de fuentes móviles de combustión	0.0 %
1.3 Emisiones directas de procesos no energéticos	0.0 %
1.4 Emisiones directas fugitivas	0.3 %
1.5 Emisiones procedentes de la biomasa (suelos y bosques)	0.0 %
Energía	**0.3 %**
2.1 Emisiones indirectas relacionadas con el consumo de electricidad	0.1 %
2.2 Emisiones indirectas relacionadas con el consumo de energía distinta a la electricidad	0.2 %
Desplazamiento	**4.4 %**
3.2 Transporte de mercancías en sentido descendente	4.4 %
Productos comprados	**78.3 %**
4.1 Compra de bienes	78.3 %
Productos vendidos	**16.6 %**
5.1 Uso de los productos vendidos	16.6 %

Ejemplo de evaluación de GEI publicada en la web de evaluación de GEI de la ADEME

2.3.4 Etapa 4 - Explotación de los resultados

Los resultados cuantificados de la evaluación se utilizan para hacer reflexionar a los responsables de la toma de decisiones sobre los retos medioambientales y energéticos a los que se enfrentan las organizaciones. Pueden poner de manifiesto la vulnerabilidad de una empresa ante la escasez o la inflación de los combustibles fósiles, así como el aumento de las normativas que limitan las emisiones de GEI. Junto a estos "riesgos carbono" directos, existen también los vinculados a la imagen pública, que tienen un impacto mayor o menor según el sector de actividad y el perfil público de la empresa.

Dado que la publicación de los balances de GEI es una obligación legal para un subconjunto de empresas, también es posible comparar los resultados obtenidos con los de las empresas del mismo sector de actividad y situarse en una escala relativa (aunque la información comunicada pueda ser parcial, al igual que el perímetro del balance).

2.3.5 Etapa 5 - Planificación de las medidas de reducción

A partir de los resultados y teniendo en cuenta los objetivos de la empresa para reducir sus emisiones de GEI, se recomienda elaborar un plan de acción para reducir las emisiones con los responsables de los sectores afectados, e incluso con los socios o proveedores de la empresa.

Resulta útil contar con objetivos de reducción cuantificados a lo largo de varios años para supervisar el progreso de las acciones identificadas. Este seguimiento suele llevarlo a cabo un grupo de trabajo específico en contacto directo con los responsables de la toma de decisiones, para que las medidas de reducción sigan estando en el centro de las decisiones organizativas y económicas de la empresa.

En este libro, ofrecemos algunas pistas para la reducción, relacionadas con la gestión de parques informáticos (véase el capítulo Optimizar los equipos y su uso) y con cuestiones relacionadas con el alojamiento (véase el capítulo Impacto y optimización del alojamiento), o incluso al diseño ecológico de los servicios digitales (véase el capítulo Crear servicios responsables). Además, como con cualquier cambio en la estrategia empresarial o cambios en el funcionamiento, es aconsejable proporcionar un apoyo real al cambio, que detallamos en el capítulo correspondiente.

2.3.6 Etapa 6 - Publicación del balance

La última etapa es obligatoria para los perfiles organizativos mencionados anteriormente, y recomendable para cualquier empresa que se tome el tiempo de realizar una evaluación de GEI. La comunicación externa permite dar a conocer las medidas adoptadas y las contribuciones realizadas por las empresas para combatir el cambio climático.

Además, la elaboración de balances de GEI por parte de las empresas y de las administraciones locales permite crear estadísticas a diferentes escalas geográficas, lo que pueden ser útil para el posicionamiento frente a otras organizaciones del mismo sector económico.

2.4 Los límites de las balances de GEI

En el marco de los acuerdos de Kioto y París, los gobiernos se han comprometido a incorporar la descarbonización de la economía en su legislación, lo que repercute en las organizaciones y autoridades locales a la hora de planificar su desarrollo. El balance de GEI es una herramienta que proporciona una evaluación relativamente completa y precisa de la situación actual, permitiendo definir una política de transición ecorresponsable e identificar áreas estratégicas de actuación mediante:

- la limitación de emisiones (pago de la deuda ecológica, reducción de la huella ecológica, neutralidad en carbono);
- el dimensionamiento de las medidas compensatorias (instalación de sumideros de carbono o financiación de medidas de mitigación).

Sin embargo, a la hora de realizar balances de GEI, resulta complejo abordar las cuestiones relacionadas con el alcance y la contabilización de los GEI procedentes de fuentes indirectas (incendios forestales para permitir la extracción, vertederos, balsas mineras, etc.), pero que producen grandes cantidades de CO_2 y CH_4.

Además, el acceso a datos fiables sobre emisiones puede resultar problemático. A menudo, la confidencialidad del proceso de fabricación, sobre todo en sectores muy competitivos como el digital, va en contra de la necesidad de transparencia necesaria para producir información suficiente que tenga en cuenta el impacto real de un SI. Aunque varias directivas y leyes europeas obligan a las empresas a comunicar los resultados de los ACV de sus productos, la escasa cantidad de equipos digitales producidos en Europa hace que no sea fácil acceder a datos fiables para realizar una evaluación de GEI. Afortunadamente, las directivas también se aplican a la distribución de electricidad y de gas, lo que permite indicar de forma precisa los Alcances 1 y 2.

El balance es una herramienta interesante, pero tiene una limitación importante: se centra en un único criterio de impacto ambiental. Sin embargo, como hemos visto en la introducción, las actividades humanas tienen múltiples efectos que, por desgracia, van más allá del cambio climático. ¿Cómo medir el impacto de un producto de la forma más exhaustiva posible?

3. Análisis del ciclo de vida

El **Análisis del Ciclo de Vida** (**ACV**) es el método más avanzado para evaluar el impacto ambiental. Como su nombre indica, abarca todas las etapas de la vida del producto, servicio o sistema analizado (fabricación, transporte, uso y fin de vida). También implica la realización de un análisis multicriterio que incluya, además de las emisiones de GEI, la cuantificación del mayor número posible de impactos ambientales, incluidos, entre otros, los diversos tipos de contaminación química, la deforestación y la artificialización del suelo, el consumo de agua, la eutrofización (alteración de los entornos naturales, en particular los humedales por un exceso de nutrientes) y el agotamiento de los recursos naturales, ya sean combustibles fósiles o metales.

Este enfoque holístico hace el trabajo mucho más complejo, pero ayuda a evitar un sesgo común: las transferencias de contaminación. El ejemplo icónico, utilizado habitualmente para ilustrar este problema, es el del automóvil privado. Un coche de gasolina emite mucho dióxido de carbono cuando se utiliza, lo que constituye un grave problema, como todo el mundo sabe hoy en día. El gasóleo es un combustible alternativo que permite reducir las emisiones por kilómetro recorrido. A primera vista, esto puede parecer interesante, pero tiene un inconveniente: los motores diésel emiten más gases tóxicos y partículas finas que provocan insuficiencias respiratorias y cáncer en los seres humanos. Esta desventaja ha frenado mucho el desarrollo de los motores diésel en todo el mundo, y en algunas ciudades como Tokio, los han prohibido. Este es el primer ejemplo de contaminación que se transfiere de un tipo de impacto a otro. Tomemos ahora el ejemplo de los coches eléctricos: cuando están en uso, el motor no contamina. En cambio, el coste medioambiental de la fabricación del vehículo es mucho más elevado: se necesitan más materiales y la producción de la batería también genera importantes emisiones de gases de efecto invernadero. Tenemos aquí una transferencia entre dos etapas del ciclo de vida, del uso a la fabricación. Además, hay que fabricar la electricidad que alimenta el coche, lo que, según el mix eléctrico del país, puede tener o no un impacto medioambiental importante.

El análisis del ciclo de vida permite evitar estos problemas al garantizar que se tenga en cuenta el perímetro más amplio posible, de forma normalizada. Por otra parte, en cierta medida equivale a hacer una evaluación de los GEI, que ya es compleja, más una evaluación del agua, más una evaluación de las materias primas, más una evaluación para cada tipo de contaminación. Todo ello culmina en una priorización de toma de decisiones relacionadas con estos diferentes impactos.

La ACV está normalizada internacionalmente por la familia de normas 1404x, de las cuales las dos siguientes son aplicables a todas las ACV:

- ISO 14040 "*Environmental management - Life cycle assessment - Principles and framework*": describe las medidas que deben tomarse durante las distintas etapas de un ACV, abarca la comunicación y la revisión crítica del ACV y destaca sus limitaciones.
- La norma ISO 14044 "*Environmental management - Life cycle assessment - Requirements and guidance*" define los pasos que hay que dar y los elementos del proceso de trabajo, desde la recogida de datos hasta su validación, pasando por la identificación de los aspectos medioambientales significativos.

3.1 El enfoque multicriterios

El marco de un ACV comprende todos los flujos que deben tenerse en cuenta en un análisis conocido como de "la cuna a la tumba" (en inglés, *cradle-to-grave*), incluida la extracción de materias primas (energéticas y no) necesarias para la fabricación y el montaje, la distribución, el uso, la recogida y la eliminación, así como todas las fases de transporte.

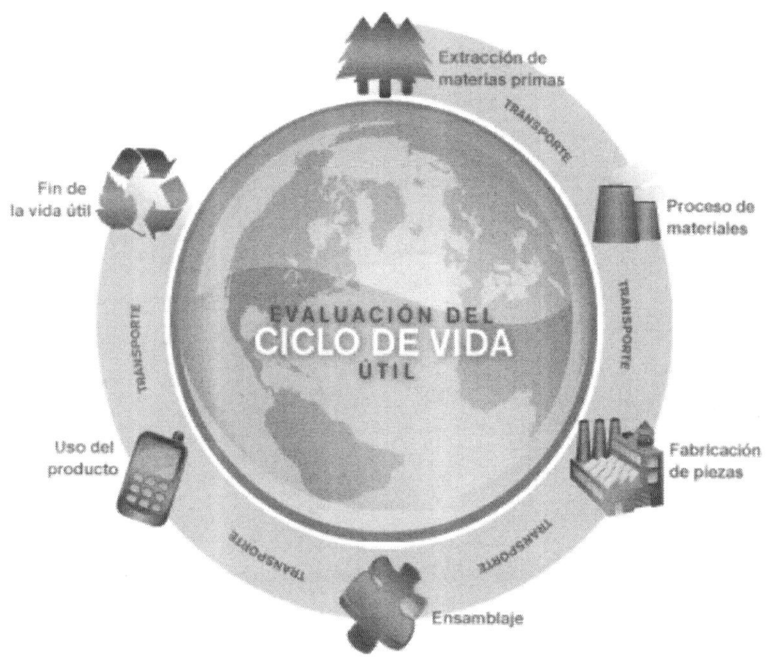

Ilustración de las etapas de un ciclo de vida extraído de la página web de Mundo Plast

El análisis se centra en los flujos de entrada, es decir, todo lo que interviene en la fase de fabricación del producto; y en los flujos de salida, es decir, todo lo que se produce en términos de contaminación.

- Los flujos entrantes incluyen materiales y energía: recursos minerales, agua, petróleo y gas.
- Los flujos de salida pueden incluir residuos, emisiones gaseosas, vertidos líquidos, etc.

Identificar claramente los flujos necesarios para recopilar la información pertinente es esencial para una ACV eficaz. En cada etapa deben cuantificarse porque proporcionan indicadores de los posibles impactos ambientales.

■Observación

La complejidad de los fenómenos implicados y de sus interacciones es una fuente de incertidumbre sobre el valor real de los impactos, por lo que se califican de "potenciales".

Para ser más representativa de la huella ambiental de un producto u organización, la ACV integra todos los aspectos ambientales.

- Los **gases de efecto invernadero** incluyen el dióxido de carbono, el metano, los hidroclorofluorocarbonos, los clorofluorocarbonos y los hidrofluorocarbonos, el tetrafluoruro de carbono y el hexafluoruro de azufre. Los GEI se diferencian porque tienen huellas medioambientales distintas. Estas diferencias se tienen en cuenta en un ACV, sobre todo en términos de impacto a lo largo del tiempo y de intensidad.
- El **agotamiento de las materias** primas puede definirse como la reducción de los recursos naturales disponibles. En este apartado se distingue entre ***los recursos no renovables***, como las fuentes fósiles, los metales o los minerales; y ***los recursos renovables***, que incluyen la biomasa, la madera, el agua dulce y los ***recursos permanentes*** utilizados para producir energía solar, eólica o hidroeléctrica, etc. Lo que se examina en un ACV es la cantidad de recursos utilizados a lo largo de la vida del producto, por lo que la introducción del reciclaje o la reutilización de equipos reduce la cantidad de recursos renovables implicados en la vida del producto.
- La **huella hídrica** es un indicador del uso directo e indirecto del agua. El indicador se divide en tres términos diferentes: el agua azul se define como agua dulce superficial o subterránea (captada para uso doméstico y agrícola); el agua verde corresponde al consumo natural del agua de lluvia por el suelo y, por último; el agua gris, un concepto más complejo, corresponde al volumen de agua dulce necesario para diluir los contaminantes con el fin de que estas aguas residuales sean aptas para su vertido al medio natural. El sobreconsumo de agua puede provocar estrés hídrico y tensiones si hay que elegir entre el consumo doméstico, agrícola e industrial.

- La **acidificación atmosférica** cuantifica los efectos de la introducción de sustancias acidificantes en el medio ambiente -óxidos de azufre (SOx), óxidos de nitrógeno (NOx) y amoníaco (NH3)- a través de la deposición atmosférica. Estos gases caen al suelo en forma de lluvia ácida (a veces lejos de donde fueron emitidos) y provocan un cambio en el pH de los ríos, océanos y suelos, lo que repercute en la vida animal y vegetal.
- La **eutrofización del agua** corresponde al enriquecimiento del agua con nutrientes que provocan la proliferación de algas (nitrógeno, fósforo).
- La **toxicidad y las radiaciones ionizantes** corresponden a los daños causados a la salud humana o a los ecosistemas por sustancias, radiactivas o no, emitidas al medio ambiente.

3.2 Los diferentes tipos de ACV

Realizar un ACV es un proceso complejo y largo. De hecho, es difícil reunir información sobre todos los ámbitos mencionados anteriormente, para todos los flujos de entrada y salida, a lo largo de la vida del producto. Para que el mayor número posible de personas pueda realizar análisis, es posible recurrir a bases de datos que reúnan ACV completos de productos que se utilizarán para extrapolar los resultados de ACV más básicos, conocidos como ACV simplificados y *screening*.

Un ACV completo es una evaluación exhaustiva obtenida tras varias iteraciones del proceso de ACV, integrando datos primarios y recopilando en origen para el máximo número de flujos y criterios que ya se han abordado anteriormente. Este tipo de análisis se utiliza para crear bases de datos de los elementos unitarios de un producto (chip, pantalla, carcasa, teclado, etc.); y, por concatenación, de un producto en su conjunto (ordenador).

El ACV simplificado se basa en datos secundarios, es decir, extraídos de bases de datos, y en la introducción de parámetros de dimensionamiento. Sin embargo, este método se basa en los valores específicos de los productos realmente implicados en la vida útil del producto.

Un ACV de tipo *screening* es la versión más rápida porque se basa principalmente en valores medios extraídos de bases de datos, sobre todo si no se dispone fácilmente de datos específicos. Esto ahorra tiempo en la primera iteración, dejando abierta la posibilidad de recopilar datos más detallados sobre los elementos clave en una fase posterior.

Cuando se realiza un ACV de un servicio digital, hay que tener en cuenta la suma de los ACV de los equipos necesarios para fabricar, poner en marcha y mantener el servicio, así como la suma de los ACV del software para estas mismas etapas. El gran número de análisis que hay que realizar obliga a menudo a realizar los ACV de forma iterativa, profundizando en las mediciones de los ámbitos del servicio con mayor huella medioambiental.

3.3 Las etapas de la producción

Un análisis de ACV consta de cuatro fases:

- la fase de definición de los objetivos y del campo de análisis;
- la fase de inventario;
- la fase de evaluación de impacto;
- la fase de interpretación.

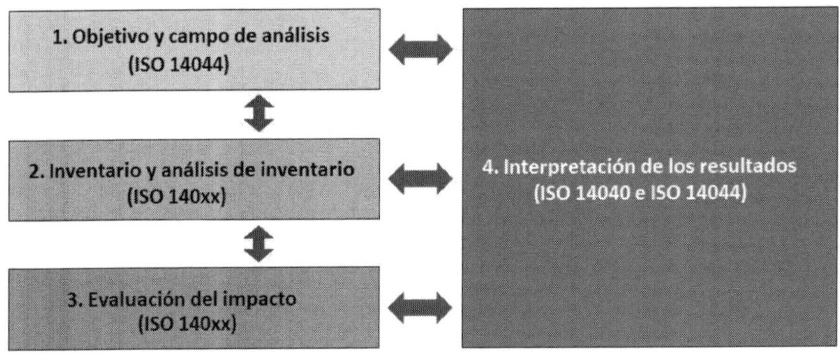

Ilustración del proceso de ACV

3.3.1 Etapa 1 - Objetivo y unidad funcional

La primera fase del ACV es la definición de los objetivos y el alcance del análisis. Esencialmente, establece la razón del análisis y cómo se llevará a cabo para lograr ese fin. El objetivo y el público destinatario también deben definirse claramente, ya que determinarán la profundidad y amplitud del análisis.

El primer paso es definir los objetivos del análisis, es decir, especificar la finalidad de la ACV. Una comparación entre diferentes productos y un enfoque de ecodiseño no tendrán el mismo alcance, presupuesto o duración. Para ello, hay que determinar:

- las **funciones analizadas**;
- la **unidad funcional elegida**, las fronteras del sistema analizado y sus límites.

La unidad funcional permite realizar comparaciones finales. En la práctica, describe el servicio prestado centrándose en las principales funciones del producto, para permitir la comparación entre distintas soluciones técnicas. La unidad funcional se describe utilizando referencias comprensibles, como las acciones de los usuarios y las mediciones compartidas en el ámbito o la empresa.

Es importante centrarse en el servicio prestado y alejarse de los medios de realización. Esto significa que una unidad funcional se formula en torno a preguntas sencillas:

- **¿Qué es?** Verbo que representa la función realizada o el servicio prestado.
- **¿Cuánto/cómo?** Criterio que cuantifica/cualifica la función o el servicio.
- **¿Cuánto...?** Una duración/frecuencia de funcionamiento si no se trata de un acto unitario.

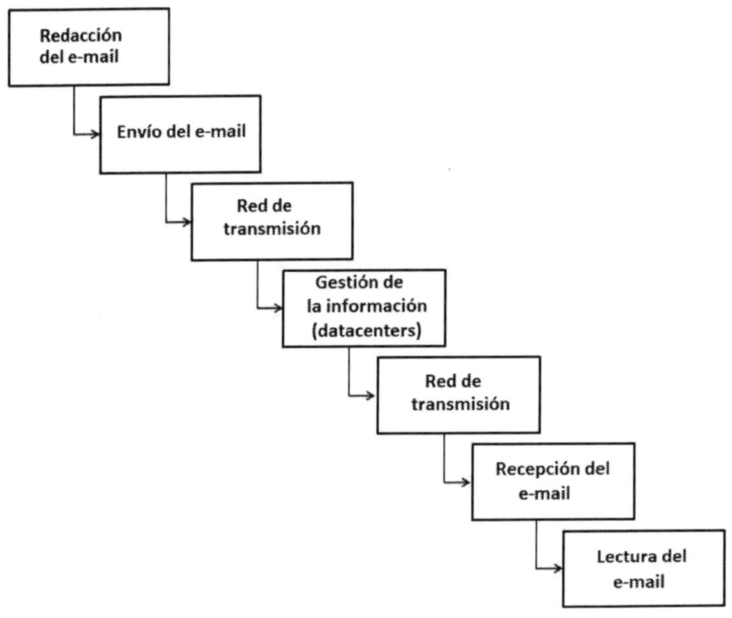

Ejemplo de diagrama de una unidad funcional de escritura a lectura de un correo electrónico

Una vez definida la unidad funcional, es posible identificar escenarios que corresponden a distintas formas de llevarla a cabo. En el caso del envío de un correo electrónico, puede variar el número de destinatarios, el tamaño del correo, el porcentaje de destinatarios que lo leen, etc. Estos distintos escenarios pueden poner de relieve distintas opciones de aplicación o herramientas. También pueden servir para comparar dos formas distintas de trabajar dentro de una empresa, permitiéndole modificar sus procesos internos para reducir su impacto ambiental.

Observación

Una unidad funcional puede incluir variables que se modificarán a través de diferentes escenarios (por ejemplo: el dispositivo para realizar acciones). Una unidad funcional con un alto nivel de abstracción permite definir criterios de variación muy precisos e identificar así un escenario de referencia. Los escenarios deben seleccionarse en función de su frecuencia de aparición y limitando las variables de ajuste entre ellos para que puedan compararse. Además, debe ser posible sumar las unidades funcionales; por ejemplo, dos unidades funcionales idénticas deben tener el doble de impacto que una sola.

El conjunto de procesos o acciones necesarios para producir la unidad funcional modela un sistema. Es esencial definir claramente sus límites, ya que indican qué procesos elementales deben incluirse para cumplir esta función. En el ejemplo anterior, un proceso elemental sería el envío de un correo electrónico o el tratamiento de la información en un centro de datos. ISO define un proceso elemental como la parte más pequeña de un sistema de productos para la que se recogen datos.

Cuanto más precisa sea la definición de la unidad funcional, más restrictivos serán los límites del sistema. Es necesario prestar atención al nivel de ejecución de la unidad funcional; por ejemplo, la ACV del envío de un correo electrónico por un particular o la campaña de envío de correos electrónicos por un proveedor de servicios de mensajería no implican los mismos límites del sistema.

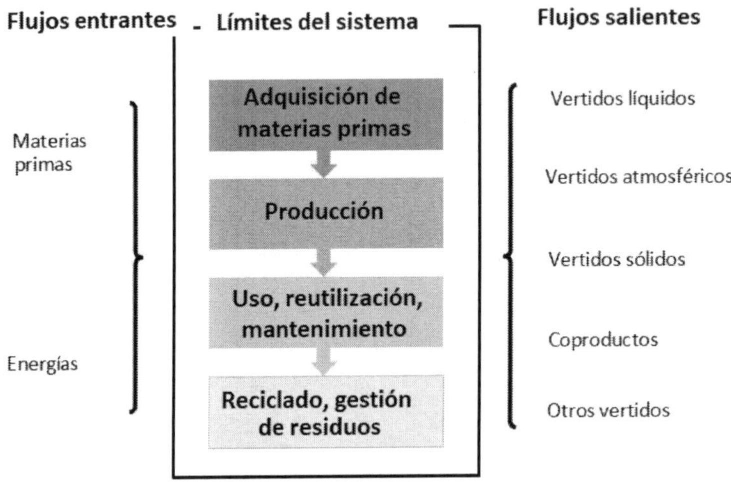

Ilustración de los flujos que se tienen en cuenta en un ACV

Una vez identificados los procesos elementales incluidos en el sistema producto, se puede elaborar el inventario del sistema y evaluar los impactos potenciales. Antes de esta etapa, deben determinarse los requisitos relativos a la calidad de los datos (cobertura temporal y geográfica, precisión y exhaustividad) o a sus fuentes para cumplir los objetivos del análisis.

3.3.2 Etapa 2 - Inventario

El inventario del ciclo de vida corresponde a la recopilación de datos de entrada y salida relativos al sistema de análisis. Se trata de la etapa más larga del ACV, ya que exige recopilar datos de diversas fuentes, como las páginas web industriales, nomenclaturas de productos, lecturas de contadores, cuantificaciones de facturas o programas informáticos de ACV. El alcance de esta investigación depende del perímetro, el nivel de precisión esperado, el tipo de ACV realizado y los recursos disponibles para el análisis.

Para la unidad funcional seleccionada, los datos procedentes de los factores de actividad (electricidad consumida, kilómetros recorridos, toneladas de materias primas utilizadas, coproductos, etc.) y los factores de emisión (cantidad de gases de efecto invernadero emitidos o cantidad de fosfato vertido al agua) se registran con la mayor precisión posible.

Estos datos pueden proceder de tres fuentes:

- Los datos específicos o primarios se recopilan en el mismo lugar, ya que son medidos o calculados por la empresa que realiza el análisiso incluso, suministrados por un fabricante.
- Los datos genéricos o secundarios se recopilan de la bibliografía o de cálculos (por ejemplo, EN 15 804 en el sector de la construcción, PEFCR IT sobre equipos y baterías o PEP ecopassport ®), y proporcionan valores medios.
- Los datos semiespecíficos proceden de las bases de datos genéricas internas de la empresa.

La recopilación de datos, en particular las posibles dificultades para obtenerlos, y el control general del sistema analizado pueden crear nuevas exigencias o límites que deben reflejarse en los objetivos y el campo de evaluación de ACV resultante de la etapa 1. Se trata de un proceso iterativo y no hay que dudar en cuestionarlo para sacar el máximo partido.

Observación

En esta fase pueden producirse muchos errores, por eso es importante tener acceso a programas informáticos de análisis de productos o recurrir a un experto. Se pueden establecer determinados procedimientos de control para una mejor verificación.

3.3.3 Etapa 3 - Evaluación de los impactos

La fase de evaluación del impacto del ciclo de vida consiste en proporcionar información adicional para evaluar los resultados del inventario y comprender mejor su impacto ambiental. Esta fase se divide en dos niveles:

- Los *midpoints*, o **impactos potenciales**, agrupan impactos con consecuencias medioambientales y sociales similares. Se expresan en una unidad agregada para facilitar su lectura. Por ejemplo, las emisiones de metano y dióxido de carbono se agrupan como emisiones de GEI, expresadas en kg de CO_2 equivalente; el mismo paso puede darse para la acidificación del suelo, que puede expresarse en SO2 equivalente.
- Los *endpoints*, o **amenazas potenciales**, se centran en el daño final y permiten estimar todos las amenazas potenciales de los *midpoints* (para más detalles, consulte la ilustración IMPACT World + *framework* que aparece más adelante en este capítulo). Para continuar con el ejemplo, la acidificación del suelo se cuantificará en términos de pérdida de biodiversidad en una superficie determinada.

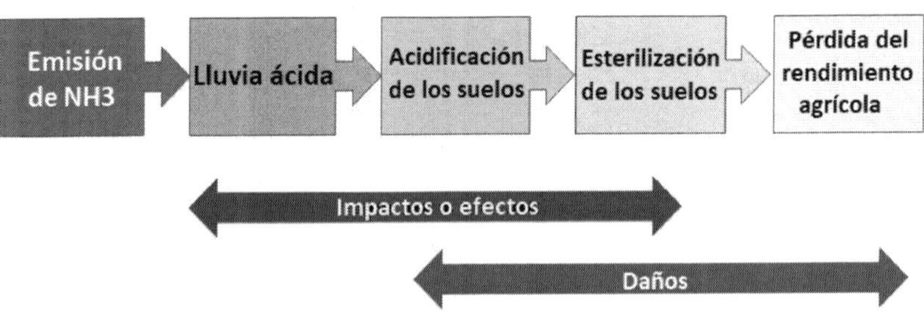

Ejemplo de puntos de referencia Midpoint y Endpoint

Por lo tanto, es necesario desarrollar un modelo para obtener factores de caracterización que se utilicen posteriormente para convertir los resultados de los inventarios en resultados de los indicadores de las categorías de daños en función de su contribución relativa a la categoría de impacto. Estos modelos son complejos porque un elemento de los flujos entrantes o salientes puede tener varios impactos potenciales. Del mismo modo, una categoría de impacto puede tener efectos sobre varias categorías de daños, como se muestra en la ilustración siguiente.

Existen varios métodos de evaluación para acelerar esta fase. Por desgracia, todavía no existe una lista única de categorías de impacto reconocida y utilizada en todo el mundo. Sin embargo, al igual que ocurre con las bases de datos utilizadas para elaborar los inventarios, la mayoría de los métodos de evaluación de impactos son europeos, como el *PEP ecopassport® program o IMPACT World+* (esta última proporciona caracterizaciones de la toxicidad humana específicas a cada continente), y pueden aplicarse a las empresas españolas. La metodología utilizada para evaluar los impactos y daños potenciales debe presentarse claramente al definir el objetivo y el alcance del análisis.

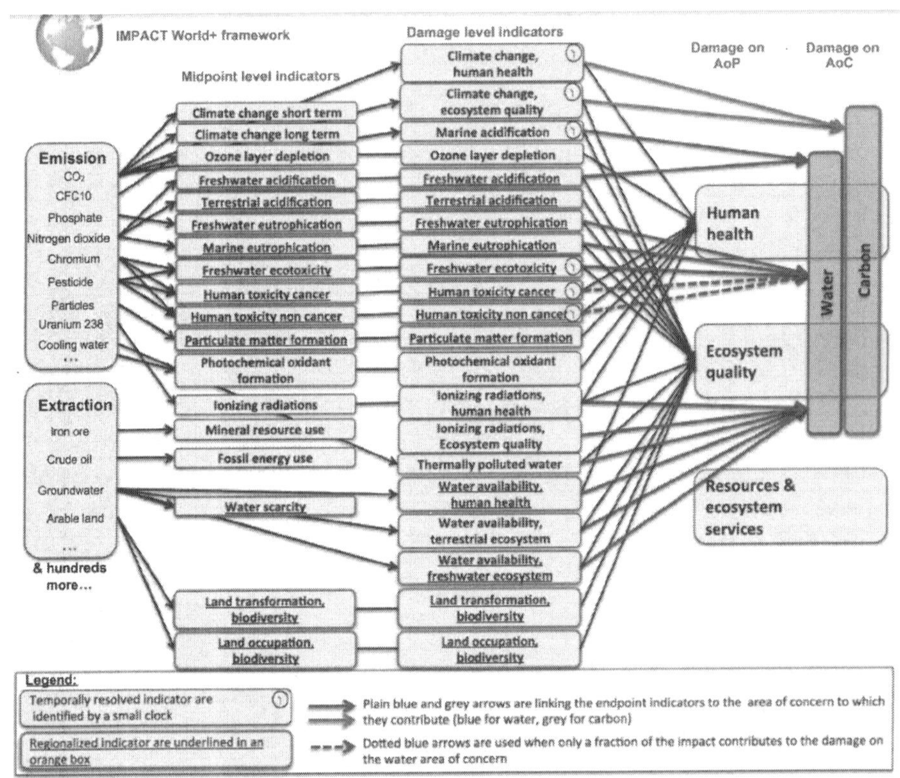

Relación entre los parámetros de impacto del ciclo de vida, los midpoints y los endpoints /daños.

A continuación, los resultados del inventario se convierten para cada categoría de impacto utilizando factores de caracterización y unidades comunes. Esto constituye el perfil de evaluación del impacto.

3.3.4 Etapa 4 - Interpretación

Esta etapa es a la vez una confirmación iterativa de las tres etapas descritas anteriormente y la fase final del ACV. La iteración con las demás etapas corresponde en particular a la validación de los resultados obtenidos, su correspondencia y su solidez con respecto a los objetivos del análisis. En particular, la ausencia de determinados datos puede restringir el objetivo o el alcance del análisis. La última etapa consiste en poner en perspectiva los resultados del inventario y la evaluación con el objetivo y el alcance del análisis.

En ambos casos, la fase de interpretación permite analizar los aspectos innegables de las categorías de impacto y las contribuciones significativas de determinadas etapas del ciclo de vida. También es el momento de verificar y mejorar la confianza en los resultados del análisis comprobando la disponibilidad y fiabilidad de los datos necesarios para la interpretación. Por ejemplo, examinando el impacto de las incertidumbres de los datos en los resultados obtenidos. Esta es también una fase en la que se realizan las comprobaciones de coherencias de las hipótesis utilizadas (que se utilizaron para definir el perímetro, elegir los métodos de inventario y recopilar los datos) se ajustan a los objetivos y el alcance de la ACV.

El análisis concluye con tres tipos principales de acción:

- **Diagnóstico**, proporcionando una visión cuantitativa imparcial de los impactos del ciclo de vida del producto o servicio, así como mejoras prioritarias para limitar la huella medioambiental y social.
- **Mejora del diseño**, gracias a la aplicación de una estrategia de reducción del impacto específica y cuantificable que puede supervisarse a lo largo del tiempo, lo que permite elegir la mejor solución en función del contexto.
- **Comunicación**, en particular a nivel interno para implicar a los empleados, los clientes o partes interesadas.

3.4 La ACV y el mundo digital

3.4.1 Dificultades específicas

Realizar un ACV sobre un producto físico, cuya fase de producción está controlada en su totalidad, ya es un ejercicio complejo. En el caso del software, la tarea es aún más compleja porque no tiene existencia física. Solo existe porque se ejecuta en dispositivos que sí tienen existencia física (*smartphones*, ordenadores, equipos de red, servidores, etc.), al igual que los soportes (CD-ROM, memorias USB, etc.) utilizados para almacenarlo. Por tanto, el impacto del software es necesariamente indirecto, a través de su influencia en los terminales, su número, su consumo de energía y su obsolescencia. El software en sí no tiene ningún impacto medioambiental.

Además, la naturaleza del software dificulta su análisis:

- **Evolucionan** constantemente. Los sistemas informáticos se actualizan con mucha frecuencia. A veces de un día para otro, y cada actualización puede cambiar por completo el comportamiento del software, en particular su consumo de recursos o su compatibilidad con los terminales en los que se ejecuta.
- **Funcionan en un ecosistema**. Siempre hay un sistema operativo en la máquina, así como otros programas, cuyo comportamiento puede alterar el del programa que se quiere analizar. Además, cada modelo de ordenador o *smartphone* es diferente y, para un mismo modelo de aparato, el nivel de desgaste altera el rendimiento.
- **El software puede ser modular**. Pueden añadirse o eliminarse componentes, haciéndolos más o menos engorrosos.
- **Generalmente se diseñan ensamblando bibliotecas** ya escritas, lo que se conoce como dependencias. Esto crea sistemas complejos difíciles de analizar en detalle.
- A diferencia de los objetos físicos, **el software no se desgasta**. No hay piezas que pierdan eficacia con el tiempo, como las pilas o los muelles.

- **El fin de la vida útil de un programa informático no tiene repercusiones físicas directas**, pero puede provocar la obsolescencia de muchos aparatos y, por tanto, tener un impacto importante. El fin del soporte de un sistema operativo, por ejemplo, fomenta la sustitución de ordenadores que no pueden ejecutar una versión más reciente; lo mismo ocurre con un programa menos central pero muy utilizado.

A través del proyecto *GreenConcept*, 28 empresas del suroeste de Francia realizaron unos ACV de sus servicios entre 2017 y 2019. En colaboración con la región de *Occitanie*, ADEME y expertos en ACV y ecodiseño de servicios digitales, evaluaron el impacto de sus productos e idearon soluciones para reducirlo. El libro blanco redactado como resultado de este proyecto contiene el ACV de estos diferentes servicios, una serie de ideas para crear servicios más sostenibles y ejemplos de soluciones para los productos existentes.

Los resultados muestran que la fabricación de terminales domina tres de los cuatro tipos de impacto, representando más de la mitad de las emisiones de GEI y del consumo de agua, y más del 60 % del uso de recursos no renovables. Le sigue el uso de centros de datos en la nube. Para muchos servicios digitales, el desglose es similar.

Pero no siempre es así. Un servicio que utiliza cálculos intensivos en los servidores para, por ejemplo, las previsiones meteorológicas, y que tiene relativamente pocos usuarios clientes que visualizan estos resultados, debe primero optimizar sus gastos en recursos informáticos y sus algoritmos. La estimación de la huella de carbono de una hora de cálculo intensivo realizada por Berthoud et al. ilustra esta posibilidad: en esta ocasión, el impacto del uso de los servidores representa más de la mitad del impacto total. Esta proporción aumenta bruscamente si se modifica el tipo de mezcla de electricidad, alcanzando alrededor del 90 % del total.

3.4.2 ¿Incluye esto la fase de "producción" del software?

Para crear un software se necesita todo un equipo de profesionales cualificados que trabajen durante meses. La vida de oficina de estas personas tiene un impacto medioambiental. Los locales de las empresas tienen que tener calefacción y aire acondicionado, al igual que los hogares individuales en el caso del teletrabajo. Esas personas también tienen que desplazarse y comunicarse. Y, por supuesto, hay que fabricar y alimentar los ordenadores y demás herramientas que utilizan para el desarrollo de programas.

¿Deben tenerse en cuenta estos impactos como parte del impacto del servicio digital? Al fin y al cabo, no se habrían producido si no se hubiera creado el servicio en cuestión, y en algunos casos, si hay pocos usuarios, estos impactos serán comparables a los del producto implementado en producción.

De hecho, no hay aquí ninguna diferencia apreciable con el impacto de la vida de oficina en cualquier otra profesión que implique trabajar con un ordenador. En términos absolutos, también tenemos que reducir los desplazamientos, el consumo de energía en nuestras oficinas, el uso de vajilla desechable y otras fuentes de contaminación y consumo de energía asociadas al trabajo en una empresa. En la práctica, la responsabilidad de reducir estos impactos no recae necesariamente en los diseñadores de software, sino en los arquitectos (responsables de los edificios), los servicios generales y los responsables de RSC. Así, los diseñadores y programadores pueden concentrarse en optimizar su propio trabajo, para lo que disponen de las competencias necesarias.

3.5 Límites y oportunidades

3.5.1 Fuentes de datos

Como hemos visto, la recopilación de datos es un proceso tedioso, incluso imposible. La gran mayoría de los ACV realizados son de tipo simplificado y se basan en bases de datos cuya información procede de los propios productores o de ACV completos realizados por grupos de expertos y luego puestos a disposición (gratuitamente o no). Sin embargo, los datos de los proveedores no están sistemáticamente normalizados, lo que significa que la información compartida no es necesariamente la misma.

Los datos procedentes de grupos de expertos no siempre están disponibles, ya que este tipo de análisis no está todavía disponible para todos los objetos existentes. Por último, tal como se define en la norma ISO, el campo de análisis de los ACV también está geolocalizado, por lo que los datos procedentes de Europa no pueden utilizarse para productos de otra zona geográfica.

Además, solo se tienen en cuenta los impactos medioambientales. Los impactos sociales están ausentes, al igual que el impacto de las actividades en los paisajes, el ruido o los olores, que pueden alterar en gran medida la calidad de vida o de trabajo. En el contexto de los equipos digitales, y como vimos en la sección dedicada a los aspectos sociales y geopolíticos en el capítulo sobre el impacto de la tecnología digital; las cuestiones sociales son importantes.

3.5.2 Herramienta de arbitraje

Un ACV puede utilizarse como herramienta de apoyo para la gestión del cambio. Es una de las tantas técnicas de gestión ambiental (como la evaluación del comportamiento ambiental o la evaluación del impacto ambiental). No trata directamente los aspectos económicos o sociales, pero puede contribuir a la toma de decisiones, sobre todo al proporcionar información cuantitativa y cualitativa sobre los procesos de producción. Las áreas de mejora del comportamiento ambiental en cada etapa del ciclo de vida de un producto o servicio pueden identificarse e incorporarse a una política de reducción de la huella ambiental de forma precisa y cuantificada. También puede utilizarse en las comunicaciones de marketing, mediante la introducción de sistemas de etiquetado, o en el proceso de obtención de una etiqueta ecológica.

Por otro lado, se puede realizar un ACV para facilitar la elección entre varios productos o servicios poniendo de relieve los diseños que son más contaminantes que otros, lo que permite tomar decisiones con conocimiento de causa.

4. Bases de datos y software para realizar un ACV

- **Global LCA Data Access network** es el mayor repositorio de conjuntos de datos de Análisis del Ciclo de Vida (ACV) de proveedores independientes de bases de datos de ACV de todo el mundo. Es un proyecto de código abierto cuyo principal objetivo es facilitar la búsqueda de datos de ACV.
- **Ecoinvent** es una referencia que abarca numerosos sectores a escala mundial y regional. La base de datos contiene más de 18.000 medidas que modelizan actividades o procesos humanos. Los conjuntos de datos de Ecoinvent miden los recursos naturales extraídos del medio ambiente, las emisiones liberadas, los productos demandados por otros procesos y los productos, coproductos y residuos generados.

Algunos actores, como Boavizta o Resilio, una empresa suiza especializada en la evaluación del impacto medioambiental de la tecnología digital, ofrecen bases de datos basadas en herramientas. Por ejemplo, Boavizta proporciona una API que puede utilizarse para recuperar mediante programación la información que han recopilado, como el impacto de un servidor o una instancia en la nube y Resilio proporciona una interfaz web que puede utilizarse para obtener información sobre los equipos digitales (servidor, cpu, portátil, etc.)

Capítulo 5
Optimizar los equipos y su uso

1. Introducción

La tecnología digital es parte integrante de toda empresa. Esta tiene como objetivo facilitar el trabajo de los empleados y, en algunos casos, es su principal herramienta. Dependiendo del tamaño de la empresa y de la diversidad de los perfiles de usuarios de los servicios digitales, el reto de la gestión del parque informático puede resultar más o menos complejo; los ordenadores fijos o móviles, las pantallas adicionales, los teléfonos fijos o móviles y las impresoras son numerosos y sus modelos diversos dentro de la empresa. Como hemos visto antes, son estos equipos de usuario final los que tienen un mayor impacto ecológico.

En este capítulo, examinamos los medios que pueden ponerse en marcha para conseguir una política de gobernanza ecorresponsable de los equipos informáticos, así como las acciones que pueden emprenderse al renovar los equipos para limitar el impacto de la compra.

Los elementos relacionados con los *datacenters* se abordan en el capítulo Impacto y optimización del alojamiento, mientras que el IoT se aborda en el capítulo Cada vez más usos y terminales.

2. Reparto de equipos informáticos en las empresas

El equipo informático no se limita a los ordenadores; podemos incluir las siguientes categorías de equipos como pertenecientes a esta categoría:

- ordenadores (portátiles o de sobremesa, terminales y clientes ligeros, pequeños servidores);
- tratamiento de imágenes (impresoras, fotocopiadoras, escáneres de documentos, máquinas multifunción, máquinas franqueadoras);
- red local (*switches* y *hubs*, puntos de acceso wifi, rúteres o módems ADSL o de fibra óptica);
- multimedia (videoproyectores, televisores, equipos de sonido, reproductores y grabadores de contenidos audiovisuales);
- telefonía fija y/o móvil (teléfonos fijos, móviles, tabletas).

En consecuencia, las empresas francesas disponen de una enorme base instalada de equipos informáticos, que se renuevan cada vez con más frecuencia: la vida útil de los equipos, que era de seis años en 1997, ha bajado ahora a entre dos y tres años, gracias sobre todo a las ventajas fiscales y a regímenes contables como el periodo de amortización del hardware.

En 2022, INR (*Institut Numérique Responsable*) publicó los resultados de un cuestionario, denominado WeNR (cuestionario cuantitativo y cualitativo sobre la medición de la huella de sus sistemas de información, dirigido a organizaciones públicas y privadas), al que respondieron 75 organizaciones europeas. Esto representa más de 1,3 millones de empleados y casi 5 millones de equipos en organizaciones que van desde empresas muy pequeñas a multinacionales.

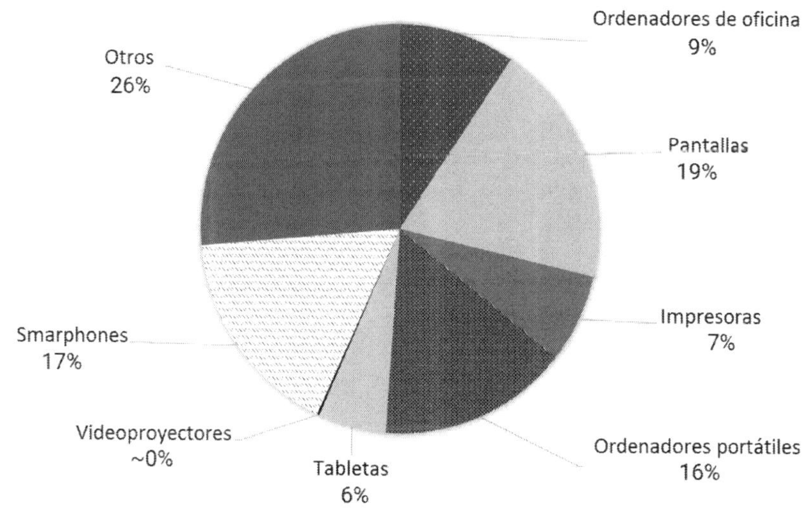

Desglose del equipamiento de oficina procedente del estudio INR

Hay que señalar que los ordenadores portátiles son responsables de casi el 25 % de las emisiones de GEI de los equipos ofimáticos, pese a que solo representan el 15 % del total. Se trata de los equipos con mayor huella medioambiental y, con la llegada del teletrabajo habitual, este porcentaje está aumentando considerablemente. Además, como los portátiles suelen complementarse con una pantalla externa, el impacto es obviamente acumulativo (las pantallas son responsables del 21,4 % de las emisiones de GEI).

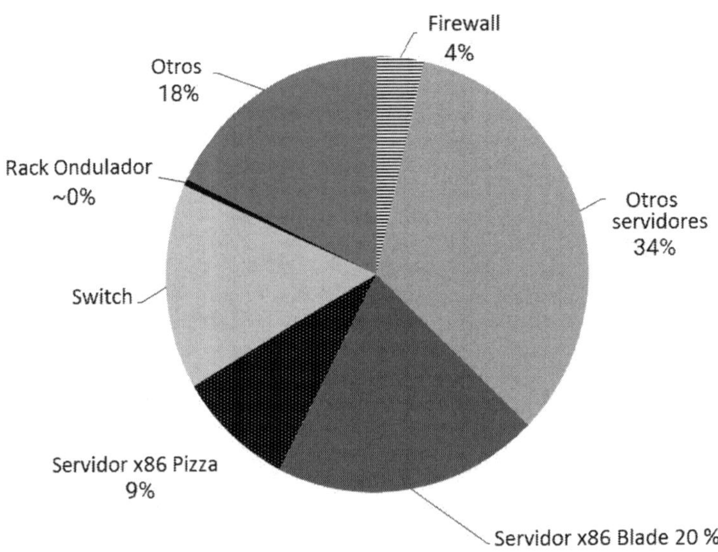

Desglose del equipamiento de los centros informáticos procedente del estudio INR

En el gráfico anterior, el término "otros" incluye los servidores en formato torre. Estos servidores, responsables de más del 40 % de las emisiones de gases de efecto invernadero, tienen una arquitectura relativamente poco optimizada en términos de impacto medioambiental, sobre todo si se compara con las máquinas implementadas en los centros de datos hiperescalares (véase el capítulo Impacto y optimización del alojamiento).

Para ir más lejos y tener una visión más global, un estudio de 2023, "*The 2024 State of IT*", realizado por Spiceworks Ziff Davis, analiza el gasto de más de 1 000 empresas en Norteamérica y Europa, y da una idea del desglose del parque informático.

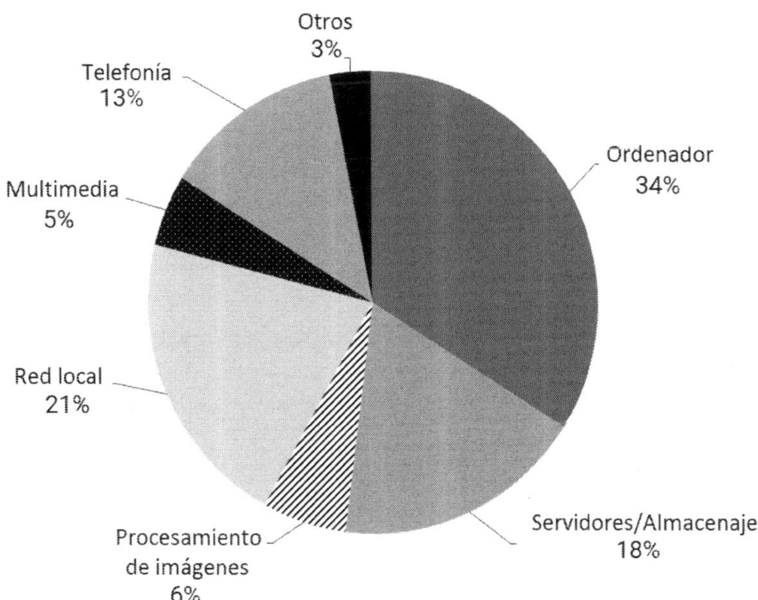

Desglose del gasto del parque informático de las empresas en 2024 procedente de The state of IT

La comparación entre estos dos estudios debe hacerse con cuidado debido a la diferencia en los elementos supervisados: el número de instalaciones para ADEME y el desglose presupuestario para Spiceworks. Sin embargo, al estudiar el coste de los equipos actuales, es posible identificar cambios en las necesidades de los empleados (sobre todo con la tendencia creciente al teletrabajo permanente, o a la alternancia entre el trabajo presencial y el teletrabajo), cambios en las opciones de arquitectura de los servidores (la llegada de la nube ha revolucionado la gestión de los servidores por parte de las empresas) o factores normativos o de seguridad.

A raíz de los diversos confinamientos provocados por la crisis sanitaria y la proliferación del teletrabajo en muchos países, las empresas han realizado fuertes inversiones en ordenadores portátiles (cuyo número de entregas aumentó un 79% entre 2020 y 2021, hasta un total de 67,8 millones en todo el mundo) para que sus empleados pudieran seguir trabajando desde casa, mientras que los ordenadores fijos en las instalaciones de la empresa seguían funcionando o ni siquiera estaban amortizados desde el punto de vista contable.

En contraste con esta proliferación de aparatos, en los últimos veinte años se ha optimizado mucho la gestión de las impresoras. De hecho, en 2007 estimaba que "las fotocopiadoras convencionales todavía representaban el 30 % de las fotocopiadoras de las empresas francesas en 2004", mientras que en 2019, el segmento de los sistemas de impresión multifunción A4 y A3 (MFP - *Multiple Function Printer*) representará más del 92 % de las ventas. Esto reduce drásticamente la proporción de equipos en los parques informáticos, pero tiene un impacto menor en todas las materias primas relacionadas, como veremos más adelante.

Más recientemente, la llegada de la nube también ha tenido un gran impacto en el parque material de las empresas, especialmente con profesionales que proporcionan nubes privadas o públicas externalizadas. Esto ha repercutido en el número de servidores gestionados directamente por las empresas. Un estudio realizado por Fortinet en 2021 detalla que una de cada cinco empresas realiza más del 75 % de sus cargas de trabajo de informática en la nube; y que el 39 % ya ejecuta al menos la mitad de sus cargas de trabajo en la nube con una tendencia en aumento. Una publicación de Thales Europe sobre las amenazas a los datos estima que el 46 % de las empresas europeas almacenan sus datos en la nube.

Además de estos casos concretos, en general es el fin de la vida útil de las tecnologías, los ciclos de actualización o puesta al día y el crecimiento de la empresa los principales motores de la inversión en equipos.

El parque material cambia constantemente y, como vimos al principio de este libro, es la renovación del material la principal fuente de impacto de la tecnología digital en el medio ambiente. Por lo tanto, es primordial definir una política de gestión del material, así como del software, que puede tener una gran influencia en la renovación de las máquinas (como ocurrió cuando finalizó el soporte para Windows 7 y Windows Server 2008).

3. Política de gobernanza

El concepto de gobernanza digital puede definirse como el marco para gestionar la tecnología de la información en consonancia con los objetivos y la estrategia generales de la empresa. En el contexto de la responsabilidad digital, la gobernanza de los activos informáticos debe abordar dos elementos principales:

- Reducir el impacto de la gestión de los equipos, es decir, **mantenerlos en condiciones operativas el mayor tiempo posible** para evitar una fabricación excesiva.
- **Reducir el consumo de energía** durante el uso.

Estos dos puntos pueden abordarse de forma relativamente independiente. En el primer caso, la gestión de los equipos digitales debe correlacionarse con las necesidades de los usuarios, es decir, la forma en que utilizan los equipos y los servicios que necesitan para desempeñar su trabajo. Por ello, es importante trabajar con grupos focales o representantes de los distintos departamentos para garantizar que la limitación del impacto medioambiental de los equipos no ponga en peligro el trabajo de los empleados. En cuanto al segundo punto, es necesario realizar un análisis del consumo unitario (ordenador, pantalla, impresora) y el consumo global (edificio) para averiguar cuál es el impacto máximo.

3.1 Evaluar las necesidades de la empresa

La implantación de una gobernanza material del parque informático se desarrolla en varias fases e incluye las etapas estándar de una transformación (véase el capítulo Apoyar el cambio):

- **Recopile información relevante** mediante una auditoría de la infraestructura, los procesos y los sistemas que existen actualmente en la empresa. Es necesario saber cómo utilizan los empleados el sistema de información actual. Esto puede hacerse mediante grupos de discusión con el personal afectado o encuestas para obtener una visión global.
- **Determinar los requisitos internos y externos** de la empresa, ya sean jurídicos, sociales, medioambientales, comerciales y presupuestarios. El objetivo es poner de relieve las líneas de actuación obligatorias, necesarias u opcionales. Esta es la etapa del "por qué".
- **Identificar los motores del cambio**, es decir, establecer correlaciones entre la información obtenida de la auditoría y los requisitos preestablecidos. La etapa se alcanza cuando se comprenden los motivos del cambio, es la etapa del "Cómo".
- **Especificación de acciones concretas** para activar los motores del cambio. Se dispone de varios recursos para actuar. En caso de recursos limitados, es necesario determinar las acciones que satisfacen la mayoría de las necesidades y requisitos para obtener los máximos resultados. Esta es la etapa del "Qué".

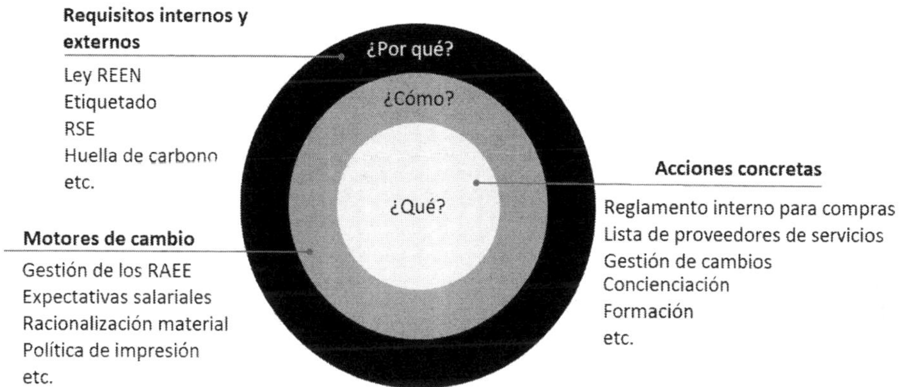

Ejemplo del Golden Circle de Simon Sinek vinculado a la gobernanza del parque informático

En concreto, durante la primera fase, es decir, el inventario de los equipos informáticos y de su uso, la información que debe recopilarse debe incluir al menos lo siguiente:

- Una lista de los equipos digitales que utiliza la empresa (configuración, fecha de compra, estado general).
- La frecuencia y duración de uso en horas al día en diferentes departamentos o por diferentes perfiles de empleados.
- Los softwares instalados en máquinas individuales y su uso real.

Observación

El objetivo de esta primera etapa es obtener una visión general de las necesidades digitales de la empresa y de todos los dispositivos disponibles en ella. Es importante no olvidar aquellos que están al final de su vida útil, es decir, que ya no se utilizan pero siguen presentes en la empresa.

Cuando se trata de reducir el impacto de la presencia digital de la empresa, las acciones suelen agruparse en tres áreas:

- elegir los equipos que mejor respondan a las necesidades, limitando la redundancia;
- identificar las reducciones de consumibles o de electricidad durante la fase de uso de los equipos;
- prolongar la vida útil de los equipos dentro y fuera de la empresa.

Como hemos visto anteriormente, la mayoría de los equipos de una empresa son los que están directamente a disposición de los empleados, es decir, ordenadores, pantallas, teléfonos e impresoras. Los servidores y las redes no se tratan en este capítulo; para los servidores y el alojamiento, véase el capítulo Impacto y optimización del alojamiento. En lo que respecta a la red, el impacto medioambiental interno de los equipos informáticos es bajo en comparación con el material utilizado directamente por el personal.

3.2 Puestos de trabajo y pantallas

Dado que los ordenadores y las pantallas representan más de la mitad de los equipos digitales, la aplicación de una política de gestión ecorresponsable tendrá rápidamente un gran impacto. Cuando estas son las principales herramientas de trabajo de los empleados, es vital analizar todas sus necesidades para poder ofrecerles una gama de equipos que no repercuta en su trabajo diario:

- trabajar desde instalaciones fijas, a distancia o una combinación de ambas;
- programas informáticos utilizados en función de los perfiles de los empleados, lo que repercutirá considerablemente en las características de los ordenadores;
- organización y perfil de las tareas realizadas, sobre todo si es necesario visualizar simultáneamente varias aplicaciones informáticas.

Los resultados de estos análisis permiten definir perfiles de equipos y, posiblemente, identificar opciones a la hora de adquirir nuevo material, como el reacondicionamiento interno o el suministro de miniboxes con escritorios virtuales.

3.2.1 Reacondicionamiento interno

En el primer caso, se trata de definir un itinerario de asignación de ordenadores en función de las características requeridas por el software utilizado por los distintos perfiles de usuarios de la empresa, de modo que los equipos puedan conservarse el mayor tiempo posible. Esto puede significar poner, en un momento dado, equipos de última generación a disposición de un perfil de empleado que utiliza un software que utiliza muchos recursos y, al cabo de unos años, orientar los mismos equipos hacia un perfil de usuario más ofimático que no necesita la última tecnología para desempeñar su labor.

Este tipo de organización puede duplicar la vida útil de los equipos dentro de la empresa. Por supuesto, esta opción requiere una gestión más amplia de los equipos, sobre todo en lo que respecta a las reparaciones, de las que puede encargarse un departamento específico o mediante la colaboración con un proveedor de servicios externo.

Esta opción debe ir acompañada de una gran comunicación hacia los empleados para explicarles esta elección, e incluso de una campaña específica de sensibilización sobre el impacto directo de la tecnología digital y la producción de equipos en el medio ambiente. El acceso a un ordenador nuevo de forma regular puede ser percibido como un beneficio; mientras que recuperar un aparato que ya ha sido utilizado puede percibirse como una visión degradada del trabajo realizado por las personas que recuperan el equipo de segunda o incluso tercera mano.

3.2.2 La oficina virtual

Otra opción que ofrece el aumento de la velocidad de Internet, gracias al desarrollo de la fibra óptica, es crear una oficina virtual o remota. Se trata básicamente de acceder a una máquina virtual. Un empleado no necesita tener un ordenador exclusivo para él; dado que toda la información relacionada con su labor (software y datos) se almacena en una VM (*Virtual Machine*) a la que puede acceder desde cualquier dispositivo.

En la práctica, se sigue necesitando acceso a un ordenador para trabajar. Este puede ser de potencia reducida incluso para ejecutar software de uso intensivo de CPU o RAM, y que toda la computación se realice en un servidor remoto. Estos dispositivos se conocen como clientes ligeros. Las exigencias materiales son mínimas en comparación con las de un ordenador tradicional. La mayoría están equipados con procesadores de bajo consumo, almacenamiento flash, memoria RAM y ninguna pieza móvil. Esta miniaturización hace que consuman muy poca electricidad.

Esta opción requiere una arquitectura de servidores importante; puede estar basada en la nube (pero también en los propios *datacenters* de la empresa), y debe permitir a los servidores soportar la carga de procesamiento de varias sesiones de clientes. La optimización de las arquitecturas en la nube (como se verá en el capítulo Impacto y optimización del alojamiento) hace que el impacto medioambiental sea mucho menor que el de una flota de ordenadores tradicionales, sobre todo porque las operaciones realizadas en estos últimos se basan cada vez más en servidores remotos.

3.2.3 Bring Your Own Device (BYOD) y Corporate Owned, Personally Enabled (COPE)

Se trata de prácticas que permiten a los empleados utilizar el mismo equipo en su vida personal y profesional, ya sea un ordenador, un teléfono o una tableta. En español, las primeras iniciales pueden traducirse por **TPD** de "trae tu propio dispositivo" o por "trae tu material personal de comunicación" y las segundas por **TDP** o "tu dispositivo personal". Con BYOD, es el empleado quien aporta su equipo informático y lo "alquila" a la empresa durante las horas de trabajo; mientras que en el caso de COPE, como su nombre indica, el equipo es propiedad de la empresa, lo que permite utilizarlo fuera del contexto laboral.

Estas prácticas han surgido con la llegada de los teléfonos móviles y los ordenadores portátiles, que pueden difuminar la frontera entre la vida privada y la profesional. Esta elección, aunque puede resultar beneficiosa, debe llevarse a cabo en conjunto con la introducción de determinadas seguridades.

Los beneficios son fáciles de identificar:

- Los empleados utilizan equipos que han elegido personalmente, con los que están familiarizados y que son adecuados para ellos (hay que señalar que, por lo general, reciben una compensación por parte de la empresa por usar sus equipos).
- La empresa puede reducir los gastos de la estructura informática y aumentar la productividad, ya que los empleados trabajan de forma más eficiente con su propio material.
- La huella de carbono de la empresa y de sus empleados se reduce al no existir una duplicación del material, ya que los empleados solo tienen un ordenador y no dos, como ocurre cuando la empresa les proporciona uno profesional.

Sin embargo, no es una elección trivial para las empresas, que tienen que adaptar sus infraestructuras, entre otras cosas por los problemas de seguridad que pueden surgir. Los riesgos van desde la indisponibilidad ocasional hasta el compromiso general del sistema de información de la empresa, pasando por la integridad y la confidencialidad de los datos. Pueden adoptarse algunas medidas, como las siguientes:

- Dividir las partes de la herramienta personal destinada al uso profesional;
- controlar el acceso remoto mediante un sistema de autenticación fuerte y configurar una VPN (*Virtual Private Network*) dedicada;
- sensibilizar a los empleados sobre los riesgos y las responsabilidades de cada uno y precisar las precauciones que deben tomarse en un manual de buenas prácticas informáticas.

Es necesario abordar otros puntos legales. La empresa no debe acceder a los elementos privados almacenados en el espacio personal del equipo, solo al contenido profesional almacenado en este terminal. Esto puede facilitarse implementando funcionalidades específicas dedicadas a las empresas en herramientas como Office 365 o Google Workspace.

El último ámbito de riesgo se refiere a la cuestión del horario laboral. Esta opción aumenta el número de empleados conectados con la empresa desde casa. Para evitar conflictos legales, es necesario ser proactivo e incluir un manual con el reglamento interno de la empresa y, en particular; en el que se conciencie a los directivos de su responsabilidad con respecto a la conciliación de la vida laboral y familiar de sus empleados.

Observación

Una alternativa es la Corporate owned, personally enabled, que mantiene el principio del material profesional adquirido por la empresa, al tiempo que permite al empleado utilizarlo para fines personales. De este modo, el material digital se parametra, autoriza e integra en la empresa, lo que evita problemas legislativos y de protección de datos.

3.2.4 Gestión de pantallas

La proliferación de pantallas de ordenador o televisión (utilizadas en pasillos o en recibidores de edificios para mostrar información, o en salas de reuniones) ha sido una constante en los últimos años. Cada vez más se instalan una o dos pantallas adicionales en las empresas con el pretexto de facilitar el trabajo de los empleados.

Según el informe de ADEME de 2018 "Modelización y evaluación del peso del carbono de los productos de consumo y bienes de equipo", las pantallas son los dispositivos electrónicos más contaminantes (en términos de gases de efecto invernadero): 3/4 partes de las emisiones de gases de efecto invernadero proceden de la extracción de recursos, muy por delante del montaje, la distribución, el transporte y el final de la vida útil. La ADEME constata también un aumento cuadrático del impacto medioambiental en función del tamaño de la pantalla, es decir, en relación con el cuadrado de la diagonal. Por ejemplo, la diferencia de impacto entre una pantalla de 20 pulgadas y una de 40 se duplica, mientras que entre 40 y 60 pulgadas se cuadruplica. Lo mismo ocurre con el MIPS (*Material input per unit of service*, es decir, todas las cantidades de recursos abióticos y bióticos, agua, aire o volumen de suelo desplazado, necesarias para producir un objeto o servicio), como se detalla en el siguiente gráfico, y con la electricidad, de la que se habla más adelante.

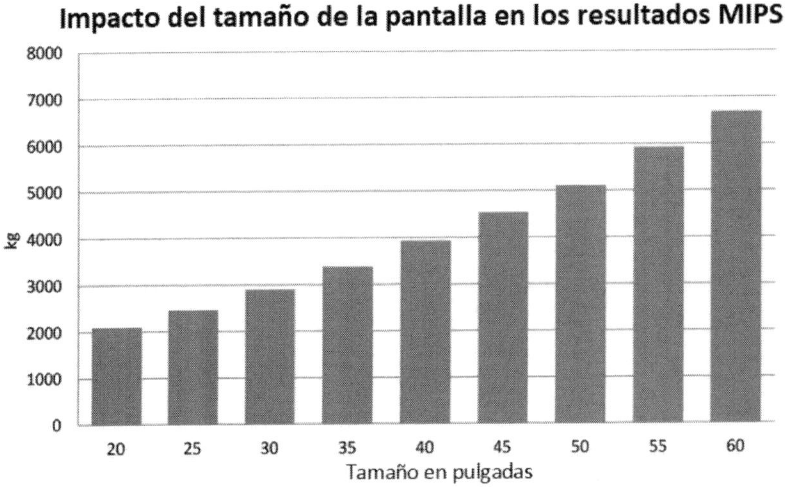

Impacto del tamaño de la pantalla en los resultados MIPS

kg: 8000, 7000, 6000, 5000, 4000, 3000, 2000, 1000, 0

20 25 30 35 40 45 50 55 60

Tamaño en pulgadas

Gráfico que muestra el impacto en el MIPS de los televisores en función del tamaño de su pantalla, a lo largo de todo su ciclo de vida.

Cuando un empleado está equipado con un ordenador portátil y dos pantallas externas LED/OLED de 24", las pantallas aportan entre el 66 % y el 75 % del impacto medioambiental del puesto de trabajo (según el indicador de impacto observado). En cambio, el impacto de la fabricación de la segunda pantalla es mucho menor si se trata de una pantalla LCD.

Al igual que sucede con los ordenadores, cuando se trata de puestos de trabajo, es necesario identificar las necesidades de los empleados y de sus procesos de trabajo para proporcionarles las herramientas adecuadas, y no generalizar el uso de pantallas dobles solo por razones "igualitarias".

La cuestión de las salas de reuniones también debe tenerse en cuenta a la hora de elegir las pantallas. Entre otras cosas, porque existe una solución alternativa más respetuosa con el medio ambiente en términos de fabricación, mantenimiento y consumo de energía: el videoproyector. Esta elección es aún más interesante en salas que requieren un gran tamaño de proyección.

Observación

Para una pantalla de 120 a 150 pulgadas, un videoproyector consume 100 vatios por hora, mientras que un televisor LCD de 50 pulgadas requiere 100 vatios por hora y un plasma hasta 250; la tecnología LED no llega a los 60 vatios por hora. En modo de espera, un videoproyector consume solo 0,5 vatios por hora, frente a los entre 1 y 3 vatios por hora de los televisores precalentados. GreenIT.fr recomienda el uso de videoproyectores en lugar de pantallas. Tenga en cuenta que estas cifras solo se refieren a la fase de uso.

En lo que respecta a las pantallas presentes en pasillos, salas de recepción u otras pantallas informativas; los equipos o departamentos responsables de la información compartida deben implicarse y reflexionar sobre el tipo de información, la frecuencia con que se actualiza y cómo la utilizan realmente las personas que reciben los mensajes.

3.3 Teléfonos

La telefonía empresarial ha seguido evolucionando en los últimos años con la llegada de nuevas ofertas complementarias de telefonía móvil para empresas y videoconferencia.

También en este caso, el primer paso es identificar las necesidades de los empleados: lugar de trabajo, frecuencia de los desplazamientos, disponibilidad de un ordenador, tipo de intercambio, etc. En función del perfil de comunicación, existen diferentes opciones que pueden combinarse: BYOD y VoIP.

BYOD (*Bring Your Own Device*) permite a los empleados utilizar su propio material, como se ha visto anteriormente en el caso de los ordenadores. En el caso de los teléfonos, esta opción está más extendida porque la gestión del software es mucho más limitada y hay menos fallos de seguridad en función del acceso permitido a través del teléfono. En su informe LeanICT, *Shift Project* calcula una reducción del 37 % de la huella medioambiental de los *smartphones*. Esta opción se ha visto facilitada por la aparición de dispositivos que integran dos tarjetas SIM y permiten la desconexión de las llamadas de trabajo directamente por el empleado.

VoIP (*Voice Over Internet Protocol*) es una tecnología informática que permite transmitir voz (y ahora imagen) a través de redes compatibles con IP, es decir, Internet o redes privadas. Muy extendida en el mundo profesional, permite reducir las instalaciones telefónicas, en particular las redes específicas o la sustitución de equipos defectuosos; ya que la telefonía VoIP evita tener que planificar la instalación de un sistema físico en los nuevos edificios de la empresa. La VoIP es un sistema adaptable y, por lo general, funciona con el material existente gracias a los desarrollos de software. Esta característica significa que las empresas pueden conservar sus teléfonos originales o utilizar ordenadores y conectarlos a su sistema VoIP, lo que tiene un impacto significativo en el medio ambiente, ya que no es necesario fabricar nuevos equipos.

Observación

Los contratos de telefonía móvil suelen estar vinculados a la compra de teléfonos móviles o a la renovación bienal de los equipos. Evidentemente, esto debe evitarse en la medida de lo posible para no fomentar la producción recurrente de teléfonos. Por tanto, son preferibles las ofertas que se limitan a proporcionar comunicaciones. Además, ya hay operadores de telefonía, como Somos Conexión en Cataluña, que son ecológica y socialmente responsables.

3.4 Impresoras

Como hemos visto antes, el cambio de paradigma en relación con las impresoras, es decir, el paso del suministro de una impresora individual al uso generalizado de dispositivos multifunción compartidos en un departamento o en una planta; ya está muy avanzado en las empresas. Esta cuestión de la gestión de las impresoras se aborda en el capítulo Innovaciones y modelos virtuosos.

En el contexto de la gobernanza orientada hacia lo sostenible, el uso de la impresión y el suministro de impresoras en las empresas, donde la información cada vez está más disponible y se comparte en formato electrónico; es una cuestión compleja, sobre todo cuando el 20 % de los documentos impresos se tiran a la basura en 24 horas y solo una de cada 9 impresiones se recupera en la papelera de salida, según un estudio de Ipsos de 2008.

La cuestión de la impresión debe discutirse en detalle con los departamentos que imprimen la mayoría de los documentos. Existen varias soluciones, las más comunes son las siguientes:

- Para un servicio que imprime para realizar envíos postales, puede recurrir a los servicios de empresas especializadas en campañas de edición y envío.
- En el caso en el que se necesite imprimir un gran número de copias o se requiera una calidad determinada, puede establecer un servicio de reprografía centralizado con papel e impresión de mejor calidad.
- Para la documentación de uso inmediato y tiradas reducidas, la introducción de impresiones en las que el usuario deba identificarse en la impresora para confirmar la solicitud de impresión contribuye a limitar los errores de duplicación y los descuidos.

Un factor importante para cambiar la forma de utilizar las impresoras es apoyar el cambio. La visión colectiva de un reciclaje simple e ilimitado del papel es una de las razones por las que no se percibe que la impresión innecesaria de documentos tenga un impacto sobre el medio ambiente. Esta visión no tiene en cuenta la tala de madera y el tratamiento si el papel no se recicla, los tratamientos químicos necesarios para producir tinta y papel, la necesidad de transportar materiales, la electricidad necesaria para hacer funcionar la impresora y el tratamiento del papel si se recicla o su combustión en caso contrario.

Al mismo tiempo, dada la importancia de una buena gestión de los consumibles, se pueden prever otras acciones para las impresoras:

- Elección de consumibles, como el uso exclusivo de papel reciclado no tratado por defecto o de forma permanente.
- Impresión en modo borrador para consumir menos tinta.
- Configuración predeterminada de la impresora para imprimir a doble cara y en blanco y negro.

Con este conjunto de acciones, estimamos una reducción potencial de consumibles de entre el 15 % y el 60 %.

3.5 Consumo de electricidad

La página web de ADEME cifra en un 21 % el consumo eléctrico de los equipos informáticos. Hasta un 75 % del consumo eléctrico se produce durante los periodos de inactividad. Si nos fijamos en los periodos de inactividad de los aparatos, la evidencia es sencilla. Estos periodos corresponden a las noches, los fines de semana y los días festivos.

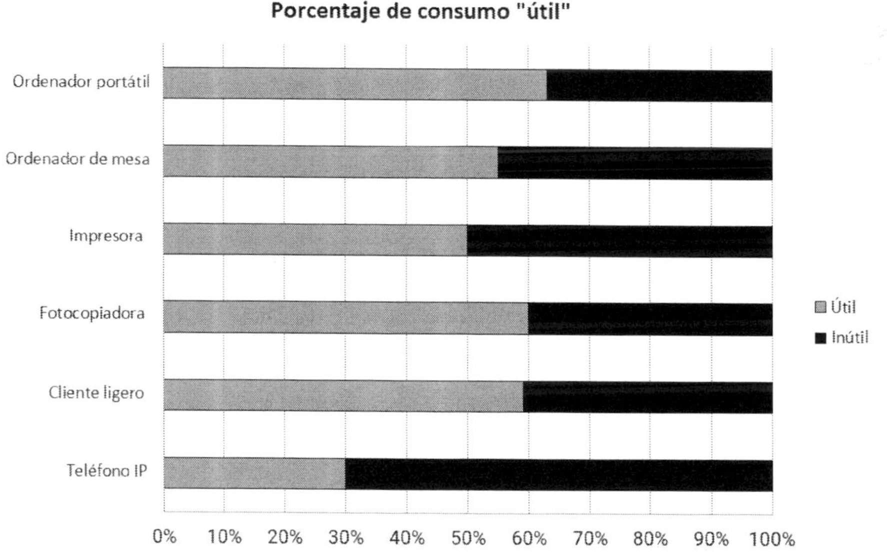

Datos sobre el consumo anual de electricidad de los equipos digitales

Si se gestiona mejor el encendido y apagado de estos equipos cuando no están en uso, se puede conseguir un ahorro de alrededor del 40 % en el consumo anual de electricidad. ADEME proporciona la siguiente lista de acciones, especificando el retorno de la inversión (ROI) (+: a corto plazo; +/-: a medio plazo; -: a largo plazo):

	Facilidad	**ROI**	**Coste**
Programe el modo de espera "monitor apagado" lo antes posible y desactive los salvapantallas, que no ahorran energía sino que están diseñados únicamente para preservar la pantalla.	*	+	€
Configure los tiempos de espera de los puestos de trabajo (pantalla y disco duro) para minimizar su consumo entre dos periodos de uso.	**	+	€
Compruebe que las opciones de ahorro de energía del sistema operativo están activadas. En comparación con un funcionamiento no optimizado, el consumo eléctrico puede reducirse entre un 20 y un 40 %.	*	+	€

	Facilidad	ROI	Coste
Instalar un reloj en los productos electróncos de oficina y anexos (impresora, servidor, máquina de café, dispensador de bebidas, videoproyector, escáner, etc.): – En el caso de las impresoras, compruebe si existen ajustes que permitan programar los horarios de funcionamiento. – En el caso de los servidores, desactívelos por la noche si no es necesario acceder a ellos. – Si dispone de un sistema de gestión de edificios (BMS), compruebe si puede utilizarse para programar los horarios de funcionamiento de determinados enchufes.	**	+/-	€
Modifique el sistema informático para permitir que los ordenadores se apaguen por la noche.	***	+	€
Utilice programas informáticos para controlar el consumo eléctrico (como los programas gratuitos Local Cooling, CO2 Saver y PowerOff).	**	+	€
Revise la arquitectura de red en favor de una arquitectura de "cliente ligero con pantalla remota", en la que los puestos de trabajo estén centralizados. La experiencia demuestra que esto aumenta la vida útil de los equipos entre 6 y 10 años y, en algunos casos, reduce a la mitad el consumo eléctrico.	***	-	€€€

	Facilidad	ROI	Coste
Instale contadores de energía en los enchufes.	**	-	€€

Observación

Existen varias etiquetas medioambientales (detalladas más adelante en este capítulo) que identifican los equipos de alto rendimiento y eficiencia energética: EPEAT silver, EPEAT gold y TCO.

3.6 Gestión de software

La gestión de activos informáticos también implica establecer una política de actualización del software, ya sea para el sistema operativo o para las herramientas digitales utilizadas en la empresa, definiendo las condiciones que requieren actualización y las que no.

En el caso de una actualización no correctiva, esto puede obligar a actualizar el material, dejando obsoleto el de la empresa. El ejemplo reciente más emblemático es el de Windows 11, cuyos requisitos mínimos de instalación corresponden a un material fabricado después de 2017. Cada vez es más frecuente deber cambiar un ordenador por el software. Así que cada actualización de versión de software debe cuestionarse en función de las necesidades de los usuarios, así como de los requisitos de mantenimiento por parte de los editores.

Para compensar estas denominadas obsolescencias del software, debe considerarse la opción del *open source*. El software de *open source* está protegido por una comunidad que lo mantiene en condiciones operativas, pone a disposición de terceros o de la propia empresa nuevas funciones (respondiendo así directamente a las necesidades de sus empleados) y proporciona actualizaciones de seguridad. Además de ser una opción puramente informática, esta opción puede permitir a las empresas liberarse de las limitaciones de los editores de software; este cambio es también una opción social y económica.

Observación

El uso de distribuciones ligeras de Linux, como Lubuntu o Arch Linux, puede alargar la vida de los dispositivos que no pueden alojar versiones recientes de sistemas operativos propietarios.

En paralelo, es evidente que la gestión del software debe tener en cuenta los riesgos de seguridad, así como el impacto que puede causar en el día a día de los empleados, en términos de actualización y de no actualización:

- La elección de las actualizaciones realizadas debe tener en cuenta la diferencia entre una actualización funcional y una actualización de seguridad. Cuando esta última no deba bloquearse, la primera puede esperar.
- Por otra parte, actualizar el software demasiado rápido en relación con su fecha de lanzamiento puede dar lugar a la instalación de fallos de seguridad relacionados con una validación incompleta del software.
- Una actualización de software también puede repercutir en la productividad de los empleados, sobre todo si el nuevo sistema modifica sus hábitos. Entonces es necesaria una fase de apoyo y formación de competencias, lo que repercute en la productividad de la empresa. Por el contrario, puede facilitar el trabajo diario.

Un análisis de riesgos basado en los servicios digitales instalados, la arquitectura de la empresa y el contexto de trabajo es un requisito previo para redactar esta política.

3.7 Fin de vida

La política de gobernanza también debe tener en cuenta criterios para la gestión de los equipos en su fase final de uso dentro de la empresa, ya que la gestión de los residuos de aparatos eléctricos y electrónicos (RAEE) es una obligación legal (recogida y tratamiento). Los equipos digitales contienen materiales reciclables y reutilizables, preciosos o muy escasos. Hay entre 50 y 100 veces más oro en una tonelada de tarjetas electrónicas que en una tonelada de mineral. Además, hay que tratar muchos componentes peligrosos para el medio ambiente y la salud. En 2024, solo el 22,3 % de los RAEE de todo el mundo se trataron adecuadamente, cifra que Europa y Oceanía superan con creces, con el 42,8 % y el 41,4 % de los RAEE recogidos y reciclados, respectivamente.

El estudio de INR citado en el apartado Desglose de los equipos informáticos en las empresas de este capítulo muestra que las empresas que respondieron a su cuestionario (la gran mayoría de las cuales ya tienen un enfoque Green IT,), reacondicionan o dan una segunda vida a una media de solo el 34 % de los equipos ofimáticos. Esta cifra podría aumentar fácilmente.

Se dará preferencia a los contratos, facturables o no, que traten los equipos en el siguiente orden:

- **Reacondicionamiento/renovación**: los equipos que salen del parque informático siguen siendo funcionales, pero necesitan una segunda vida, en particular a través de empresas de reacondicionamiento (véase el apartado Elección de canales alternativos), asociaciones que trabajan para reducir la brecha digital u organizaciones que no disponen de recursos para invertir en este tipo de equipos.
- **Reciclaje de componentes**: los equipos ya no son funcionales en su estado actual, pero hay organizaciones que desmontan todos los componentes y reacondicionan los que aún son funcionales para volver a ponerlos en servicio y limitar la necesidad de fabricar componentes nuevos.
- **Reciclaje de materiales**: cuando los componentes no pueden reutilizarse, es necesario trabajar con empresas que promuevan la recuperación de materias primas, ofreciendo así una alternativa a la extracción, que provoca la destrucción de ecosistemas enteros (véase el capítulo El impacto de la tecnología digital).
- **Recuperación de energía**, es decir, incineración.

4. Desafiar a los proveedores

Las decisiones de compra repercuten en el medio ambiente y en la sociedad. Cada vez más empresas, así como instituciones europeas, introducen en sus licitaciones cartas de compra o criterios de selección específicos que les ayudan a elegir a sus suministradores o proveedores de servicios. Estas organizaciones también pueden utilizar etiquetas para orientarle a la hora de elegir el material.

4.1 Definición de cláusulas técnicas particulares

Las cláusulas técnicas pueden incluir especificaciones medioambientales como parte de las especificaciones técnicas del equipo. Estas especificaciones corresponden a las características de los materiales como exigencia (especificaciones medioambientales de los materiales), o como criterios de adjudicación.

Estas especificaciones pueden referirse a:

- el carácter ecoetiquetado de todo o parte del equipo;
- los diferentes niveles de ecoetiquetas, en particular exigiendo niveles de etiquetado e incluyendo la presencia de otras etiquetas como criterios de concesión;
- el contenido reciclado de los materiales: por ejemplo, contiene x % de plástico reciclado.

4.2 Etiquetas ecológicas

Las etiquetas pueden formar parte de los criterios de selección de los equipos; son una herramienta indicativa . Por ejemplo, facilitan la información al público sobre las propiedades y cualidades objetivas de un producto. Una etiqueta puede estar vinculada a la certificación de una norma, es decir, a la validación del cumplimiento de los requisitos para alcanzar un determinado nivel de calidad o eficiencia.

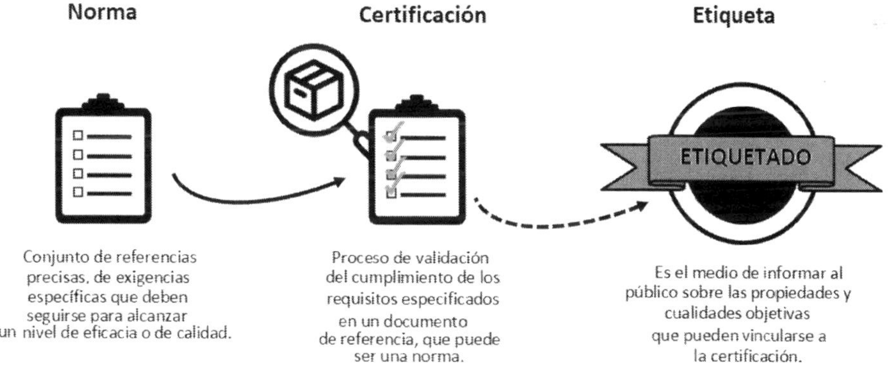

Diferencia entre los términos norma, certificación y etiqueta

Las etiquetas pueden agruparse en tres categorías: oficiales, independientes y perfiles ecológicos.

4.2.1 Etiquetas ecológicas oficiales

Las ecoetiquetas oficiales, denominadas de Tipo I, son promovidas en Europa por el CEN (Comité Europeo de Normalización) y en todo el mundo por la ISO (Organización Internacional de Normalización). Fueron creadas a escala europea en 1992 por la Comisión Europea para fomentar el desarrollo y la promoción de productos, bienes y servicios más respetuosos con el medio ambiente. Cada norma define especificaciones precisas que tienen en cuenta todo el ciclo de vida del producto (materias primas, distribución, consumo y reciclado). Además, estas etiquetas son expedidas por organismos de certificación independientes.

Su objetivo es "promover el diseño, la producción, la comercialización y el uso de productos que tengan un impacto reducido en el medio ambiente a lo largo de su ciclo de vida" e "informar mejor a los consumidores sobre el impacto medioambiental de los productos, sin comprometer la seguridad de los productos o de los trabajadores, ni afectar significativamente a las cualidades que hacen que el producto sea apto para su uso".

Se basan en un enfoque sistémico basado en el análisis del ciclo de vida del producto (véase el capítulo Medir los impactos de un SI).

A escala europea, dos ecoetiquetas oficiales adoptan un enfoque global: **Blue Angel** y TCO.

- **Blue Angel**: creado en Alemania en 1978 por el gobierno federal alemán, abarca criterios de reciclabilidad, reducción de la contaminación y consumo energético de ordenadores, impresoras (incluidos consumibles como tóneres) y teléfonos móviles.
- **TCO**: creada en Suecia en 1990 por compradores públicos, es una certificación tripartita conforme a la norma ISO 14024. Se aplica a ordenadores, pantallas, impresoras, servidores y teléfonos móviles. La certificación es exhaustiva y abarca la ergonomía, las emisiones electromagnéticas, el consumo de energía, la certificación ISO 14001 del fabricante, el ruido, el cumplimiento de las normas RoHS y la reciclabilidad de los equipos. También cubre ciertos aspectos sociales y societarios. Los cambios introducidos en la certificación incluyen los retos de la economía circular.

- **NF** ***Environnement - Cartouches d'impression laser*** (**NF335**): creada en Francia, cubre "la reducción del uso de sustancias peligrosas para el medio ambiente y la salud, la recogida y la refabricación de cartuchos usados (rendimiento medioambiental de los procesos, gestión de residuos), el embalaje, así como la información para distribuidores/vendedores/usuarios y el rendimiento y la durabilidad".

Observación

*Existe otra etiqueta, **Energy Star**, creada en 1992 en Estados Unidos por la EPA (Environmental Protection Agency) y objeto de un acuerdo entre el gobierno estadounidense y la Unión Europea. Sin embargo, esta etiqueta solo se centra en la eficiencia energética de los equipos digitales durante la fase de uso, no en la de fabricación. Por tanto, es preferible utilizar las ecoetiquetas TCO o EPEAT (véase más abajo).*

4.2.2 Etiquetas ecológicas independientes

Otro grupo de ecoetiquetas, conocidas como de Tipo II, son autodeclaraciones de fabricantes, importadores, minoristas o distribuidores sobre las características medioambientales de un producto o servicio. Este tipo de etiqueta se centra en una cualidad concreta de un producto, a diferencia del Tipo I. Al no estar certificadas de forma independiente, pueden plantearse dudas sobre la validez de la certificación. Además, hay un gran número de ecoetiquetas de Tipo II en el mercado, lo que dificulta la elección a los consumidores.

Las etiquetas para equipos digitales son EPEAT y 80 Plus.

- **EPEAT**: creada en EE.UU. en 1992, esta etiqueta la expide el *Green Electronic Council* y no está sujeta a certificación. Sin embargo, los criterios abarcan todo el ciclo de vida de ordenadores, pantallas, tabletas, teléfonos móviles, impresoras y servidores. Ofrece tres niveles de certificación:
  - Epeat Bronze (solo se cumplen los criterios obligatorios).
  - Silver (se cumple al menos el 50 % de los criterios opcionales).
  - Golden (se cumple al menos el 75 % de los criterios opcionales).

- **80 Plus**: lanzada en 2004 por *Ecos Consulting*, esta etiqueta se concede a las fuentes de alimentación con un rendimiento eléctrico eficiente, lo que significa que al menos el 80 % de la energía recibida en la toma se transmite realmente a la máquina. Hay ocho niveles de certificación, de "Standard" a "Titanium".

4.2.3 Etiquetas de perfil ecológico

La última familia de ecoetiquetas, denominada de tipo III, corresponde a la información normalizada sobre un producto, en particular sobre su análisis del ciclo de vida. Este tipo de ecoetiqueta puede estar certificada o no por un tercero y no certifica ninguna calidad específica de un producto o servicio.

En el sector digital, la etiqueta FSC resulta interesante para el papel y el cartón.

- **FSC** (***Forest Stewardship Council***): es una organización independiente, internacional, no gubernamental y sin ánimo de lucro que promueve el uso de los recursos forestales mundiales basándose en el respeto al medio ambiente y en criterios sociales y económicos, aplicados a la madera y la fibra procedentes de bosques certificados, al papel y al cartón. Algunas administraciones reconocen esta etiqueta y la consideran de Tipo I. Existen tres etiquetas distintas que indican claramente las materias primas que contiene un producto:
  - FSC 100 %: producto fabricado exclusivamente con madera/fibra procedente de bosques con certificación FSC.
  - FSC *Mix*: producto compuesto por una mezcla de madera/fibra procedente de bosques FSC y madera/fibra procedente de fuentes controladas (pero no FSC), que a veces también contiene madera/fibra reciclada.
  - FSC *Recycling*: producto fabricado con al menos un 85 % de madera/fibra reciclada.

El cuadro siguiente resume la aplicación de estas etiquetas y el perímetro en el ciclo de vida de los equipos.

Etiqueta	Ordenador	Pantalla	Impresora	Cartucho	Teléfono	Servidor
Blue Angel			Global	Global	Global	
NF335				Global		
TCO	Global	Global	Global		Global	Global
EPEAT	Global	Global			Global	Global
Energy Star		Uso	Uso			
80 Plus	Uso	Uso				

4.3 Elegir procesos alternativos

Los canales de reacondicionamiento de los que ya se ha hablado en el apartado dedicado a la gestión de los equipos al final de su vida útil, también son una opción para la compra. Comprar equipos nuevos para mejorar el rendimiento ya no es un fin en sí mismo. Otra opción es centrarse en la funcionalidad y el uso a través del alquiler.

4.3.1 Equipos reacondicionados

La compra de equipos reacondicionados en lugar de nuevos es una forma especialmente eficaz de reducir el impacto medioambiental y, al mismo tiempo, de tener un impacto social positivo. Estos canales permiten adquirir equipos que responden a las necesidades de los empleados y a las limitaciones del SI a precios reducidos. El reacondicionamiento puede dar acceso a equipos muy potentes (como las máquinas utilizadas para realizar planos en 3D o cálculos avanzados) que, al dejar de tener interés contable o no poder ejecutar los programas informáticos utilizados por sus antiguos usuarios, se revenden a los canales de reacondicionamiento.

Si bien esta práctica se adapta perfectamente a las pequeñas empresas (microempresas, asociaciones, particulares, etc.), no es habitual que se lleve a cabo en las grandes empresas y en las compras del sector público.

Observación

Además, los procesos de reacondicionamiento suelen ser socialmente inclusivos, con una elevada proporción de empleados discapacitados o en programas de reinserción social. Este punto estratégico es un elemento esencial de un enfoque de RSE (véase Vocabulari y normas).

4.3.2 Alquiler de material

Otra alternativa es el alquiler, que permite adaptar el parque a las distintas necesidades y hacer frente a urgencias o necesidades puntuales. Este enfoque es un ejemplo de la economía de la funcionalidad, es decir, comprar el uso en lugar del bien.

El alquiler es beneficioso para el medio ambiente si el periodo total de arrendamiento es superior a la vida útil media de los equipos informáticos (es decir, tres años para un ordenador). Este es especialmente el caso si el arrendador suministra el mismo equipo a dos o más organizaciones de forma consecutiva.

El alquiler también puede ser interesante desde el punto de vista contable, fiscal y financiero, según el caso y la situación del comprador:

- Funcionamiento continuo del bien;
- no hay que pagar IVA sobre el precio del equipo;
- los alquileres no se incluyen en el balance (gastos de explotación);
- estímulo financiero para conservar solo el material necesario (gestión rigurosa de los inventarios de existencias);
- gestión del final de la vida útil de los equipos por parte del arrendador.

En términos más generales, las empresas de alquiler ofrecen servicios como los servicios de financiación, asistencia técnica y mantenimiento. Esto permite a las organizaciones que no disponen de los recursos necesarios para contar con un departamento de mantenimiento informático especializado, ofrecer a sus empleados un alto nivel de asistencia.

Para todos los equipos digitales, el principal objetivo de la política de gobernanza es prolongar su vida útil. Esto puede agruparse en tres apartados:

- definir una gama de equipos duraderos y de fácil mantenimiento, o incluso limitar los costes de compra;
- definir la política de gestión del software para que la empresa pueda trabajar en un entorno eficaz y seguro;
- definir la gestión del final de la vida útil de los equipos.

Capítulo 6
Impacto y optimización del alojamiento

1. Introducción

El tema del impacto ecológico del alojamiento, sobre todo a través de los emblemáticos centros de datos, se destaca a menudo en las publicaciones que pretenden sensibilizar al público sobre los vínculos entre la tecnología digital y la ecología. Aunque en los capítulos anteriores hemos visto que la tecnología digital repercute en un espectro mucho más amplio, el dominio del alojamiento representa una parte importante del impacto ecológico de la tecnología digital. En este capítulo estudiaremos las causas de estos impactos, así como las posibilidades de optimización y mejora.

2. Los impactos relacionados con el alojamiento

2.1 ¿Qué es el alojamiento de servicios digitales?

Es posible proponer una tipología de servicios digitales en función de las necesidades de conectividad:

- Servicios digitales no conectados: por ejemplo, hasta finales de los 90 las consolas de videojuegos no estaban conectadas a una red (y, por tanto, no estaban conectadas a Internet). Para añadir un nuevo juego, la gente solía comprar un soporte físico (cartucho, CD-ROM, etc.). En esencia, este tipo de servicio digital no requiere servicios de alojamiento.
- Servicios digitales conectados según un modelo "de igual a igual": ciertos videojuegos, por ejemplo, pueden funcionar en una red local sin necesidad de un servicio centralizado que los sincronice.
- Servicios digitales que hacen uso de la conectividad intermitente: por ejemplo, muchos videojuegos modernos instalados en un PC o consola pueden funcionar de forma autónoma sin necesidad de conexión a la red en su modo de uso nominal, al tiempo que se benefician de un servicio de actualización basado en la distribución por Internet de parches y de nuevas funcionalidades.
- Servicios digitales que requieren una conexión permanente a la red: entre ellos se incluye una categoría de videojuegos conocidos como "masivos en línea", a los que solo se puede jugar cuando se está conectado a una red con conexión a Internet.

En los dos últimos casos, es necesario implantar y mantener servicios presentes en la red (ya sea una red local o Internet) y, por tanto, alojar estos servicios en una infraestructura con conexión a la red.

Este alojamiento puede adoptar diversas formas, y numerosos criterios (económicos, organizativos, de seguridad, de capacidad técnica) influirán en la forma de alojamiento elegido.

Por ejemplo, es perfectamente posible alojar un servicio en un simple equipo informático y de prestaciones modestas, como un ordenador portátil o incluso un ordenador monoplaca como los de la serie Raspberry Pi (por ejemplo, citemos la página web de la empresa de diseño y gestión de proyectos marítimos Kairos-Jourdain, que muestra con orgullo en su página de inicio el hecho de que está alojado en una Raspberry Pi 3 de segunda mano).

Sin embargo, lo más habitual es alojar los servicios en el material dedicado a este efecto; es decir, servidores informáticos que son ordenadores, cuya arquitectura material está optimizada para realizar operaciones de alojamiento cumpliendo restricciones como la tolerancia a fallos o la optimización del espacio utilizado por los equipos.

Estos servidores pueden colocarse físicamente de diferentes maneras. Entre otras, las siguientes:

- en un entorno de oficina estándar;
- en armarios técnicos específicos en los locales de la empresa;
- en salas específicas, conocidas como "salas de refrigeración", en los locales de la empresa;
- en edificios dedicados a albergar servidores informáticos, los llamados centros de datos.

Observación

En el resto de este capítulo, nos centraremos principalmente en el último tipo de ubicación física: los centros de datos.

Estos servidores van acompañados de otros equipos informáticos que les permiten conectarse a la red: rúteres, switches, cortafuegos y otros equipos de red específicos como balanceadores de carga. También hay equipos de almacenamiento especializados (llamados bahías de almacenamiento), que pueden compararse a servidores que contienen muchos discos.

Además, se utilizan equipos "auxiliares" para garantizar:

- la continuidad del suministro eléctrico: inversores con baterías y, a veces, unidades de generación de energía como generadores;
- los equipos de refrigeración (sobre todo servidores, cuyos procesadores y otros componentes semiconductores son una fuente importante de emisiones de calor): sistemas de aire acondicionado y ventilación;
- la gestión del edificio en el que se encuentran los servidores, en particular equipos de seguridad como cámaras de vigilancia, cerraduras electrónicas, sistemas de protección contra incendios, etc.

Estudiar los impactos del alojamiento de servicios digitales implica, por tanto, estudiar los impactos de los distintos elementos que intervienen en este alojamiento. En particular los edificios utilizados, los propios servidores, los equipos de red y los equipos auxiliares enumerados anteriormente. Por supuesto, estos impactos deben evaluarse a lo largo de todo su ciclo de vida (véase la sección sobre ACV en el capítulo Medir el impacto de un SI).

2.2 El ciclo de vida de los centros de datos

Empecemos por analizar los impactos del ciclo de vida de los edificios utilizados para albergar centros de datos y los equipos específicos de estos edificios.

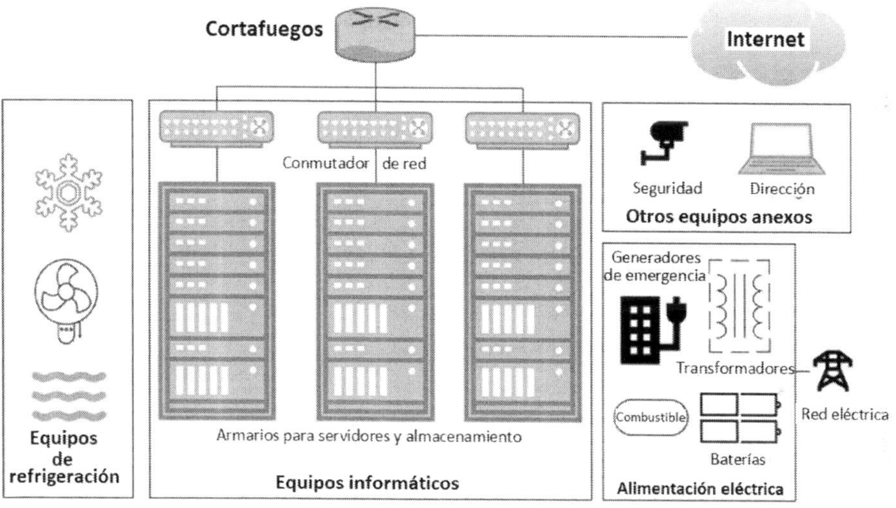

Representación de un centro de datos

2.2.1 El edificio y su equipamiento específico

Dado que no es el propósito ni la intención de este libro explorar en detalle las complejidades que entraña el análisis del impacto ambiental de la construcción, nos limitaremos aquí a consideraciones generales.

En primer lugar, la construcción o renovación de un edificio requiere materiales de construcción para obra gruesa (hormigón, madera, piedra, metal), materiales aislantes (insonorización, aislamiento térmico), materiales para el acondicionamiento interior, materiales para las redes de agua y electricidad, etc.

Por ejemplo, hay que extraer hierro para fabricar acero corrugado, arena para fabricar hormigón, y mineral de cobre para fabricar cables para las redes eléctricas. Esta fase de extracción tiene numerosas repercusiones en el medio ambiente, entre las que destacan las siguientes:

- las emisiones de gases de efecto invernadero, en particular por el consumo de combustibles fósiles en la maquinaria de excavación;
- la pérdida de biodiversidad vinculada, entre otras cosas, a la deforestación;
- el elevadísimo consumo de agua en las fases de separación del mineral;
- la contaminación del agua, el aire y el suelo;
- el agotamiento de los recursos abióticos (véase el capítulo El impacto de la tecnología digital, que aborda la cuestión del agotamiento de los recursos).

Una vez extraídas las materias primas, hay que transportarlas a los lugares de transformación para producir los materiales de construcción, lo que también genera toda una serie de impactos relacionados con el transporte y los mecanismos de transformación utilizados. A modo de ejemplo, la energía gris (incluidas las fases de fabricación, transporte y eliminación) necesaria para varios materiales utilizados habitualmente en la construcción se indica en el siguiente cuadro.

Material	Energía gris (MWh/m3)
Hormigón armado	1,85
Acero reciclado	24
Acero primario	52
Cobre	140
Zinc	180
Aluminio	190

Energía gris de materiales de construcción comunes - según Wikipedia

A continuación, estos distintos materiales se transportan a la obra (lo que también genera impactos relacionados con el transporte de materiales) para iniciar la fase de construcción. La fase de construcción también tiene un impacto en términos del consumo de energía asociado, la contaminación atmosférica y del agua potencialmente generada, y la producción de residuos de construcción más o menos bien reprocesados y reciclados.

Una vez construido el edificio y operativo; este genera impactos asociados a su fase de uso. Además del consumo de energía y de agua, del que hablaremos con más detalle más adelante en este capítulo; la fase de uso puede generar impactos en forma de contaminación acústica, pero también de contaminación atmosférica y emisiones de GEI vinculadas a la posible liberación de hidrofluorocarburos (HFC) utilizados en los sistemas de aire acondicionado.

Además, los centros de datos están diseñados para funcionar continuamente. El *Uptime Institute*, un grupo de empresas que trabajan para optimizarlos, ha definido una escala (que figura en la siguiente tabla) para clasificar los centros de datos en función de su nivel de seguridad, lo que se conoce como *Tiers* (palabra inglesa que significa "nivel"), sobre todo en lo que respecta a la disponibilidad de las cargas de trabajo que se ejecutan. Esta necesidad de disponibilidad va acompañada de la necesidad de disponer de medios para garantizar el suministro eléctrico. La mayoría de los centros de datos utilizan baterías, equipos de ondulación de corriente y generadores para garantizar la continuidad en caso de pérdida de energía de la red. Estos generadores, para poder tomar el relevo rápidamente, deben precalentarse mediante resistencias (lo que conlleva un consumo de electricidad) y someterse a pruebas periódicas (utilizando combustibles fósiles, lo que conlleva la producción de GEI y la contaminación atmosférica).

Centro de datos de terceros	Tasa de disponibilidad	Tiempo máximo de inactividad al año
Tier 1	99,670 %	28,8 horas
Tier 2	99,750 %	22,7 horas
Tier 3	99,982 %	1,6 horas
Tier 4	99,995 %	25 minutos

Por último, cuando la fase de uso del centro de datos llega a su fin, el edificio entra en una fase de desmantelamiento en la que, o bien se destina a un nuevo uso (lo que requiere el desmantelamiento de las instalaciones específicas para el uso informático), o bien se destruye. En ambos casos, los impactos de esta fase de fin de vida útil están relacionados con la energía necesaria para el desmantelamiento y la posible destrucción, el transporte de materiales a los lugares de reprocesamiento y el propio reprocesamiento (cuando sea posible) de los materiales utilizados.

2.2.2 El ciclo de vida de los servidores y equipos de red

El núcleo del centro de datos está compuesto por armarios técnicos, llamados *racks*, que contienen esencialmente equipos de red y servidores, ya sean servidores de uso general o servidores específicamente destinados a la gestión del almacenamiento.

Estos equipos también siguen un ciclo de vida con impactos específicos durante las distintas fases. La fase del ciclo de vida mejor documentada hasta la fecha es la fase de funcionamiento, que analizamos en detalle en la siguiente sección, titulada Enfoque en la fase de funcionamiento.

En cambio, la fase de fabricación de los servidores y equipos de red está mucho menos documentada. Nos basaremos principalmente en el artículo "*Numérique et environnement: Comment évaluer l'empreinte de la fabrication d'un serveur, au-delà des émissions de gaz à effet de serre ?*" publicado en noviembre de 2021 en el blog del grupo de trabajo Boavizta. Este artículo, como su nombre indica, trata principalmente de los servidores (aunque se menciona el impacto en carbono de la fabricación de equipos de red); nos permitiremos aquí un atajo al considerar que, en su mayor parte, los impactos medioambientales relacionados son comunes, aunque en proporciones significativamente diferentes, entre los servidores de uso general, los equipos de red y los equipos de almacenamiento.

El primer impacto mencionado es, tradicionalmente, el de las emisiones de gases de efecto invernadero. El artículo subraya la dificultad de obtener cifras fiables, y observa variaciones significativas en función del método de contabilidad utilizado (y de las fuentes de datos). Es interesante señalar que en su análisis de las estimaciones de la huella de carbono del servidor R740, el fabricante Dell estima los porcentajes respectivos de emisiones en un 84,3 % para la fase de uso y un 15,2 % para la fase de fabricación, repartiéndose el resto del impacto entre la fase de transporte (0,4 %) y la fase de fin de vida (0,1 %), para un uso en Europa. Otro dato interesante es que el mayor impacto en términos de emisiones de gases de efecto invernadero se concentra en los chips de memoria y, sobre todo, en los discos duros SSD de alta capacidad.

Los demás impactos de la fase de fabricación estudiados en el artículo se refieren al:

- agotamiento de los recursos abióticos, en particular vinculado a la extracción de los materiales necesarios para construir los distintos componentes (componentes electrónicos de la placa base, procesadores, lápices de memoria, discos duros);
- uso de energía primaria, independientemente de la fuente de energía utilizada.

Sin embargo, a falta de un análisis del ciclo de vida que haya estudiado este punto, el artículo no presenta ninguna cifra sobre el impacto del uso del agua durante la fase de fabricación. No obstante, como se menciona en el capítulo sobre el impacto medioambiental de la tecnología digital, la fabricación de los distintos componentes semiconductores utilizados en los servidores consume una gran cantidad de agua.

Por último, si bien la fase de fin de vida representa emisiones de gases de efecto invernadero casi anecdóticas, no ocurre lo mismo con otros impactos, como la contaminación potencial provocada por el mal tratamiento de los RAEE procedentes de los equipos de servidores y redes. Así pues, estos equipos tienen potencialmente el mismo impacto que los terminales de usuario al final de su vida útil.

2.3 Centrarse en la fase operativa

Debido a su funcionamiento continuo, los centros de datos tienen impactos particulares durante su fase de uso:

- impactos relacionados con el suministro de electricidad a los equipos;
- impactos de los equipos de refrigeración.

Los servidores y equipos de red implementados en los centros informáticos utilizan componentes electrónicos que desprenden calor -denominado calor residual, porque el objetivo es no producir calor- durante su funcionamiento (en particular, los procesadores, pero también otros componentes, como los chips de memoria o los diversos chips electrónicos de control presentes en las placas base de los equipos).

Un indicador muy utilizado en el mundo de los centros de datos es el PUE (*Power Usage Effectiveness*). Desarrollado por el consorcio *The Green Grid* en 2007, el objetivo de este indicador, como su nombre indica, es medir la eficiencia de los centros de datos calculando la relación entre la energía total consumida por el centro de datos y la energía consumida por los distintos equipos informáticos. Su valor es siempre superior a 1, y cuanto más se acerque a 1, más eficiente es el centro de datos, ya que consume poca energía adicional, sobre todo para la refrigeración de los equipos.

$$\text{PUE} = \frac{\text{Total Facility Power}}{\text{IT Equipment Power}}$$

Fórmula para calcular el PUE - fuente: Wikipedia

Este indicador da una idea del impacto en la demanda de energía durante la fase de funcionamiento de los equipos auxiliares.

Dado que la refrigeración tiene un gran impacto en el funcionamiento del centro de datos, el principal factor para reducir el PUE es optimizar esta refrigeración. La gama de opciones de tratamiento térmico es bastante amplia, desde soluciones convencionales (pero poco eficientes) basadas en sistemas de aire acondicionado, hasta técnicas avanzadas que utilizan agua (*water cooling*) o la inmersión de las máquinas en un líquido no conductor. La guía de buenas prácticas de eficiencia energética en centros de datos de 2019 de la Comisión Europea recomienda el uso de *free cooling*, que consiste en utilizar el aire fresco del exterior para refrigerar las bahías de servidores. Para implantar la *free cooling*, muchos centros de datos se están instalando en países donde la temperatura media exterior es baja, sobre todo en países del norte de Europa como Finlandia y Suecia.

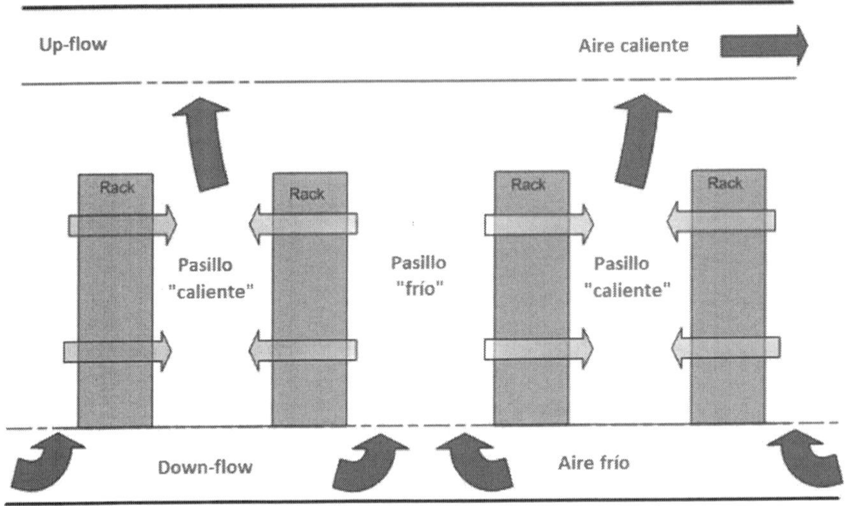

Ejemplo de refrigeración basada en el principio de pasillos calientes y fríos. En el caso de la free cooling, el aire frío puede proceder del exterior - fuente: Wikipedia

Otra buena práctica citada es la utilización de equipos compatibles con las normas A2, A3 y A4 definidas por la ASHRAE (*American Society of Heating, Refrigerating and Air-Conditioning Engineers*). Estas normas describen equipos que funcionan en un amplio rango de temperatura y humedad, reduciendo así las necesidades de refrigeración.

Además, el calor residual producido por los equipos del centro de datos se utiliza a veces, por ejemplo, para cubrir las necesidades de calefacción cuando hay un edificio de oficinas adyacente al centro de datos, en un proceso conocido como cogeneración. Sin embargo, este enfoque no se incluye en la fórmula del PUE, pero sí lo tiene en cuenta otro indicador del ETSI (*European Telecommunications Standards Institute*) denominado DCEM (por *Data Centre Energy Management*), que también tiene en cuenta el aspecto renovable de las fuentes de energía utilizadas para alimentar el centro de datos.

El consumo de energía no es el único impacto vinculado a la fase de funcionamiento de los centros de datos. Dependiendo del método de refrigeración elegido, un centro de datos también puede tener un impacto significativo en el uso del agua. Por ejemplo, la técnica de refrigeración utilizada por Google en algunos de sus centros se basa en un mecanismo de evaporación del agua (o refrigeración adiabática), que puede dar lugar a un consumo muy elevado, a veces incluso de agua potable (en función de la ubicación geográfica y de las posibilidades de transporte, Google favorece el uso de agua de mar o de aguas residuales siempre que sea posible). En un artículo publicado en 2020 titulado "*Google Data Centers' Secret Cost: Billions of Gallons of Water*", Bloomberg señala que Google ha solicitado el derecho a utilizar más de 8.700 millones de litros de agua en tres estados de Estados Unidos. El impacto de este consumo se vio amplificado por la presencia de centros de datos en estados donde el acceso al agua potable es motivo de preocupación, como Texas y Arizona. Google subraya, sin embargo, que el consumo real no equivale necesariamente a la demanda real.

Además del PUE, *The Green Grid* ofrece desde 2011 un indicador para medir la eficiencia de los centros de datos en términos de consumo de agua, denominado WUE (*Water Usage Effectiveness*). Este indicador se calcula dividiendo el número de litros de agua utilizados por el centro de datos entre el número de kWh de electricidad utilizados para alimentar los equipos informáticos.

Un tercer indicador, denominado CUE (*Carbon Usage Effectiveness*), complementa el PUE y el WUE. La CUE es la relación entre las emisiones totales de GEI (en equivalente de CO_2) y el consumo eléctrico de los equipos informáticos del centro de datos. Por tanto, puede obtenerse simplemente multiplicando el PUE por el factor de emisión de GEI de la fuente de electricidad utilizada. Este indicador es, por tanto, muy útil para complementar la visión de la eficiencia energética proporcionada por el PUE con la del impacto potencial sobre el cambio climático.

3. La nube, ¿amiga o enemiga de las Green IT?

Entre las opciones que tiene una empresa para alojar un servicio digital, el despliegue de este servicio en la nube es una opción cada vez más utilizada. Igualmente, los proveedores de servicios en la nube se plantean cada vez más la reducción de los impactos ambientales . En las siguientes secciones, analizaremos en detalle los impactos positivos y negativos de este tipo de alojamiento (teniendo en cuenta que el alojamiento de un servicio digital solo genera una minoría de los impactos ambientales asociados a este servicio, y que por lo tanto siempre es necesario pensar en este alojamiento como parte de un sistema más amplio).

3.1 Definición de la nube

Existen muchas definiciones diferentes de computación en nube. Aquí utilizaremos la definición proporcionada por el *National Institute of Standards and Technology* (NIST), ampliamente reconocida y utilizada en la actualidad.

El NIST define la computación en nube a partir de cinco características esenciales, tres modelos de servicio y cuatro modelos de despliegue:

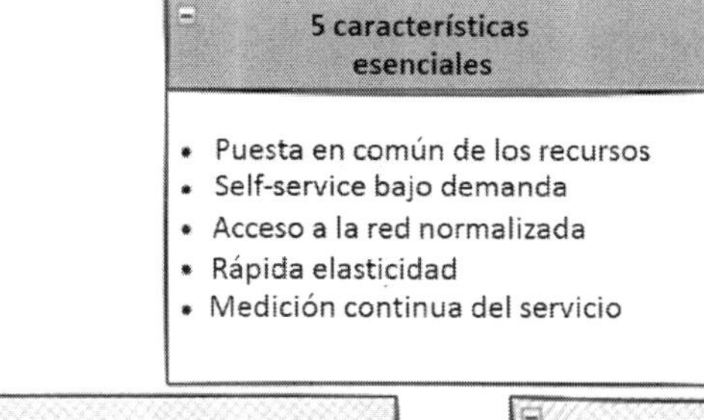

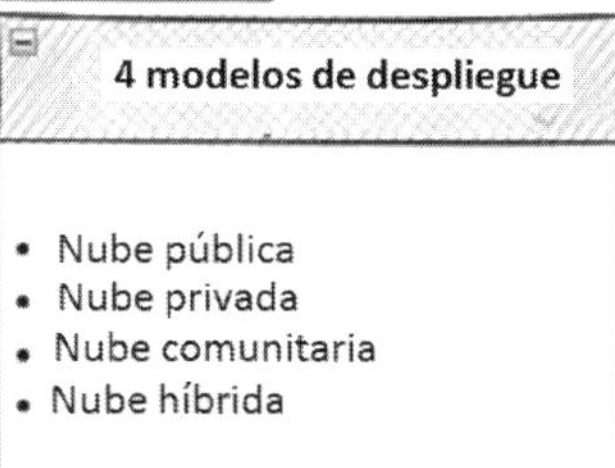

Resumen de la definición de computación en nube del NIST

Las cinco características principales son:

- **Puesta en común de recursos**: un servicio en nube debe ofrecer un modelo en el que los recursos técnicos del centro de datos (red, almacenamiento, servidores) sean compartidos por los distintos usuarios.
- La capacidad de los usuarios para **utilizar el servicio de forma autónoma**, según un modelo "bajo demanda": los usuarios deben, por tanto, tener acceso a interfaces que les permitan suscribirse al servicio y utilizarlo sin tener que pasar por un intermediario.
- **Acceso normalizado a la red**: los servicios ofrecidos deben poder utilizarse mediante protocolos estándar de Internet.
- **Rápida elasticidad**: los servicios ofrecidos deben ser capaces de adaptarse rápidamente (o incluso automáticamente) a la carga y las necesidades de los usuarios.
- **Medición continua del servicio**: se producen métricas de uso detalladas que permiten facturar a los usuarios en función de su consumo real del servicio.

Los tres modelos de servicio propuestos por la definición del NIST son los siguientes:

- *Infraestructura as a Service* (IaaS): en este modelo, el proveedor de servicios en nube es responsable de todas las capas "inferiores" necesarias, hasta la provisión del sistema operativo. El usuario conserva la responsabilidad (y el control) del funcionamiento del sistema operativo y de las capas de aplicaciones y datos.
- *Platform as a Service* (PaaS): en este modelo, el proveedor de servicios en nube se hace cargo de todo un entorno para ejecutar código generado por el usuario y almacenar datos de aplicaciones (a menudo con servicios adicionales de gestión del ciclo de vida de las aplicaciones, como la creación de software a partir del código fuente).
- *Software as a Service* (SaaS): en este modelo, el proveedor de servicios en la nube ofrece un paquete completo de software directamente accesible al usuario.

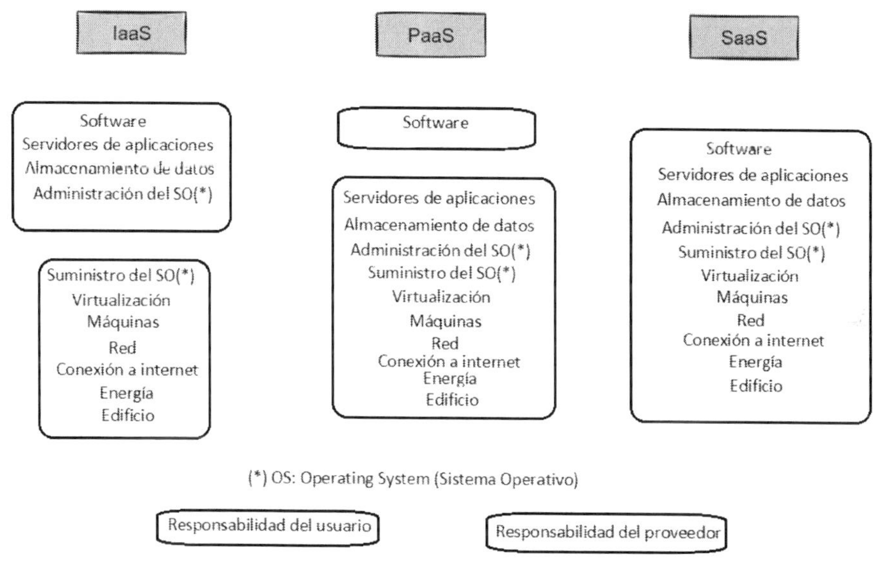

Proyección de los distintos modelos "as a Service"

Por último, los cuatro modelos de despliegue son los siguientes:

- Nube pública: la nube es explotada por el proveedor en su propia infraestructura, y se comparte un número máximo de elementos de alojamiento entre los distintos usuarios.
- Nube privada: la nube puede ser operada por un proveedor (nube privada externalizada) o directamente por los equipos técnicos de la empresa usuaria (nube privada/privativa), y toda o parte de la infraestructura es dedicada (es decir, no compartida).
- Nube comunitaria: en este modelo, varios actores con intereses comunes se unen para crear una nube compartida. Cabe señalar que este modelo propuesto por el NIST, no está muy extendido.
- Nube híbrida: se trata de un modelo que hace un uso conjunto de nubes privadas y públicas (y posiblemente comunitarias). Hay muchos casos de uso diferentes, como el uso de la nube pública para añadir servicios no disponibles en la nube privada, o el uso de la nube pública como parte de los planes de continuidad del negocio.

3.2 Impactos positivos y negativos de la nube

El primer impacto positivo de la nube emana directamente de la primera característica esencial antes mencionada: la puesta en común de recursos. La nube se ha basado en gran medida en las diversas tecnologías de virtualización surgidas en la década de 2000 para su desarrollo.

3.2.1 Ventajas de la virtualización

La virtualización de sistemas o virtualización de servidores, introduce una capa de abstracción entre la máquina física y el sistema operativo.

Antes de la llegada de la virtualización de sistemas era común dedicar un servidor físico a una única tarea (por ejemplo, un servidor de correo), cumpliendo así los objetivos de usabilidad y seguridad de la máquina. Volviendo a nuestro ejemplo, el compromiso del servidor de correo de una empresa no generaba el compromiso de otros servidores del sistema de información. Del mismo modo, esto limitaba los efectos secundarios de un servicio que habría empezado a consumir toda la potencia del procesador del servidor. Evidentemente, esta forma de operar llevaba a las empresas a multiplicar el número de servidores, y por tanto los impactos negativos asociados; especialmente porque estos servidores estaban a menudo infrautilizados porque estaban dimensionados para posibles picos de carga.

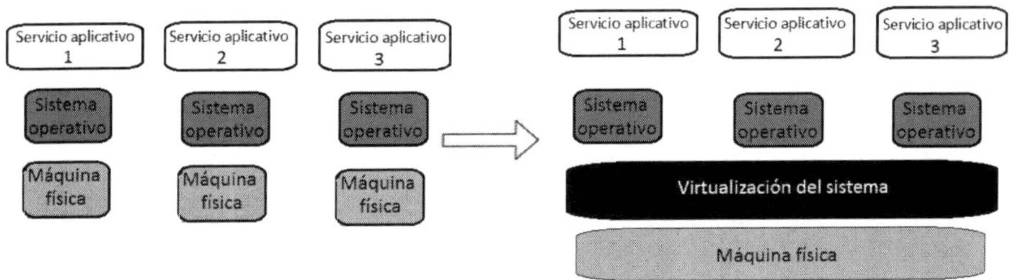

Ejemplo de puesta en común posible gracias a la virtualización del sistema

Así pues, la virtualización de sistemas ha permitido a las empresas agrupar varias aplicaciones en las mismas máquinas físicas, desplegando estas cargas de trabajo en máquinas virtuales. Esta reagrupación fue un primer paso para optimizar el uso de las máquinas físicas en los centros de datos y, por tanto, para reducir el número de máquinas necesarias para una carga de trabajo determinada.

Otro ejemplo es la virtualización de redes, que permite ejecutar varias redes virtuales (llamadas VLAN) en la misma red física, reduciendo así la cantidad de equipos necesarios. Del mismo modo, la virtualización del almacenamiento permite presentar un almacenamiento virtual a un servidor que no está necesariamente conectado físicamente a ese servidor, lo que permite de nuevo efectos de agrupación.

3.2.2 La puesta en común llevada al extremo

Los proveedores de nube ofrecen ir aún más lejos en este enfoque de mutualización, por ejemplo alojando las máquinas virtuales de varios clientes diferentes en la misma máquina física; desplegando las redes virtuales de varias empresas en la misma red física; o colocando varios volúmenes de disco virtual en el mismo disco duro.

Este planteamiento permite optimizar la utilización de los equipos físicos: ofrece un nivel de puesta en común muy superior al que puede alcanzar una sola empresa dentro de sus centros de datos. Además, como proveedores de la nube con un interés en maximizar el uso de sus equipos; estos están poniendo en marcha mecanismos innovadores para poner en común sus recursos, sin olvidar las otras características esenciales de la nube, que posibilita a los usuarios la obtención de servicios a la carta y la medición constante de los mismos.

Un ejemplo es el mecanismo de instancia de máquina virtual Spot que se encuentra en Amazon Web Services, y con otro nombre en Google Cloud Platform o Microsoft Azure. Estas instancias se han creado para permitir a los usuarios utilizar la potencia que queda disponible en los servidores a un precio especialmente reducido, con la contrapartida de que esta potencia puede ser "reclamada" por el proveedor de la nube en cualquier momento. La instancia se elimina entonces en un breve plazo de tiempo después de que el usuario haya sido notificado. Este mecanismo es utilizado por muchas empresas para realizar tareas puntuales no urgentes (como pruebas automatizadas).

En general, cuantos más elementos del modelo "*as a Service*" utilizado corran a cargo del proveedor de servicios, mayor es el grado de mutualización. Esto es tan cierto que a los tres modelos de la definición original del NIST se han sumado con el tiempo diversas variantes "*as a Service* " de los productos ofrecidos en la nube. Dos de ellas se han generalizado en los últimos años:

- *Container as a Service* (CaaS): con la creciente popularidad del uso de mecanismos de contenedorización (popularizados en particular por el producto de código abierto Docker), los proveedores de nube han adaptado sus ofertas proponiendo servicios que permiten la gestión y ejecución de cargas de trabajo "en contenedor", con el apoyo de *bricks* de orquestación de servicios como Kubernetes.
- *Function as a Service* (FaaS): este modelo permite a los usuarios crear aplicaciones concentrándose únicamente en desarrollar porciones de código que reaccionan a eventos (como peticiones HTTP o notificaciones recibidas en un bus de mensajes), y el proveedor de servicios se encarga de todo el entorno de ejecución de estas porciones de código.

Otro ejemplo lo encontramos en el uso que hacen los proveedores de la nube de la llamada "basada en software", en inglés *Software Defined Networking* (SDN). En este modo de funcionamiento, el equipo físico de la red está dirigido por un controlador (llamado controlador SDN), que proporciona una Interfaz de *Application Programming Interface* (API). Mediantc esta API, la capa de orquestación del proveedor de la nube puede reconfigurar dinámicamente la red, respondiendo instantáneamente a los cambios de configuración realizados por el usuario.

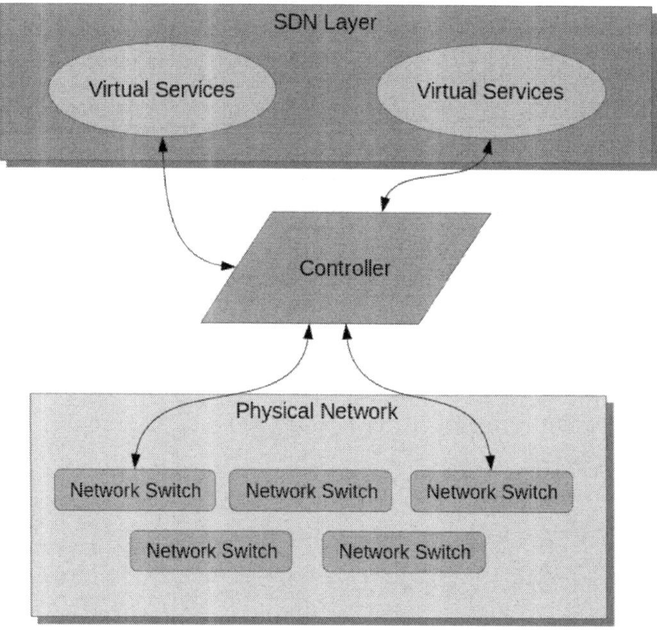

Diagrama de la arquitectura de red definida por software - fuente Wikipedia

Aunque es probable que el enfoque de puesta en común de los proveedores de la nube esté vinculado principalmente a un deseo de optimización económica, hay que reconocer que tiene verdaderas virtudes en términos de optimización del impacto ecológico de las cargas de trabajo en la nube. Además, más allá de estas optimizaciones operativas, también hay una serie de ventajas asociadas a las economías de escala logradas por estos actores.

Por ejemplo, los centros de datos de los principales actores de la nube pública, calificados de centros de datos *de hiperescala* por su capacidad de responder a la característica esencial de la elasticidad, son capaces de alcanzar valores de PUE muy bajos (de 1,1 a 1,2). Al mismo tiempo, los centros de datos tradicionales ven cómo su PUE medio se estanca en torno a 1,6.

Otro efecto interesante de estos centros de datos a hiperescala y de los grandes actores de la nube en general, se encuentra en la estandarización de los equipos de servidor utilizados. Google y Facebook, por ejemplo, tienden a estandarizar sus equipos, optimizándolos en términos de reparabilidad y eliminando todos los componentes superfluos. Estos actores también se agrupan en el marco de la iniciativa *Open Compute* para compartir sus innovaciones. Este enfoque, sin duda basado inicialmente en motivaciones económicas, tiene también ventajas medioambientales, en la medida en que el aumento de la reparabilidad reduce el impacto de la sustitución de los equipos y probablemente prolonga su vida útil.

3.2.3 Ganancias de explotación anuladas por el efecto rebote

La evolución del consumo energético de los centros de datos de todo el mundo es un muy buen ejemplo de la paradoja de Jevons (o efecto rebote, véase el capítulo Cada vez más usos y terminales).

En los últimos diez años, hemos asistido a enormes avances en eficiencia energética, si comparamos esta cifra con el gigabyte de datos procesados en Internet. Por ejemplo, un estudio publicado en 2012 por David Costenaro y Anthony Duer, titulado "*The Megawatts behind Your Megabytes: Going from Data-Center to Desktop*", que se cita a menudo en los medios de comunicación; estimaba el coste energético de los datos manejados en Internet en 5,12 kWh por gigabyte transferido. El estudio utiliza un método de cálculo macroscópico, dividiendo la potencia eléctrica total atribuida a lo digital por el volumen total de datos intercambiados en Internet. Aunque este método puede ser objeto de observaciones en cuanto a la forma en que se distribuye y asigna el tráfico, es sobre todo bastante antiguo: el estudio data de 2012 y se basa en datos de 2011.

De hecho, otro estudio publicado en 2017 por Joshua Aslan et al. titulado "*Electricity Intensity of Internet Data Transmission*" y centrado en la energía necesaria para transportar un gigabyte por Internet llega a una conclusión interesante. En él se comparan diferentes estudios sobre el tema realizados a lo largo del tiempo, los autores identifican que los valores siguen una curva decreciente a lo largo del tiempo, concluyendo que "la intensidad eléctrica de la transmisión de datos [...] se ha dividido aproximadamente por 2 cada año desde 2000 (para los países desarrollados), una tasa de cambio comparable a la encontrada de forma más general en la eficiencia informática".

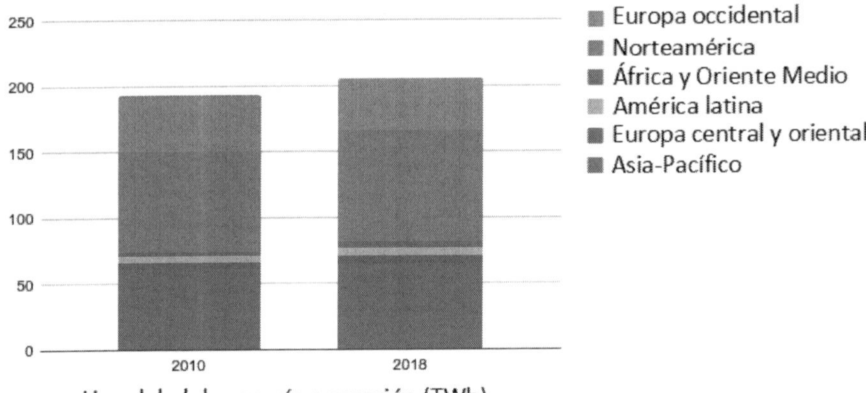

Fuente: datos del estudio "Recalibrating global data centre energy use estimates"

Basándonos en este estudio, podríamos pensar por tanto que el impacto ecológico de la fase de funcionamiento, en parte vinculado al consumo eléctrico de los centros de datos, habría seguido una pendiente descendente significativa durante la última década. De hecho, se trata de una pendiente ligeramente creciente. En un artículo publicado en 2020 en la revista *Science* por Eric Masanet et al. titulado *Recalibrating global data centre energy-use estimates*, los autores constatan un aumento del 6 % del consumo mundial de los centros de datos entre 2010 y 2018.

Este aumento se explica, en particular, por la importante multiplicación de las cargas de trabajo ejecutadas en la nube (aumento del 550 % del número de instancias de máquinas virtuales implementadas durante el mismo periodo). Además, este modelo de centro de datos a hiperescala va acompañado de una importante deduplicación de datos. Además del almacenamiento replicado para garantizar la disponibilidad de los datos en caso de fallo de los equipos, la replicación también puede tener lugar entre varios centros de datos repartidos por todo el mundo, para garantizar no solo la disponibilidad, sino también la proximidad geográfica (y, por tanto, de la red) a los usuarios.

3.2.4 ¿Es una evolución positiva?

Actualmente no hay consenso científico sobre la evolución futura del consumo energético de los centros de datos. Las hipótesis van desde una reducción gracias a las nuevas ganancias hasta una explosión vinculada al crecimiento del uso de la nube por las empresas y a los nuevos servicios que permiten explotar los datos generados por los objetos conectados.

Por supuesto, es concebible que se puedan obtener más beneficios, sobre todo en las fases operativas, mediante nuevas innovaciones en el consumo energético de los servidores o en las tecnologías de refrigeración (véase el capítulo Innovaciones y modelos virtuosos). Además, la cuestión del consumo energético de los centros de datos es incompleta si no se combina con una política de descarbonización de las fuentes de energía. Por ejemplo, varios grandes actores de la nube se han embarcado en un planteamiento para reducir su huella de carbono y las emisiones de gases de efecto invernadero asociadas al funcionamiento de sus servidores (véase más adelante). Los más avanzados incluso ofrecen herramientas para elegir dónde ejecutar las cargas de trabajo en función de las emisiones de GEI vinculadas al consumo de electricidad del centro de datos, y también proporcionan cuadros de mando para controlar estas emisiones.

Panel de emisiones de carbono de Microsoft

Sin embargo, como ya hemos comentado en el capítulo sobre cada vez más terminales, si realmente queremos hacer frente a los retos de las crisis ecológicas actuales, estas optimizaciones deben ir acompañadas de un enfoque de sobriedad digital destinado a la reducción de nuestro uso de los centros de datos. Por ejemplo, los proveedores de servicios en nube ofrecen mecanismos de garantía de disponibilidad muy fuertes, basados en particular en la posibilidad de replicar las infraestructuras y sus datos en varios centros de datos. Evidentemente, esta redundancia conlleva una multiplicación de los impactos medioambientales asociados; por tanto, el uso de estos mecanismos debe ir acompañado de una reflexión sobre la necesidad real de disponibilidad asociada a un servicio digital. Dicho de manera más sencilla, el hecho de que la nube permita crear servicios de alta disponibilidad no significa que esta posibilidad deba utilizarse sistemáticamente.

3.3 Acciones de GAFAM para reducir su impacto ambiental

Google, Amazon y Microsoft, como principales proveedores de nubes públicas, son también hoy actores clave en el alojamiento de servicios digitales. La naturaleza y el alcance de sus compromisos para reducir el impacto medioambiental de sus centros de datos son, por tanto, muy importantes.

3.3.1 Microsoft

Los centros de datos de Microsoft funcionan con electricidad renovable que consiguen comprando certificados pero también invirtiendo directamente en proyectos de generación eléctrica. En 2019, tendrán 1,9 GW propios en su cartera de inversiones.

Microsoft también anuncia regularmente la construcción de centros de datos "verdes", utilizando tecnologías de vanguardia para optimizar la infraestructura y su impacto, por ejemplo con el uso de baterías o, de forma más ambiciosa, instalaciones en el fondo del océano para limitar las necesidades de refrigeración. También utilizan sus conocimientos de inteligencia artificial para optimizarlos.

Pero Microsoft ha ido aún más lejos en sus anuncios. Además de ser neutra en carbono en la actualidad, la empresa quiere ser "carbono negativa" en 2030 y alcanzar sus emisiones históricas.

3.3.2 Google

Google también afirma que sus centros de datos funcionan con electricidad procedente de fuentes renovables e invirtió en centrales eléctricas, con 5,5 GW en su cartera de inversiones para 2019. Afirman ser el mayor comprador de energía renovable del mundo. La empresa es neutra en emisiones de carbono desde 2007 y aspira a conseguir "carbono cero" en 2030, es decir, dejar de depender de la compra de certificados de origen.

Al igual que Microsoft, Google está utilizando su experiencia y capacidades en inteligencia artificial y aprendizaje automático para mejorar la eficiencia de sus centros de datos. Por ejemplo, pueden utilizar las previsiones meteorológicas para optimizar el aire acondicionado, o utilizar *Deep Mind AI* para predecir la producción de las turbinas eólicas con 36 horas de antelación. Afirman tener un PUE medio de 1,11.

3.3.3 Amazon

Amazon es ahora el mayor proveedor de servicios en la nube, por lo que su compromiso es un tema importante. Jeff Bezos anunció en 2014 un plan para alcanzar el 100 % de energía renovable (ER) a largo plazo, y luego cero emisiones netas en 2040, tras una importante presión de sus empleados e inversores. En 2018, el 50 % de su electricidad procedía de fuentes renovables. Sin embargo, Greenpeace les acusó de incumplir sus compromisos, señalando varias incoherencias entre el creciente tamaño de sus infraestructuras y su inversión en energías renovables.

3.3.4 OVH

Aunque el proveedor de alojamiento OVH no forma parte de las GAFAM, es un actor importante en el sector del alojamiento en Europa. En el momento de escribir estas líneas, OVH anuncia que utiliza un 78 % de energías renovables para alimentar sus centros de datos, y publica indicadores de PUE, CUE y WUE en una página dedicada, así como información sobre la prolongación de la vida útil de los equipos y el índice de utilización de componentes renovados (en 2021, el 34 % de los componentes utilizados procedían de la renovación).

Sus compromisos para 2025 son pasar al 100 % de energía renovable, dejar de producir residuos que se envían a vertederos y ofrecer a sus clientes visibilidad en tiempo real del impacto energético de sus servicios en la nube.

3.3.5 Los límites de este enfoque

Es probable que los compromisos de GAFAM sean sinceros. Pero hay varias críticas posibles a estas acciones.

En primer lugar, y se trata de un fallo generalizado, los GAFAM tienden a centrarse en un único criterio medioambiental: las emisiones de gases de efecto invernadero. Como vimos cuando hablamos de medir el impacto medioambiental de un producto o sistema y mencionamos el análisis del ciclo de vida; limitarse a un único criterio es problemático por los riesgos de transferir contaminación, o simplemente de pasar por alto posibles optimizaciones. Por ejemplo, en sus comunicaciones se menciona muy poco el consumo de agua. Podríamos añadir que los datos comunicados sobre su impacto y sus compensaciones se refieren al funcionamiento de los centros de datos y la construcción de equipos, pero no a los impactos indirectos de estas actividades, es decir, las emisiones y la contaminación que provocan estos productos y servicios.

Además, estas empresas compensan sus emisiones con los tan denostados créditos de compensación de carbono. El principio es financiar proyectos de reducción o captura de gases de efecto invernadero. El objetivo principal es plantar bosques. Pero estos créditos pueden verse como una forma de que quienes los compran tranquilicen su conciencia sin hacer ningún esfuerzo real. El impacto positivo de los proyectos financiados es incierto y tendrá lugar en el futuro. Los proyectos pueden fracasar (a causa de los incendios, enfermedades, talas ilegales o cambio climático), tener un impacto sobreestimado o estar doblemente contabilizados con otros compromisos a nivel nacional, por ejemplo. Y los bosques tardan décadas en crecer. Además, como señala Jean Marc Jancovici, este enfoque no puede utilizarse a la escala de las necesidades de la humanidad: tendríamos que plantar cada año el doble de la superficie del Sáhara para compensar nuestras emisiones. Y como hay que plantar en terrenos donde aún no hay árboles, pero donde pueden crecer (es decir, no habría desiertos), estas plantaciones tendrían que realizarse donde actualmente hay tierras agrícolas.

En términos más generales, la financiarización de las soluciones a las crisis ecológicas conlleva problemas de especulación e incluso de fraude, como hemos visto con el mercado del carbono.

También hay un sesgo generalizado en el enfoque de las GAFAM, que consiste en tratar de resolver los problemas centrándose en soluciones técnicas, un enfoque que podría describirse como "tecnosolucionista". Estas empresas invierten en energías renovables y baterías, por ejemplo, como respuesta a los problemas causados por los combustibles fósiles. Sin embargo, como hemos visto, esto ha llevado al agotamiento de los recursos naturales y a la contaminación local durante las operaciones mineras. Se habla poco de la sobriedad, de la reducción del gasto energético y material que sería más eficaz, sin el efecto negativo causado por el desplazamiento de los impactos.

Y lo que quizá sea más grave, un estudio del *NewClimate Institute*, con sede en Alemania, y *Carbon Market Watch*, con sede en Bruselas; concluye que las afirmaciones de las grandes empresas digitales sobre su acción climática son exageradas y muestran poca transparencia e integridad. Los autores creen que las comunicaciones de estas empresas son engañosas y las acusan de lavado verde.

Como señala Romain Lorenzini en un artículo publicado en octubre de 2022 en el blog Boavizta, sobre las promesas de los proveedores de la nube de reducir las emisiones de gases de efecto invernadero, "[...] podemos esperar que Google, AWS y Microsoft armonicen y aclaren sus métodos de cálculo del impacto para ilustrar a sus usuarios (es decir, a los equipos en la nube de las organizaciones)".

Observación

Hemos decidido centrarnos aquí en los grandes proveedores internacionales de cloud computing, principalmente porque son los más avanzados en este campo y ofrecen una gama completa de soluciones que le permiten beneficiarse de funciones como la compartición y la elasticidad. Sin embargo, existen soluciones de alojamiento más modestas que cuidan especialmente su huella ecológica. Los principales actores de este tipo, como Infomaniak, PlanetHoster e Ikoula, se mencionan (y comparan) en un artículo de Webolto. Del mismo modo, las empresas locales de alojamiento pueden optimizar su impacto ecológico manteniendo al mismo tiempo el empleo local, por lo que constituyen potencialmente una opción interesante para las pequeñas empresas.

4. Los retos de la automatización

4.1 Infraestructura as Code

La llegada de la nube ha traído consigo toda una serie de nuevas prácticas en la forma de gestionar y utilizar las infraestructuras. En particular, el concepto de *Infraestructura as Code* (o IaC) se ha ido imponiendo progresivamente en la forma de gestionar las infraestructuras. El principio consiste en sustituir el uso tradicional de consolas de configuración (ya sean consolas basadas en web o interfaces de línea de comandos) por el uso de código informático para describir, desplegar y adaptar los elementos de la infraestructura.

Los centros de datos a hiperescala están diseñados para adaptarse en gran medida a las cargas de trabajo y utilizan ampliamente estos mecanismos de IaC. Los proveedores de nube más avanzados responden a la característica esencial de la elasticidad con mecanismos de *autoescaling* que permiten a la infraestructura adaptarse automáticamente a la carga de trabajo.

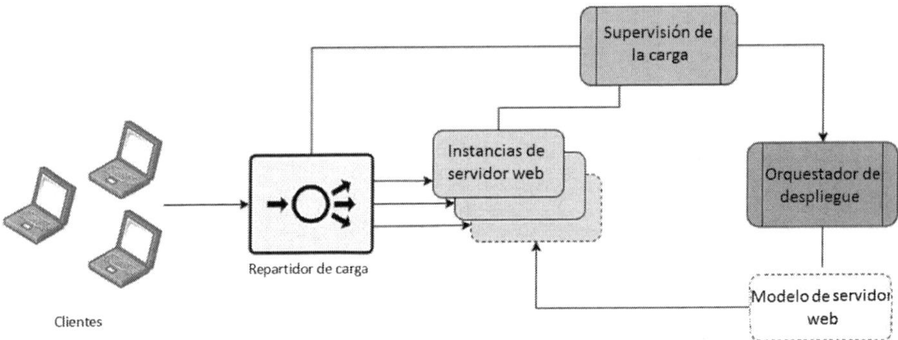

Ejemplo de mecanismo de escalado automático:

- el equipo de entrada distribuye la carga entre los usuarios;
- la herramienta de supervisión escanea la carga del usuario;
- si esta carga aumenta, el orquestador despliega nuevas instancias de servidor web del modelo y las añade al grupo de equilibrio de carga.

Este modelo de elasticidad tiene un interés económico y, en consecuencia, un interés en los impactos ecológicos asociados a la explotación: evita la necesidad de infraestructuras sobredimensionadas para absorber los picos de carga. Apoyándose en el escalado automatizado y en las capacidades de *pooling* que ofrece la nube, los clientes pueden diseñar plataformas que se adapten a las variaciones estacionales (a lo largo del día, la semana o el mes) de la carga de usuarios, liberando potencia de máquinas para otros clientes u otros usos cuando la carga es menor.

Incluso es posible llevar este modelo de uso de la energía "bajo demanda" un paso más allá explotando los mecanismos de instancias virtuales "Spot" mencionados anteriormente. Utilizando mecanismos de orquestación de cargas de trabajo capaces de tener en cuenta esta disponibilidad intermitente de energía, los clientes de la nube pueden planificar tareas automatizadas no urgentes para que se lleven a cabo en estas instancias "Spot".

En un modelo aún más avanzado, las cargas de trabajo en forma de máquinas virtuales o contenedores pueden colocarse dinámicamente en máquinas físicas según criterios de tasa de ocupación del material, maximizando así el uso de estas máquinas y desconectando las máquinas físicas no utilizadas (véase la sección sobre optimización de centros de datos en el capítulo Innovaciones y modelos virtuosos de este libro).

Hay que señalar, sin embargo, que la utilización de estos mecanismos modernos que ofrece la nube se basa en una evolución de las prácticas de los gestores de infraestructuras. Esta evolución es necesaria para que se beneficien realmente de las ventajas que ofrece la nube, en particular en términos de elasticidad y puesta en común, y es por tanto importante para que se beneficien de la optimización de los impactos ecológicos que conlleva.

Una metáfora clásica ilustra este cambio de paradigma: *cattle versus pet* (mascotas contra ganado). En un enfoque tradicional de gestión de infraestructuras, las máquinas (físicas o virtuales) se las tratan como mascotas: se les da un nombre según una nomenclatura cuidadosa, se mantienen mediante conexiones regulares y atención a sus registros de funcionamiento, y se las "cuida" cuando funcionan mal. En un enfoque moderno, las máquinas se tratan como ganado: no tienen un nombre concreto, sino solo un identificador generado; nunca se conectan a ellas y, cuando funcionan mal, se destruyen y se crean nuevas instancias.

4.2 Optimización de la cadena de construcción e implantación del software

Junto a estas automatizaciones de infraestructuras, han surgido otras prácticas modernas de automatización en la cadena de producción de software. Estas prácticas, a menudo agrupadas bajo el término "CI/CD" (*Continuous Integration/Continuous Delivery*), engloban de hecho un conjunto de procesos que permiten el trabajo colaborativo dentro de un equipo de desarrollo, a la vez que garantizan un alto nivel de calidad en el software producido y una fluidez en la cadena de desarrollo.

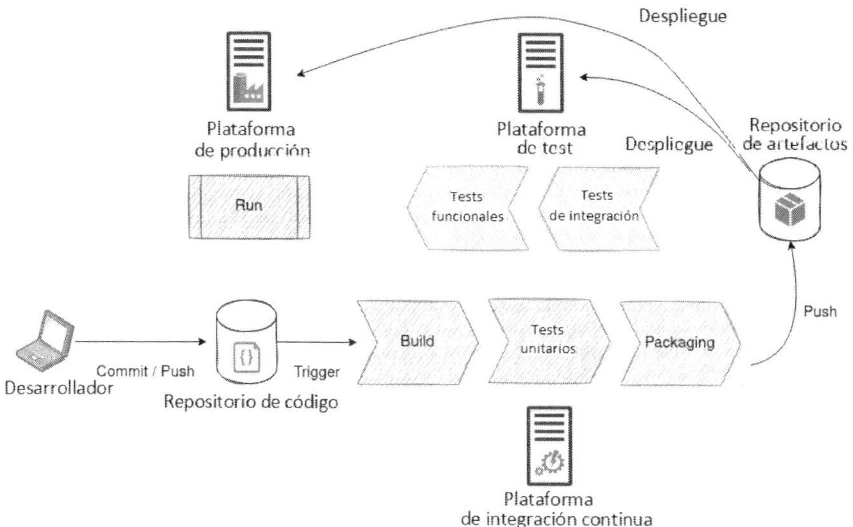

Ejemplo de plataforma CI/CD

Hay una serie de puntos que deben tenerse en cuenta al considerar el impacto potencial del uso de prácticas de CI/CD.

En primer lugar, puede ser interesante echar un vistazo al disparador (*trigger*) de la plataforma de integración. En las implementaciones modernas, la tendencia es desencadenar todas las acciones de la plataforma cuando un desarrollador introduce un nuevo fragmento de código en el repositorio de código. Como algunas pruebas consumen muchos recursos informáticos, puede ser útil limitar su ejecución a eventos específicos, por ejemplo la fusión de ramas de código (los desarrolladores que trabajan en paralelo en la misma base de código crean "ramas de trabajo" para aislar sus modificaciones), o a plazos específicos (por ejemplo, la ejecución semanal de las pruebas que consumen más recursos).

Después, durante la fase de construcción del software (*build*), se pueden realizar optimizaciones, en particular para reducir el tráfico de red generado. Es muy habitual que el software utilice bibliotecas externas durante esta fase, bibliotecas que a menudo se recuperan de repositorios de Internet. Establecer mecanismos de almacenamiento en caché (dentro de la propia herramienta de integración continua, o utilizando un servicio proxy) evita tener que descargar las mismas bibliotecas muchas veces. Otra forma posible de optimizar el uso de los recursos de la máquina es utilizar máquinas virtuales efímeras durante las fases de compilación (en lugar de tener máquinas dedicadas que "esperan" entre dos operaciones de compilación); las instancias "Spot" mencionadas anteriormente pueden utilizarse con este fin, por ejemplo.

Una vez construido el software, se "empaqueta", es decir, se pone en forma de artefacto (que puede ser un archivo, un contenedor, un ejecutable, etc.) y se almacena en un repositorio de artefactos. También en este caso se pueden utilizar optimizaciones para reducir las necesidades de almacenamiento y, en *última instancia*, el impacto asociado. Por ejemplo, algunos formatos, como el sistema de capas de las imágenes de contenedores Docker, permiten almacenar – esquemáticamente – solo las diferencias entre las versiones de un artefacto. También merece la pena implementar un mecanismo para purgar las versiones intermedias de los artefactos, de modo que solo se conserven las versiones principales.

Una buena práctica en la entrega continua consiste en automatizar las fases de despliegue en las distintas plataformas de destino (plataformas de prueba, de preproducción, de producción, etc.). Además de las ganancias de calidad y de normalización vinculadas a la reproducibilidad de los despliegues, esta automatización permite también evitar el trabajo manual (fuente potencial de errores) y, por tanto, reducir el tiempo empleado por los equipos en realizar estos cambios, o incluso en realizar varias veces cambios similares debido a errores de manipulación. Marginalmente, esto reduce el tiempo empleado por los operarios en las máquinas.

Otra buena práctica es la automatización de las pruebas, sobre todo las funcionales. Por un lado, esta automatización ahorra tiempo frente a las pantallas a los humanos, pues les evita largos y tediosos procedimientos de prueba. Por otro lado, detecta potencialmente regresiones técnicas o funcionales que podrían conducir a una obsolescencia técnica involuntaria.

También es interesante combinar las prácticas de *la Infraestructura as Code* y el despliegue automatizado para la gestión de plataformas de pruebas automatizadas. De este modo, las máquinas necesarias para ejecutar las pruebas pueden desplegarse solo cuando estas se están llevando a cabo, y destruirse al final de las mismas, evitando así mantener máquinas en funcionamiento cuando no tienen carga de trabajo que ejecutar.

Por último, aunque no se trata de un efecto directamente vinculado a los aspectos de Green IT, sino más bien a los aspectos sociales de lo digital responsable, es interesante señalar que la introducción de mecanismos de automatización del despliegue y la infraestructura tiene un impacto positivo en la reducción del estrés y el agotamiento del personal que trabaja en estas plataformas, tal y como Nicole Forsgren, Jez Humble y Gene Kim detallan en el libro *Accelerate* que fue publicado en 2018.

5. Herramientas

5.1 Sistemas de referencia y documentación

- La sección "*Library and tools*" de la web ***The Green Grid*** ofrece una serie de recursos, entre ellos informes y estudios sobre el impacto de los centros de datos.
- La Comisión Europea ha publicado una **guía de buenas prácticas** (ya mencionada en el texto de este capítulo) para la implantación de centros de datos.

5.2 Herramientas de medición y visualización

Existen varias herramientas para medir el impacto de las infraestructuras implementadas en la nube:

- Como ya se ha mencionado, los propios **operadores de servicios en nube** proporcionan una estimación de la huella de carbono de las herramientas que utilizan, directamente en su **consola de supervisión**. La mayoría de las veces, el cálculo se realiza estimando el consumo eléctrico generado por los servicios.
- También existen herramientas más genéricas, como *Cloud Carbon Footprint* de Thoughtworks, que puede utilizarse para evaluar la huella de carbono de una arquitectura en nube, o **PowerAPI** y **Scaphandre**, que pueden utilizarse para estimar el consumo eléctrico de los procesos que se ejecutan en máquinas físicas. Estas herramientas se presentan con más detalle en el capítulo Normas y herramientas.

Capítulo 7
Crear servicios responsables

1. Introducción

Ahora que se han enumerado los principales problemas relacionados con el impacto de la tecnología digital, se plantea la cuestión de cómo construir servicios digitales responsables cuyo impacto medioambiental no sea excesivo en relación con el servicio prestado.

El término "ecodiseño" se utiliza cada vez con más frecuencia en el contexto del desarrollo de aplicaciones. El siguiente capítulo aborda este tema. En él se detallarán las acciones clave para limitar los impactos negativos de las soluciones de software en el medio ambiente y en las personas, con ejemplos de proyectos reales, así como métricas utilizables. A continuación, se analizarán las sinergias con los marcos metodológicos actuales y las herramientas útiles en este enfoque.

El diseño ecológico también tiene muchos efectos positivos directos no ecológicos, o convergencias con otras cuestiones importantes en los proyectos informáticos, que se analizarán al final del capítulo.

2. ¿Qué es el ecodiseño de los servicios digitales?

2.1 Definición

El ecodiseño no es específico de los servicios digitales, ni siquiera de la informática. Se trata simplemente de diseñar productos con el objetivo de reducir su impacto ambiental. De hecho, todo producto o servicio tiene un impacto: se necesitan materias primas para fabricar un objeto y energía para transportar bienes y personas. Incluso los servicios requieren comunicación, lo que implica utilizar equipos y energía.

Más formalmente, la definición dada por ADEME es la siguiente:

"Fuente de innovación y generador de valor, el ecodiseño es un enfoque multicriterio que permite reducir el impacto ambiental negativo de los productos, procesos o servicios a lo largo de su ciclo de vida, preservando al mismo tiempo sus cualidades de uso".

El diseño ecológico está, por tanto, estrechamente vinculado al análisis del ciclo de vida. Como hemos visto, el ACV es actualmente el mejor método para medir el impacto de un producto o sistema, y permite evitar la transferencia de contaminación. También hay que tener en cuenta que esta definición impone la restricción de no degradar las cualidades de uso del producto. Se trata, pues, de seguir satisfaciendo las necesidades del usuario, con menos consecuencias negativas. Por eso en ecodiseño, como en el análisis del ciclo de vida, utilizamos una unidad funcional correspondiente al caso de uso al que responde el producto para optimizar la respuesta a esta necesidad.

El ecodiseño es un enfoque basado en la mejora continua y la optimización descendente del impacto ambiental: los diseñadores abordan primero las áreas de mayor impacto antes de optimizar las demás. A grandes rasgos, se realiza un ACV del producto, se optimizan los aspectos más problemáticos y luego se repite el proceso.

En la práctica, para reducir el impacto ambiental, podemos:

- utilizar recursos renovables;
- diseñar el producto para que sea sólido y duradero en el tiempo;
- diseñar el producto de modo que pueda desmontarse y repararse fácilmente;
- diseñar o utilizar componentes fáciles de reciclar, por ejemplo, las aleaciones complejas o la miniaturización excesiva no favorecen un reciclado fácil;
- optimizar el consumo de materiales: utilizando menos materias primas, materias primas recicladas o materias primas producidas en las mejores condiciones posibles;
- reducir la presencia de materiales tóxicos en el producto, o que puedan producirse durante su degradación al final de su vida útil, por ejemplo;
- disminuir el consumo de energía durante la fabricación y el uso;
- reducir la contaminación emitida durante la fabricación y el uso;
- minimizar el ruido u otras molestias que puedan derivarse del uso del producto.

Por ejemplo, en la página dedicada de la asociación "*Pôle Eco-conception*", encontramos el caso de la famosa empresa Decathlon que destaca por el rediseño de sus chaquetas de plumón "Xlight". Gracias a la contabilidad de la huella de carbono, identificaron que era el producto de su gama de ropa de senderismo el que causaba más emisiones de gases de efecto invernadero. A continuación, mediante un ACV, buscaron la mejor forma de reducir este impacto. Utilizaron una técnica innovadora de teñido en masa para el tejido y poliéster fabricado con botellas de plástico recicladas para el relleno. El color gris del tejido interior de la chaqueta de plumón es una elección que permite reducir el impacto del teñido: un 66 % menos de partículas finas y un 40 % menos de emisiones de gases de efecto invernadero.

Dependiendo de lo comprometidos que estén los diseñadores de productos y servicios con el ecodiseño, y de cómo compartan este compromiso con sus proveedores, subcontratistas y socios; existen diferentes grados de ambición y eficacia en la reducción del impacto.

Los diseñadores de productos pueden llevar a cabo una optimización clásica de interés medioambiental y presentarla como ecodiseño. Por ejemplo, modificar las técnicas de fabricación para utilizar menos energía ahorra dinero y reduce la contaminación y el agotamiento de los recursos. También el hecho de sustituir un producto peligroso por otro menos peligroso. Estas optimizaciones son interesantes a varios niveles y relativamente sencillas de aplicar. No implican grandes cambios en la organización de la empresa. Este es a menudo el tipo de proceso que encontramos en los ejemplos de ecodiseño.

Es posible ir más allá a la hora de rediseñar completamente el producto teniendo en cuenta su impacto medioambiental. Por ejemplo, haciendo que el producto sea más reparable cambiando la disposición de los componentes y su montaje, o cambiando las materias primas para hacerlas más reciclables.

Más ambicioso aún: responder a la unidad funcional con un producto diferente, de menor impacto. Por ejemplo, sustituir una cafetera de cápsulas desechables por otra con filtro reutilizable, o vender cebollino plantado en una maceta en lugar de bolsitas de cebollino seco. Este planteamiento requiere que toda la empresa se implique en el proceso y, potencialmente, que cambie su modelo de negocio. Pasar a un modelo de servicios, como alquilar bicicletas en lugar de venderlas, es un ejemplo de cambio estructural de producto. Este nivel de ambición es más difícil de alcanzar e implica un deseo real de reducir el impacto de la empresa, aunque los cambios sean significativos e incómodos. Esto es especialmente cierto si cambia el modelo de negocio.

El diseño ecológico tiene sus límites. En primer lugar, como en el ACV, existe el problema de priorizar los impactos. ¿Debemos optar por ahorrar agua dulce o aluminio? En segundo lugar, algunos impactos son difíciles de cuantificar o se producen lejos de los diseñadores y los lugares de montaje, en canales a veces opacos. Para ser creíble, el ecodiseño debe ir asociado a un mínimo de transparencia por parte de la empresa que fabrica el producto. Por último, los diseñadores deben adquirir las competencias y la cultura asociadas a este enfoque.

2.2 Enfoque y acciones clave

Como se menciona en la sección Medir el impacto de un SI, medir el impacto medioambiental del software no tiene mucho sentido, ya que no tiene existencia física. Dada esta limitación, es imposible ecodiseñar un software. En cambio, sí es posible ecodiseñar un **servicio digital**. Un servicio digital es un sistema compuesto por todo el software, pero también y sobre todo por el equipamiento y la infraestructura necesarios para satisfacer las necesidades de un usuario utilizando herramientas digitales. El impacto medioambiental del servicio es la suma del impacto de todos estos elementos, en cada etapa de su ciclo de vida.

La distinción entre servicios digitales y software es importante por varias razones. En primer lugar, al obligarnos a considerar el sistema en su conjunto, incluidos todos los dispositivos; nos aseguramos de no cegarnos ante parte de su impacto. Así evitamos gastar mucha energía optimizando, por ejemplo, el procesamiento del lado del servidor cuando la mayor parte del impacto reside en la fabricación de los terminales de los clientes. También nos permite tomar distancia y abrir la mente a nuevas posibilidades de diseño para satisfacer la unidad funcional, que implican un producto de software diferente, o incluso una configuración distinta del material, lo que sería más difícil centrándonos únicamente en los programas.

Cada servicio digital es diferente. La distribución de los impactos ambientales, y por tanto los puntos que hay que optimizar primero, diferirán de un servicio a otro. Por eso lo mejor es estudiar este reparto en detalle, idealmente con un ACV.

Por tanto, el ecodiseño de un servicio digital implica, en primer lugar, medir la huella ambiental del producto y, a continuación, aplicar un planteamiento de mejora continua para reducirla.

En general, las acciones clave son las siguientes:

- **Utiliza el menor número posible de aparatos y haz que duren el mayor tiempo posible** para que el impacto de su fabricación merezca la pena.
- **Utilizar menos recursos informáticos**, evitando el consumo eléctrico y la necesidad de desplegar nuevas infraestructuras.

En el primer ámbito, tenemos que garantizar que el software sea compatible con el mayor número posible de dispositivos, incluso los más antiguos, y que no sea demasiado lento o desagradable a la hora de utilizarlo. Hay que limitar la obsolescencia del software, como se describe en el apartado Cada vez más usos y terminales. Estos mecanismos son indirectos y sus consecuencias positivas son inciertas, pero deben figurar en el centro de las preocupaciones de los diseñadores del equipo.

En el segundo ámbito, los mecanismos son más directos y evidentes para los equipos. De hecho, es en lo primero que piensa la mayoría de la gente cuando quiere reducir el impacto de su software: hacerlo más eficiente. En la práctica, es más fácil encontrar optimizaciones de este tipo, sobre todo porque son deseables y se fomentan porque tienen sentido desde el punto de vista económico. También hay muchas más herramientas disponibles para facilitar estas optimizaciones.

		Objetivos	Acciones
Cliente Entre el 60 % y el 83 % de los impactos	Fabricación 80 %	• No llevar los terminales a la obsolescencia	• Ser compatible con los materiales y softwares más exigentes • Diseñar páginas web y aplicaciones ligeras y rápidas
	Uso 20 %	• Reducir el consumo de energía • Prolongar la duración de vida de los componentes	• Reducir el recorrido cliente • Diseñar los aplicaciones ligeras • Modelo oscuro (pantallas OLED)
Servidor y red Entre el 17 % y el 40 % de los impactos	Fabricación 20 %		• Compartir
	Uso 80%	• No deber desplegar nuevas infraestructuras • Compartir las infraestructuras entre servicios • Reducir el consumo de electricidad	• Reducir el consumo de recursos de servidor y de red

Acciones clave para el diseño ecológico de los servicios digitales

El ecodiseño concierne a todos los miembros de un equipo de proyecto. No solo, como podría pensarse, a los desarrolladores, sino sobre todo a los responsables del diseño funcional del producto. De hecho, como siempre, cuanto más arriba se encuentre una persona en la cadena de toma de decisiones, mayor será su impacto. En la fase de desarrollo, solo se pueden optimizar características que ya se han pensado, mientras que en la fase de especificación, se puede diseñar un producto diferente que sea intrínsecamente eficiente. Como hemos visto antes, un diseño ecológico realmente ambicioso no se limita a la optimización, sino que implica potencialmente el rediseño del producto, o incluso el diseño de un producto diferente con un modelo económico potencialmente nuevo. Esto es imposible sin la participación de los diseñadores, los *products owners* (o equivalentes) y, por supuesto, los patrocinadores y los responsables de la toma de decisiones.

2.3 Ejemplos de servicios ecodiseñados

Gracias a la creciente concienciación sobre el impacto ecológico de la tecnología digital y a la actuación de diversos agentes desde hace años, muchos servicios digitales han incorporado objetivos de sostenibilidad en su diseño. Por ejemplo, es el caso de los servicios del proyecto GreenConcept, ya mencionado en el capítulo Medir el impacto de un SI.

Vintel es un servicio de ITK que permite a los viticultores tomar decisiones para optimizar su consumo de agua. Se tienen en cuenta diversos parámetros, como la variedad de uva, el tipo de suelo y, por supuesto, las previsiones meteorológicas. Se instalan sensores en las parcelas para recoger datos. Sin embargo, en el marco del planteamiento de ecodiseño, se detectó que el despliegue de sensores en todas las parcelas de los clientes representaría un importante coste medioambiental debido al impacto de su fabricación y uso. La solución encontrada fue sustituir el uso de datos reales por predicciones derivadas de simulaciones basadas en datos reales recogidos durante una fase de configuración que duró unos meses. Así pues, los sensores se comparten entre las parcelas.

Este ejemplo ilustra el valor de pensar en términos de servicios digitales más que de software o aplicaciones. Vintel ha encontrado la manera de utilizar el menor número posible de sensores y ofrecer al mismo tiempo el mismo servicio a los viticultores, utilizando lo mejor de la alta tecnología, la capacidad de realizar cálculos complejos e inteligentes.

A medida que aumenta el número de profesionales concienciados y formados en estos temas, son cada vez más numerosas los sitios web explícitamente ecodiseñados.

Estos sitios son ligeros y obtienen excelentes puntuaciones en las herramientas de auditoría (detalladas más adelante en este capítulo), pero también tienen un diseño profesional y no parecen minimalistas ni rústicas, sino que parecen sus páginas completamente clásicas. Por tanto, es totalmente posible crear servicios digitales que sean a la vez ligeros y gráficamente agradables.

También se mencionó la página web **gov.uk** del gobierno inglés, diseñada explícitamente para ser ligera, accesible y rápida. Esta vez, el diseño sobrio y contrastado de las páginas lo hace muy explícito. Pero la existencia de este servicio demuestra que el ecodiseño es posible para los servicios digitales institucionales.

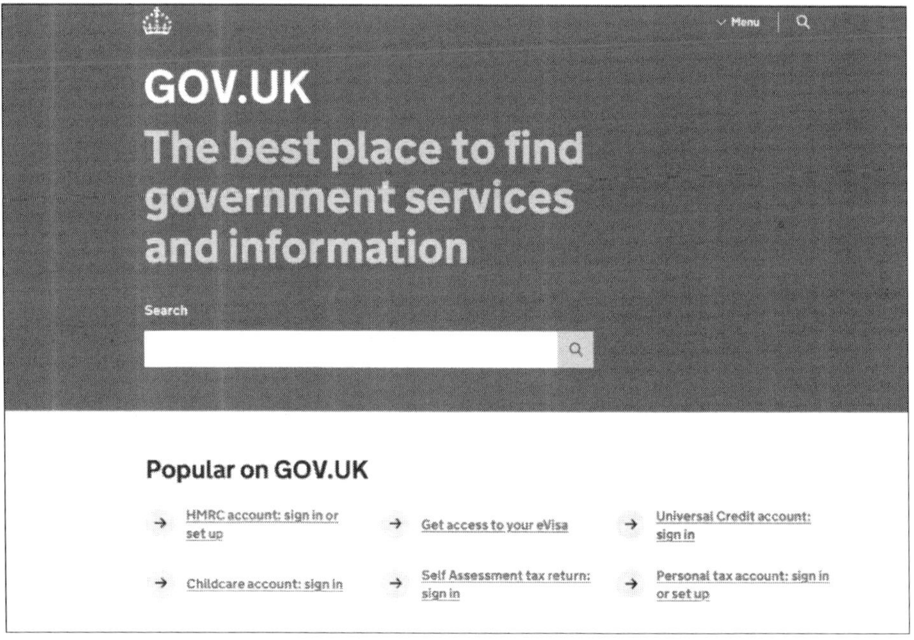

Ejemplo de página web explícitamente ecodiseñada

Incluso sin aplicar un planteamiento de ecodiseño, algunas webs como Wikipedia han conservado o adoptado un diseño ligero sin que ello dificulte su aceptación por el público.

En algunos de estos ejemplos, la reivindicación explícita de que la página está ecodiseñada es también un argumento de marketing para mejorar la imagen de marca de la empresa. Esto no es algo negativo, es una de las ventajas del enfoque, pero puede tener un doble filo. En efecto, siempre es posible optimizar más y, por tanto, recibir críticas y, sobre todo, como el impacto de este servicio digital es probablemente mucho menor que el del resto de la actividad de la empresa; no hay que pasar por alto la posible acusación de *greenwashing*.

3. Las principales líneas de aplicación

Diseñar un producto, un servicio digital o un enfoque de Green IT en una empresa implica una serie de etapas, todas ellas habituales en una transformación empresarial:

- formar y concienciar a los equipos (véase el capítulo Apoyar el cambio);
- identificar puntos de convergencia internos y crear marcos de referencia comunes;
- aplicar prácticas a las distintas etapas del proyecto o transformación;
- establecer KPI, ya sea mediante la realización de un ACV o mediante la definición de indicadores indirectos.

Algunas de estas etapas implican la convergencia de prácticas con temas que a menudo ya están cubiertos por el Departamento de SI o por el equipo directivo, debido a la normativa o simplemente al coste de las soluciones informáticas.

3.1 De la estrategia de RSE a la estrategia de producto

Con el refuerzo de la normativa europea (véase el capítulo Vocabulario y normas), las cuestiones de desarrollo sostenible planteadas por la RSE abarcan en particular temas que convergen con la tecnología digital responsable, como:

- la obsolescencia terminal y la vida útil de los terminales;
- el cumplimiento del deber de diligencia, del RGPD y de la accesibilidad;
- la selección de proveedores locales basada en criterios de impacto medioambiental y social.

Apoyarse en los objetivos de la estrategia de RSE ayuda a mantener un rumbo coherente entre una visión a largo plazo para hacer que la empresa sea resiliente y produzca valor (ya sea económico, medioambiental o social) a corto y medio plazo. Además, vale la pena traducir los indicadores de RSE en un proyecto o servicio digital para facilitar la demostración de los efectos positivos de las opciones de ecodiseño. Para facilitar este ejercicio, existen varias plantillas de canvas similares al *Product Canvas* que se suele utilizar cuando se lanza un nuevo producto. Introducirlas en esta fase simplifica la estrategia de RSE y ecodiseño a lo largo de la vida del producto, desde su diseño hasta su uso.

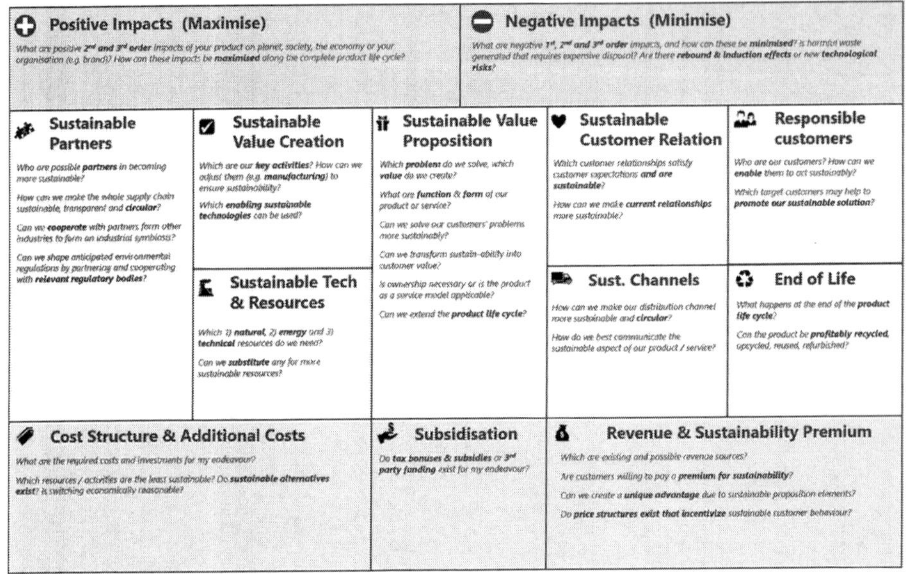

Ejemplo de canvas para abordar cuestiones responsables a la hora de crear un producto. Fuente: Threebility

Más adelante en este capítulo se proponen indicadores para el seguimiento de la aplicación de los principios de diseño ecológico, y se pueden añadir elementos para controlar el impacto del incumplimiento de las prácticas responsables:

- los costes financieros de mantener un enfoque irresponsable: esto incluye elementos de FinOps (véase más abajo), sustitución de equipos y facturas de energía;
- el impacto en la imagen, incluida la pérdida de cuota de mercado en función de la dirección que tomen los competidores y de las expectativas de los usuarios finales;

- las expectativas de los empleados y la posible contratación en dos ámbitos: la desvinculación de los empleados actuales y el elevado coste de la contratación, sobre todo en el sector digital;
- los costes asociados a cuestiones legales que pueden implicar multas (como en el caso del RGPD), pero también cambios en los flujos de ingresos de los productos (los más recientes son la Ley de Datos y la DSA y DMA).

Los vínculos entre el ecodiseño y los campos convergentes (nube, seguridad, data, etc.) requieren la aplicación de prácticas comunes con los departamentos especializados de la empresa o de acuerdo con expertos.

3.2 Beneficios que van más allá del medio ambiente

Como hemos visto, el ecodiseño de un servicio digital implica satisfacer las necesidades de los usuarios de la forma más eficiente posible, utilizando un mínimo de dispositivos digitales o procurando no conducirlos a la obsolescencia, y utilizando un mínimo de recursos informáticos (CPU, memoria, ancho de banda, etc.). En la práctica, las acciones necesarias para lograrlo están al alcance de los profesionales afectados y ya son ampliamente conocidas por ellos debido a otros motivos. El ecodiseño contribuye a mejorar las soluciones informáticas en varios niveles. El ecodiseño de su servicio digital aporta muchos beneficios que no son solo ecológicos.

Cuando se trata de dos temas seguidos de cerca en la actualidad por los departamentos de SI, la seguridad y las FinOps existen grandes similitudes con el ecodiseño. Al aplicar los principios de *Security by Design* o *Privacy by Design*, la minimización es un tema prioritario. Diseñar soluciones informáticas más sencillas que aumenten la seguridad, significa reducir la superficie de ataque y, por tanto, las posibilidades de pirateo. Del mismo modo, almacenar menos datos limita los problemas en caso de fuga. En el ámbito de las FinOps, el control de la utilización de los recursos de servidor y de red sirve para ahorrar, tanto si se aloja con un tercero como *on premises*; esto puede tener el efecto de limitar la necesidad de crear nuevas infraestructuras y, por tanto, la necesidad de construir nuevos equipos.

Apoyándose en estos aliados, es posible reforzar las iniciativas de ecodiseño y utilizar indicadores que ya son objeto de un estrecho seguimiento por parte de muchas empresas medianas y grandes: costes de alojamiento, incidentes de seguridad, volúmenes de datos, etc.

Observación

Es importante tener en cuenta que las convergencias relativas a la seguridad, enumeradas anteriormente, se oponen a los siguientes puntos de divergencia que son principios importantes de la Security by design:

- *uso de varios dispositivos (autenticación multifactor);*
- *despliegue de softwares adicionales;*
- *sobrecarga de encriptación y control de datos;*
- *duplicación de las infraestructuras de copia de seguridad de datos.*

Otros beneficios pueden abordarse con otros servicios. Por ejemplo, un departamento de atención al cliente puede estar interesado en mejorar el rendimiento y la satisfacción del usuario. De hecho, si se trabaja explícitamente para tener interfaces de usuario con mejor rendimiento y que no "vaya lento", se crean servicios más eficientes y sencillos. Además, la mejora de la accesibilidad hace que las páginas sean más sencillas y claras, acorta los recorridos de los clientes y facilita que los usuarios lleven a cabo las acciones deseadas. El ecodiseño genera usuarios más satisfechos y fieles.

Un beneficio secundario es el cumplimiento de la normativa de protección de datos. Este es un resultado directo de la convergencia con las prácticas de datos mencionadas anteriormente. Almacenar solo lo necesario y eliminar automáticamente los datos que ya no son útiles es coherente con las limitaciones legales.

Además, aunque los motores de búsqueda saben leer vídeos y ejecutar JavaScript cuando analizan las páginas, tener páginas web más sencillas y centradas en el texto ayuda a mejorar el SEO. La velocidad de visualización de las páginas forma parte de la puntuación que otorgan los buscadores, por lo que mejorar el rendimiento también es un factor que hay que tener en cuenta. Algunos de los puntos citados en las directrices prácticas de diseño ecológico también se refieren a las referencias para evitar que los usuarios pierdan tiempo accediendo a recursos inexistentes u obsoletos.

Por último, a nivel interno de la empresa, desplegar menos dispositivos, revender o reutilizar los terminales (para que duren más) significa comprar menos, lo que supone una fuente directa de ahorro.

4. ¿Cuáles son los mecanismos para ecodiseñar servicios digitales?

Una vez establecidos estos principios generales, las estrategias de diseño y las prácticas que pueden reducir el impacto de un servicio digital son fáciles de deducir y ya están al alcance de los profesionales interesados. Además, casi siempre son deseables y en gran medida beneficiosas por otras razones.

4.1 Reducir el número de dispositivos necesarios para el servicio

La tecnología digital tiene un impacto a través de los equipos que la componen. Si es posible utilizar menos equipos para responder a las necesidades, también es posible reducir estos impactos. Si el servicio digital no es para el público en general e implica el despliegue de dispositivos controlados por la empresa para responder a la necesidad (por ejemplo, proporcionando ordenadores, tabletas o teléfonos a los agentes sobre el terreno), existen estrategias de puesta en común que permiten reducir las necesidades de equipamiento.

El BYOD (del que se habla en el capítulo Optimizar los equipos y su uso) es el planteamiento más radical. También es posible, en menor medida, compartir equipos entre el personal, especialmente si sus horarios de trabajo son complementarios. En algunos casos puede ser posible compartir equipos entre *clientes* de servicios, por ejemplo distribuyéndoles los equipos por turnos, como en el caso de Vintel citado en el libro blanco de *GreenConcept* y detallado anteriormente.

Del lado de los servidores, la mutualización ya está muy extendida y lo está cada vez más: es lo que hacen los proveedores de alojamiento, que cohabitan los servicios de varios de sus clientes en las mismas máquinas con la virtualización y la contenedorización. Como se menciona en el capítulo Impacto y optimización del alojamiento, esta tendencia se ve acelerada por los proveedores de nube pública, cuyos productos permiten despliegues muy automatizados y elásticos y ofrecen servicios gestionados y compartidos.

4.2 Ser compatible con el mayor número posible de configuraciones materiales y de software

Si el servicio está destinado al público en general o si no se tiene un control directo sobre los terminales que utilizan los clientes, hay que asegurarse de no empujar estos aparatos a la obsolescencia. En este caso, el servicio es solo uno de los muchos que están presentes en la máquina, y sin duda los esfuerzos pueden ser desaprovechados por otro programa. No obstante, seamos positivos sobre el futuro del ecodiseño (y de la legislación) y apostemos que este será cada vez más un punto de atención.

La primera forma de empujar un dispositivo a la obsolescencia es simplemente dejar de utilizarlo.

En el caso de las aplicaciones móviles, dirigirse solo a las últimas versiones del sistema operativo excluye a los usuarios que están atrapados en una versión anterior porque las actualizaciones no están disponibles para su dispositivo: no podrán utilizar el servicio, o ya no podrán utilizarlo. Si el servicio es importante para ellos, es posible que compren un nuevo aparato. Un ejemplo experimentado por uno de los autores: no es posible utilizar una versión de iOS posterior a la 9 en el iPad mini de primera generación de Apple.

Por ejemplo, con un dispositivo que funciona perfectamente, no es posible instalar una aplicación de *streaming* de música: las decisiones combinadas de Apple, que ya no proporciona actualizaciones del sistema operativo; y de la plataforma de *streaming*, que no saca una versión para estos sistemas operativos; hacen que no sea posible utilizar una tableta en la que ningún componente físico funcione mal. Este es el tipo de situación que queremos evitar.

Año de lanzamiento	Modelo de iPhone	Versión máxima de iOS compatible	Ayuda
2023	iPhone 15 Pro / 15 Pro Max iPhone 15 / 15 Plus	17	Actif
2022	iPhone 14 Pro / 14 Pro Max iPhone 14 / 14 Plus iPhone SE (gen 3)		
2021	iPhone 13 Pro / 13 Pro Max iPhone 13 / 13 mini		
2020	iPhone 12 Pro / 12 Pro Max iPhone 12 / 12 mini iPhone SE (gen 2)		
2019	iPhone 11 Pro / 11 Pro Max iPhone 11		
2018	iPhone XS / XS Max iPhone XR		
2017	iPhone X iPhone 8 / 8 Plus	16	Solo seguridad
2016	iPhone 7 / 7 Plus iPhone SE (gen 1)	15	Solo seguridad
2015	iPhone 6s / 6s Plus		
2014	iPhone 6 / 6 Plus	12	No
2013	iPhone 5s		No
2013	iPhone 5c	10	No
2012	iPhone 5		No
2011	iPhone 4s	9	No
2010	iPhone 4	7	No
2009	iPhone 3GS	6	No
2008	iPhone 3G	4	No
2007	iPhone (gen 1)	3	No

Año de lanzamiento	Modelo de iPad	Máxima versión de iPadOS soportada	Ayuda
2022	iPad Pro 12.9" (gen 6) iPad Pro 11" (gen 4) iPad (gen 10) iPad Air (gen 5)	17	Activa
2021	iPad (gen 9) iPad mini (gen 6) iPad Pro 12.9" (gen 5) iPad Pro 11" (gen 3)		
2020	iPad Air (gen 4) iPad (gen 8) iPad Pro 12.9" (gen 4) iPad Pro 11" (gen 2)		
2019	iPad (gen 7) iPad Air (gen 3) iPad mini (gen 5)		
2018	iPad Pro 12.9" (gen 3) iPad Pro 11" (gen 1) iPad (gen 6)		
2017	iPad Pro 12.9" (gen 2) iPad Pro 10.5"		
2017	iPad (gen 5)	16	Solo seguridad
2016	iPad Pro 9.7" iPad Pro 12.9" (gen 1)		
2016	iPad mini 4	15	Solo seguridad
2014	iPad mini 3	12	No
2014	iPad Air 2	15	Solo seguridad

Año de lanzamiento	Modelo de iPad	Máxima versión de iPadOS soportada	Ayuda
2013	iPad mini 2 iPad Air (gen 1)	12	No
2012	iPad (gen 4)	10	No
2012	iPad mini (gen 1) iPad (gen 3)	9	No
2011	iPad 2		
2010	iPad (gen 1)	5	No

Tablas de compatibilidad de las versiones de iOS y iPadOS con diferentes modelos de iPhone y iPad

Y lo que es más inesperado, también es posible romper la compatibilidad de una aplicación web utilizando instrucciones (CSS o JavaScript) que aún no conocen todos los navegadores desplegados: la página web podría correr el riesgo de no funcionar, volverse ilegible o inutilizable. Es cierto que la situación en la web actual es mucho menos dolorosa que cuando Internet Explorer era fundamental (la cuota de mercado de IE 11 en Francia era del 0,26 % a principios de 2024), pero el riesgo sigue existiendo. En efecto, aunque los navegadores más comunes como Chrome, Firefox y Edge, se actualizan automáticamente; estas actualizaciones pueden detenerse en un momento dado para una determinada configuración de software y hardware. El ciclo de vida de Safari, del que dependen todos los navegadores en iOS, está vinculado al del sistema operativo: si el sistema operativo no puede actualizarse, el navegador tampoco.

Para evitar estos problemas, hay que saber qué máquinas utilizan los clientes del servicio, con el fin de elaborar una lista de las configuraciones de hardware y software que hay que probar. Para ello, puede utilizar las *analytics* clásicas implementadas en la mayoría de páginas web y aplicaciones, pero atención: los usuarios que no consiguen acceder al servicio aparecen poco o nada en estas estadísticas. No hay que dudar en comparar la información de su objetivo de mercado (España, por ejemplo) para detectarlo. También hay que tener en cuenta que cada servicio digital es diferente: no tendrá los mismos usuarios una página especializada en compartir conocimientos sobre distribuciones Linux que una página dedicada a los videojuegos de los años noventa. Puede ser perfectamente normal tener distribuciones de navegador y versiones de sistema operativo muy diferentes en los distintos casos.

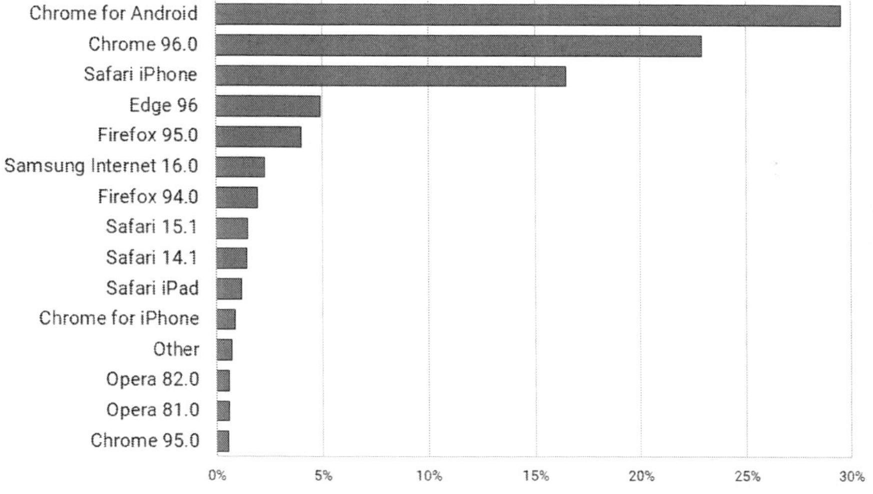

Cuota de mercado de los navegadores en Francia en 2021, según Statista

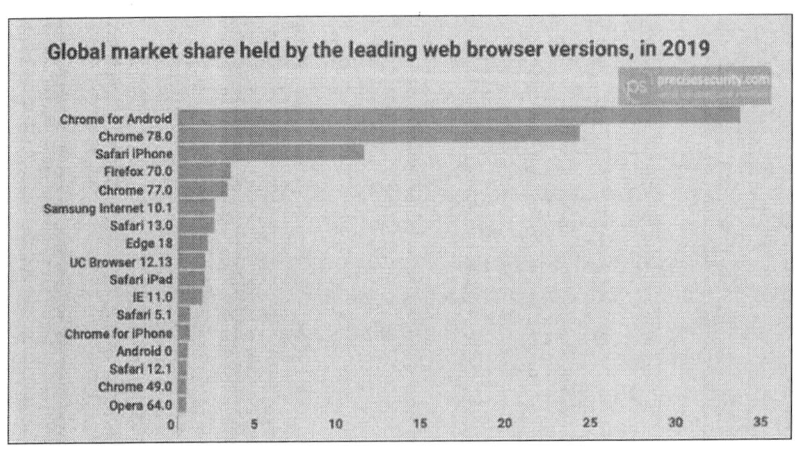

Navegatores

Para probar la compatibilidad, lo mejor es disponer de una máquina física con la configuración necesaria, pero también puede ser una máquina virtual. Para los dispositivos móviles y los navegadores asociados, si no se dispone de una máquina física, se puede utilizar de nuevo un simulador con las herramientas de desarrollo para las plataformas. Para la web, la página https://caniuse.com permite comprobar rápidamente la compatibilidad de una instrucción con las distintas versiones de los navegadores más populares. Una función similar se integró en las herramientas de desarrollo desde Firefox 98.

4.3 Construir aplicaciones sencillas, prácticas y ligeras

Incluso si un servicio funciona sin errores en el dispositivo del usuario, es posible conducirlo hacia la obsolescencia. De hecho, como vimos en el capítulo Cada vez más usos y terminales, la gente suele renovar sus terminales porque tienen la impresión de que son lentos, y esta lentitud se debe en gran parte al software. Si sus programas están entre los que contribuyen a esta sensación, están ayudando a impulsar la compra de nuevos dispositivos. Si el servicio es importante para el usuario, puede ser él mismo el desencadenante.

Al igual que con la compatibilidad, la mejor forma de garantizar la usabilidad del servicio en estas configuraciones limitadas es realizar pruebas con máquinas físicas en el entorno de destino. En su defecto, es posible utilizar máquinas virtuales, o utilizar las herramientas descritas más adelante en este capítulo.

Una aplicación puede resultar demasiado pesada por problemas técnicos, pero también por su funcionalidad y diseño. **Es más fácil desarrollar un software ligero si las pantallas son sencillas y se reduce el número de funciones**. Existen varias herramientas metodológicas para evitarlo que aparecen detalladas más adelante en este libro.

Sin embargo, hay ejemplos de servicios para los que un diseño sencillo no es fácil de aplicar, dado que puede ir en contra del modelo de negocio de la aplicación, o incluso de las necesidades y deseos de los usuarios. Es el caso, por ejemplo, del comercio electrónico: las pantallas son escaparates donde se muestran los artículos, el usuario espera la exhaustividad, y la serendipia que se produce al destacar y sugerir artículos da lugar a ventas adicionales.

Si resulta demasiado difícil crear un servicio digital que funcione simultáneamente en configuraciones de hardware y en software restrictivas, pero que también responda a las expectativas de los usuarios con hardware de gama alta. Sin embargo; existe una estrategia posible: **desplegar dos versiones, una "clásica" y otra "ligera"**. Este enfoque lo utilizan varios actores, entre ellos Google, con la versión "HTML simplificado" de Gmail, Facebook y CNN. El inconveniente es que hay que gestionar las dos interfaces, lo que supone más trabajo y un mayor presupuesto.

Las directrices prácticas que se enumeran a continuación ofrecen una lista más exhaustiva de preguntas y prácticas funcionales y técnicas para crear aplicaciones ligeras.

4.4 Ahorro de recursos digitales mediante la optimización técnica

Es lo primero que viene a la mente cuando se quiere reducir el impacto de un servicio digital: optimizarlo para que utilice menos recursos informáticos y, por tanto, menos recursos físicos, incluidos servidores y redes. Aunque la prioridad suele centrarse en los terminales, estas optimizaciones son interesantes porque permiten ahorrar un poco de electricidad, y además evitan tener que desplegar nuevas infraestructuras con elevados costes de fabricación y suministro eléctrico.

Optimizar un servicio digital está al alcance de cualquier miembro del equipo de proyecto. Hay muchas herramientas y prácticas disponibles y ampliamente conocidas para optimizar programas porque, en realidad, las acciones que se llevan a cabo son las mismas que para hacer que estos programas funcionen mejor. Optimizar también es muy satisfactorio porque el resultado es directamente visible y medible, lo que no ocurre cuando se trata de limitar la presión de la obsolescencia cuidando las interfaces de usuario.

Al igual que ocurre con el diseño de interfaces gráficas de usuario, las directrices que se citan más adelante en este libro abordan muchas ideas, cuestiones y prácticas para reducir la cantidad de recursos utilizados por un programa. A continuación, citamos algunos.

4.4.1 Simplificar las cosas

Es más fácil construir un software ligero si es sencillo. A menudo, las soluciones que se construyen son más complejas de lo necesario para satisfacer la necesidad. La complejidad puede ser tanto funcional como técnica. Hay varias razones por las que los proyectos pueden complicarse demasiado, incluso con equipos cualificados: los desarrolladores no están acostumbrados a la simplificación periódica (*refactoring*, incluso a gran escala), aplican técnicas de diseño demasiado avanzadas para sus necesidades o añaden demasiadas tecnologías y herramientas.

4.4.2 Elegir la arquitectura adecuada y dimensionarla correctamente

Pensemos en las páginas estáticas y la arquitectura JAMStack: la comunidad de expertos digitales responsables es muy favorable al uso de páginas estáticas. Las ventajas en términos de simplicidad, escalabilidad y seguridad son realmente interesantes. Por eso se menciona a menudo la arquitectura JAMStack, en la que el comportamiento dinámico de las páginas se consigue mediante JavaScript y llamadas a la API.

Dimensionar correctamente la infraestructura en función de las necesidades: a menudo aplicamos requisitos óptimos de rendimiento (latencia) y disponibilidad para los servicios digitales, mientras que para muchos de ellos las necesidades de los usuarios no son tan grandes. Puede ser aceptable interrumpir unos minutos en horas valle, por ejemplo, lo que ofrece interesantes oportunidades para simplificar la arquitectura. En algunos casos, el servicio puede incluso desconectarse por la noche. Si es necesario, el servicio puede dividirse en componentes con diferentes niveles de disponibilidad esperada, para ahorrar en infraestructura de despliegue.

Utilización de microservicios: en función de la calidad del desglose, la utilización de una arquitectura de microservicios puede impulsar la eficiencia gracias a una escalabilidad optimizada; o puede traer pérdidas debido a una mayor complejidad, un mayor número de llamadas a la red y los recursos adicionales necesarios para los contenedores.

Evitar las redundancias: pueden ser de varios tipos, como el almacenamiento duplicado de datos, demasiados intercambios entre componentes para cosas idénticas o incluso la presencia de varias aplicaciones que prestan servicios similares en el sistema de información.

Puesta en común de recursos: como ya se ha dicho, la puesta en común del uso de las infraestructuras de servidores y redes es un punto de optimización clásico y muy interesante. Los operadores en nube dan acceso a herramientas (orquestadores, servicios gestionados, funciones, etc.) que permiten ajustar al máximo la carga de las aplicaciones evolucionando dinámicamente los componentes activos y desplegados.

4.4.3 Optimización de las aplicaciones

Mejorar el rendimiento de las aplicaciones: hay muchos libros y cursos de formación sobre este tema. Se puede trabajar sobre los algoritmos o el acceso a los datos (elección del motor adecuado, optimización de las consultas, limitación del volumen transferido, etc.). El uso de herramientas de perfilado o de supervisión de la producción puede ayudar a identificar las áreas prioritarias de optimización.

Elige tecnologías que prometan un buen rendimiento: a medida que evolucionan las herramientas de desarrollo, el rendimiento puede mejorarse a varios niveles. La actualización de las versiones de las plataformas de base (node, java, etc.) suele aportar ganancias gracias al trabajo regular de sus diseñadores. Es mejor elegir tecnologías y frameworks eficaces (basados en entrada/salida no bloqueante, *thread pooling*, programación reactiva, etc.).

Observación

Además de los enfoques de desarrollo tradicionales, los enfoques "low-code" y "no-code" (que consisten en crear aplicaciones utilizando plataformas que requieren poca o ninguna escritura de código) se han ido abriendo paso en el mundo empresarial en los últimos años.

Quizá merezca la pena preguntarse qué ventajas o desventajas pueden tener estos planteamientos en términos de impacto medioambiental, en comparación con el desarrollo más convencional.

Es bastante difícil dar una respuesta sencilla y clara a esta pregunta, en parte porque las plataformas sin código y de bajo código son muy diferentes entre sí, y en parte porque los editores de estas plataformas no suelen ser muy transparentes sobre su modelo de diseño.

En general, todavía es posible extrapolar algunos puntos relativos al impacto de estas plataformas:

- Para empezar, la mayoría de ellos están desplegados en las nubes de los grandes proveedores (en particular, Amazon Web Services). Como tales, se benefician de los efectos positivos de la puesta en común mencionados en la sección Impacto y optimización del alojamiento.

- En segundo lugar, utilizan ladrillos genéricos que se ponen a disposición de distintos usuarios. La ventaja potencial de estos ladrillos genéricos es que la optimización de su huella medioambiental beneficia por tanto a todos los usuarios, pero, por otro lado, la genericidad puede ir en contra de la optimización, al incorporar para todos características poco o nada utilizadas por algunos. Lo mismo ocurre con las plantillas de aplicaciones que la mayoría de estas plataformas ponen a disposición de sus usuarios.

- Por último, su facilidad de uso puede llevar a la creación de numerosas aplicaciones sin cuestionarse realmente su utilidad, lo que provoca una especie de efecto rebote.

En conclusión, es importante señalar que es sobre todo la sobriedad funcional lo que aporta una ganancia en un enfoque de ecodiseño, y que esta sobriedad tiene muy poco -o nada- que ver con el enfoque técnico (tradicional, *low-code* o *no-code*) utilizado para crear una aplicación.

5. Low tech digital

El término "*low-tech*" se acuñó en oposición a "*high-tech*" (y, por tanto, a la tecnología digital, entre otras). Se refiere a tecnologías sencillas que se fabrican localmente y a mano, utilizando materiales que a menudo se recuperan o se reciclan. Los objetos e instalaciones de baja tecnología son económicos y respetuosos con el medio ambiente. Por ejemplo, las cestas de mimbre que pueden sustituir a las bolsas de plástico (fabricadas con petróleo) y de algodón (que requiere mucha agua y viene de lejos); pueden fabricarse en cualquier parte del mundo con pocas herramientas y escasos conocimientos. Otros ejemplos son los hornos solares, los compostadores y los muros frutales (donde el calor almacenado por las piedras protege los cultivos de las bajas temperaturas).

El término "*low-tech* digital" se utiliza habitualmente en los contenidos sobre Green IT y el diseño ecológico de los servicios digitales. Por supuesto, para producir cualquier tipo de equipo informático se necesitan metales muy puros, maquinaria de precisión y salas blancas. La tecnología digital no puede ser de *low-tech*, y ese término es un oxímoron. Pero si adoptamos el mismo enfoque, podemos decir que las tecnologías digitales que han sido probadas y funcionan en todas partes de forma eficiente y económica son, en cierto modo, tecnologías de *low-tech*. Es el caso de los correos electrónicos, los mensajes de texto y las páginas web minimalistas.

Un ejemplo de web minimalista es el agregador de noticias Hacker News, cuya página de inicio solo ocupa unas decenas de kilobytes y solo requiere siete consultas, y sin embargo es extremadamente popular. Otro ejemplo es craigslist.org, una web estadounidense de anuncios en línea que es uno de los más visitados de Estados Unidos. Esta web ha conservado su aspecto original y extremadamente minimalista. Wikipedia también puede considerarse, en menor medida, una página web relativamente sobria pero de enorme éxito.

El Low Tech Magazine, un medio dedicado a las tecnologías de *low-tech*, adoptó un enfoque interesante: se preguntaron cómo podían construir una página web de *low-tech*. Así que diseñaron una página alternativa. Con esta web, han optimizado sus páginas para que sean lo más ligeras posible: sin fuentes especiales, sin logotipos, sin estadísticas de uso, sin base de datos ni aplicación para generar dinámicamente las páginas, solo archivos estáticos colocados en un servidor. El contenido de la web consiste casi exclusivamente en texto, información para transmitir. Han llegado incluso a aplicar una optimización radical a las imágenes de sus artículos, llamada *dithering*, que les da un aspecto distintivo pero las hace más ligeras. Además, este servidor se encuentra en sus instalaciones y se alimenta de una batería, que a su vez se carga mediante un panel solar situado junto a la ventana. Y si la batería se agota porque no ha habido luz suficiente para cargar el servidor, la página web se desconecta. Este interesante experimento es ampliamente citado. En un artículo más reciente, de 2020, el Low Tech Magazine analiza si este modelo es realmente sostenible y concluye que, en general, al menos para las páginas web, es preferible compartir. El coste medioambiental es más elevado si cada uno produce su propia electricidad y autoaloja sus servicios digitales, entre otras cosas por la energía gris incorporada a los aparatos.

Capítulo 8
Cuestionar la funcionalidad

1. Introducción

Como vimos en el capítulo anterior, una de los mecanismos del ecodiseño es la creación de servicios sencillos, fáciles de usar y con funcionalidad suficiente para satisfacer las expectativas de los usuarios finales. En un proyecto de diseño digital, estas mismas cuestiones son abordadas por los *Product Owners* y los *UX Designers*.

Este capítulo muestra que muchas de las prácticas identificadas por estos perfiles son muy útiles para integrar los ejes del ecodiseño, si es que aún no forman parte de ellos.

2. La convergencia de las prácticas de diseño funcional

El uso de los servicios digitales aumenta constantemente. Esta tendencia se ha visto acentuada por la pandemia del Covid-19 (véase el capítulo El impacto de la tecnología digital). Para los usuarios finales, este aumento se está produciendo a través del uso de aplicaciones móviles o de páginas web. Con el potencial de llegar a millones o incluso miles de millones de usuarios, un servicio digital para el público en general debe optimizarse, tanto por razones ecológicas como financieras.

El número de servicios digitales crece y las posibilidades de elección de los usuarios aumentan. Por ello, los creadores deben ofrecer productos que satisfagan las necesidades de los usuarios mediante una funcionalidad fluida e interfaces sencillas si quieren que su producto sobreviva y acapare más cuota de mercado. Por ejemplo, el usuario medio pasa de 10 a 20 segundos en una página web y la tasa de desinstalación de una aplicación móvil en 30 días es del 28 % (principalmente en aplicaciones de entretenimiento, viajes, productividad y comunicación). Crear un servicio digital y lanzarlo al mercado es un ejercicio difícil.

A menudo, en los productos informáticos, muchas funciones son inútiles. Un estudio del *Standish Group* llegó a constatar en un conjunto de proyectos que el 80 % de las funciones se utilizaban poco o nada, confirmando el Principio de Pareto: el 80 % de los efectos son producidos por el 20 % de las causas.

Desde el punto de vista del ecodiseño, esto significa que se podría haber ahorrado la energía y el desgaste de los materiales utilizados para desarrollar estas funciones. Lo mismo ocurre con el mantenimiento y almacenamiento del servicio. Desde el punto de vista del usuario, este utiliza un servicio más complejo (que requiere más tiempo de aprendizaje y más trabajo mental para utilizarlo) y puede necesitar más espacio para instalarlo, o más energía para hacerlo funcionar.

Para diferenciarse entre la multitud y prestar un servicio de forma eficaz, en el momento oportuno y a un coste razonable, los líderes del mercado disponen de un ecosistema de herramientas para satisfacer las necesidades de los usuarios:

- La **agilidad** nos permite centrarnos en crear un producto óptimo en estrecha colaboración con los usuarios, utilizando metodologías de gestión de proyectos, prácticas de trabajo en colaboración y un entorno creado para la mejora continua.
- La **experiencia de usuario** (UX) identifica los perfiles de usuario del servicio digital y especifica los caminos que seguirán para satisfacer sus expectativas con eficacia.
- El trabajo sobre la **interfaz de usuario** (IU) y su accesibilidad está poniendo en marcha prácticas para facilitar el acceso a los contenidos y servicios web a las personas con discapacidad y a todos los usuarios, sean cuales sean sus condiciones de acceso.

2.1 Un enfoque centrado en la optimización

Desde los años 1950, las metodologías iterativas han surgido junto a las llamadas metodologías estándar, como el Ciclo V, con el objetivo de mejorar el funcionamiento de los equipos de desarrollo y las empresas que crean servicios digitales. Las prácticas habituales de estos métodos hacen hincapié en el trabajo colectivo y colaborativo con el usuario final. Permiten crear servicios más cercanos a las expectativas de los usuarios, porque aceptan más fácilmente los cambios y buscan la mejora de forma continua.

En 2001, 17 desarrolladores de software publicaron el manifiesto Agile, que formalizaba casi 50 años de experiencia con estas metodologías:

Descubrimos mejores enfoques para el desarrollo de software haciéndolo y ayudando a otros a hacerlo.Este trabajo nos ha llevado a centrarnos en:

- ***las personas y sus interacciones**, más que los procesos y las herramientas;*
- ***el software funcional** en lugar de una documentación exhaustiva;*
- ***la colaboración con los clientes** en lugar de negociar contratos;*
- ***la adaptación a los cambios** en lugar de ejecutar un plan.*

Esto significa que, aunque hay valor en los elementos finales, nuestra preferencia son los elementos que se encuentran en la primera parte de la frase.

Estos valores se solapan y complementan, y es un estado de ánimo que no es fácil implantar en un proyecto o en una empresa. Para acompañar la transformación, las empresas se basan en metodologías de trabajo. Según el 15º "Informe sobre el estado de la Agilidad" de digital.ia, el 94 % de las empresas han implantado o utilizan la agilidad en su organización, y más de la mitad afirman que la mayoría, si no todos, de sus equipos (principalmente en TI o desarrollo digital) han adoptado métodos ágiles. El 83 % de los equipos encuestados utilizan la metodología Scrum o un derivado (Scrumban o Scrum/XP).

Definido por ciclos iterativos, Scrum es una metodología, un marco que centra el trabajo del equipo en un ámbito reducido durante un breve periodo (menos de un mes) para elaborar un producto funcional, o parte de un producto, que pueda ser probado directamente por los usuarios finales. Para enganchar a los usuarios lo antes posible el servicio debe ofrecer las funcionalidades que más les interesan y valoran. Una vez satisfechas las principales expectativas de los usuarios, un equipo ágil debe preguntarse si debe seguir desarrollando el producto. Este cuestionamiento es muy similar al del ecodiseño digital.

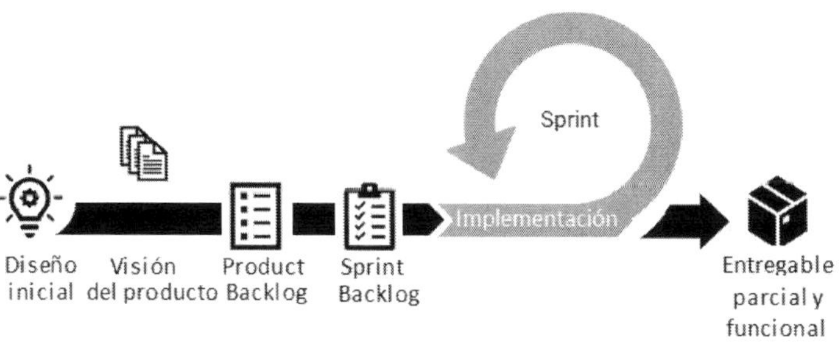

Esquema del funcionamiento de la metodología Scrum

Los diseñadores digitales responsables quieren crear herramientas que sirvan a la sociedad, al planeta y a la economía, lo que puede reformularse como servicios que proporcionan al usuario el máximo valor funcional reduciendo al máximo su huella ecológica. El ecosistema Agile ofrece enfoques para lograr este objetivo.

Aunque muchos servicios, programas y aplicaciones pueden ser extremadamente útiles, algunos son sencillamente superiores a otros en cuanto a sencillez, intuitividad y facilidad de uso. Detrás de ellos suele haber jefes de producto que escuchan a sus usuarios en cada fase de creación y realización.

El *Lean Product Management* describe este enfoque. Permite a los jefes de producto (y a los equipos con los que trabajan) centrarse en ofrecer rápidamente funcionalidades importantes. En otras palabras, *Lean* no consiste solo en construir cosas, sino en construir las cosas adecuadas en el momento adecuado. Y corresponde a los jefes de producto determinar cuáles son esas cosas. Deben identificar, sintetizar y priorizar esas funcionalidades.

La creación de un producto mínimo y óptimo se basa en una serie de pasos: la identificación de los perfiles de usuario, la definición de las funcionalidades que aportan más valor y su secuenciación en el producto, y la creación de una interfaz que pueda ser utilizada por el mayor número de personas en diversos contextos.

2.2 Valores compartidos

Los objetivos del ecodiseño convergen desde el principio con los valores que promueve la agilidad. Recordemos que la agilidad es una reacción a la complejidad y el formalismo de los proyectos informáticos de los años 90. En esa época se hacía demasiado hincapié en los contratos y documentos, se esperaba conocer y comprender todos los aspectos del proyecto desde el principio y se construían arquitecturas técnicas demasiado complejas con gran rapidez. En respuesta, los profesionales han situado al usuario y sus necesidades en el centro de su planteamiento, aunque éstas cambien, así como la sencillez y el pragmatismo. El manifiesto ágil resume este enfoque.

Este valor de **simplicidad** se encuentra desde el principio con XP (*eXtreme Programming*): "la solución más sencilla será siempre la elegida". Los acrónimos KISS (*Keep It Simple Stupid*), que anima a mantener la solución lo más simple posible sin dejar de satisfacer la necesidad, y YAGNI (*You Are Not Gonna Need It*), que prohíbe hacer más complejo el diseño del software para hipotéticas necesidades futuras, se han hecho mundialmente famosos. Como ya se ha dicho, es probable que un servicio digital más sencillo sea más sobrio. Así que hay una clara convergencia.

Los valores de la metodología Scrum -*valor, enfoque, compromiso, respeto*, apertura- y los de XP -*sencillez, comunicación, valor, retroalimentación, respeto*- también tienen en común **el respeto**. Básicamente, se trata de respetar a los compañeros y a los clientes. También puede leerse que incluye a los usuarios: no les obligues a renovar sus equipos con herramientas incompatibles o lentas, no les hagas perder el tiempo con rutas de cliente mal diseñadas. Pero también es posible ampliar el concepto al respeto por los recursos naturales, los ecosistemas y las personas del presente y del futuro, que queremos preservar. Del mismo modo, la accesibilidad y la reducción de las brechas digitales son cuestiones que van de la mano del respeto a los usuarios.

La **mejora continua**, promovida por todos los métodos ágiles, es totalmente compatible con el ecodiseño, que es un enfoque de optimización. De hecho, optimizar significa primero mejorar a través de las mayores palancas identificadas, y luego pasar a las siguientes. Es un proceso iterativo.

El **Lean**, un método de gestión de la producción que se centra en la gestión de los residuos para aumentar el rendimiento, también tiene conceptos que pueden aplicarse. Entre los siete tipos de despilfarro identificados, el ***Muda***, que puede traducirse como futilidad, inutilidad o despilfarro, se refiere a todo lo que no tiene valor. En este caso, podría incluir funciones innecesarias o poco útiles, o el sobredimensionamiento de los requisitos. El ***Muri***, el exceso, puede incluir la excesiva complejidad del diseño técnico, funcional o gráfico de la solución.

2.3 Convergencia con la artesanía del software

La artesanía del software (*software craftsmanship*) es una reacción a la agilidad. De hecho, aparte de XP, los métodos ágiles no se ocupan de la calidad del software, sino solo de la gestión de necesidades y tareas. Los profesionales que querían crear productos que no solo satisficieran las necesidades de los usuarios, sino que también estuvieran bien ejecutados, escribieron el manifiesto del *software craftsmanship*.

En términos prácticos, la artesanía del software es una actitud, una ética de trabajo de las personas que se identifican con ella. Aplicando una metáfora con los oficios artesanales, los creadores de servicios digitales se ven a sí mismos como profesionales cualificados que elaboran con esmero y dedicación un producto de alta calidad para sus clientes, del mismo modo que un lutier, un carpintero o un pastelero. Este enfoque se traduce, entre otras cosas, en el dominio de las herramientas y técnicas más avanzadas y en la voluntad de estar siempre dispuesto a aprender cosas nuevas y transmitirlas.

Para las personas con esta ética de trabajo, acostumbradas a aprender cosas nuevas cada día y a compartirlas, y entre cuyos valores figura el respeto a los clientes y usuarios; aprender y aplicar los principios del ecodiseño no debería suponer un gran reto.

2.4 Fácil de aplicar

Las cuestiones y prácticas de ecodiseño pueden aplicarse en todos los métodos de gestión de proyectos. Sin embargo, al tratarse de un enfoque de mejora continua, resulta especialmente fácil de aplicar en métodos ágiles.

Si tomamos Scrum como ejemplo: tras una fase de auditoría, la formación de los equipos y de la creación de una primera versión del repositorio, es posible asignar estas preguntas y tareas a las distintas fases de la vida de las *stories* (en agilidad, una *story* puede asimilarse a la descripción de una necesidad del usuario). Cuando es pertinente, estas pueden añadirse a las definiciones de listo (DoR, *Definition of Ready*, que indica que una *story* está lista para ser completada por el equipo de desarrollo) y terminado (DoD, *Definition of Done*, que indica que una *story* está terminada). Durante la retrospectiva, es posible evaluar los logros obtenidos, la pertinencia de los criterios y los próximos mecanismos de optimización.

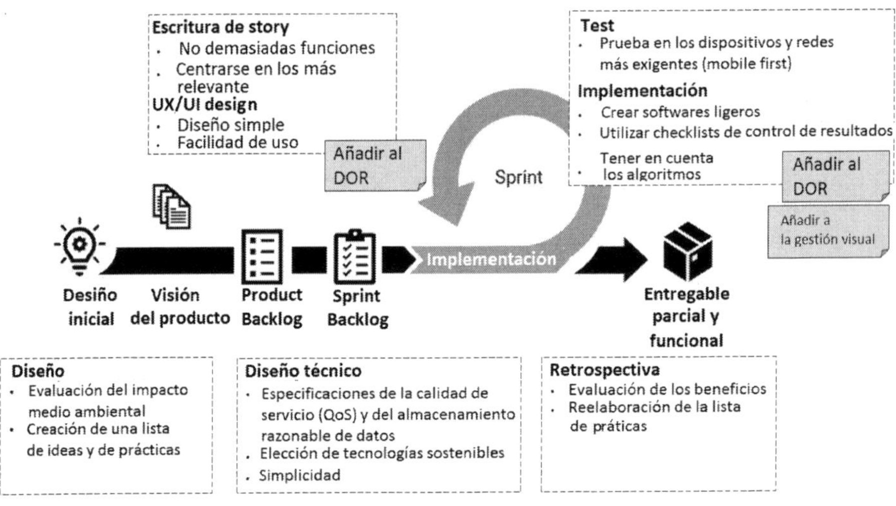

Ejemplo de colocación de ideas y acciones en un proceso de ecodiseño utilizando la metodología Scrum

Del mismo modo, es posible adaptar este enfoque a otros métodos, como Kanban, XP (*eXtreme Programming*), etc.

2.5 Prestar atención a largo plazo

Uno de los peligros de los métodos iterativos es que no tienen suficientemente en cuenta los aspectos a largo plazo de los proyectos. En cada iteración, añadimos o modificamos las características apropiadas para las historias que forman parte del compromiso, pero ¿tenemos en cuenta las preguntas asociadas a estas características? Preguntas como "¿Cuánto duran estos datos? ¿Cuándo puedo borrarlos?" o "Con más de X usuarios, ¿sigue siendo válida esta solución¿ deben formar parte del proceso de diseño.

Otro peligro de los métodos iterativos es que el proyecto crece y crece. A diferencia de un proyecto enmarcado en un contrato, el alcance de un proyecto ágil no tiene un límite definido de antemano. Si añades cosas a un servicio digital sin detenerte ahí, hay muchas posibilidades de que se vuelva más pesado y complejo de lo que quieren los usuarios. Así que hay que tener cuidado en limitar el número de funciones, por ejemplo suprimiendo las que no se utilicen.

Es importante garantizar que la gobernanza del producto sea sencilla. Las organizaciones suelen organizarse en departamentos (o unidades de negocio) que financian los proyectos digitales. Esto puede parecer lógico, ya que el producto les presta un servicio a ellos o a sus clientes. Sin embargo, este enfoque puede ser contraproducente en un contexto de sobriedad digital. En efecto, para que un servicio acepte seguir financiando el producto, espera recibir algo a cambio; casi siempre funcionalidad. Así pues, para existir, el servicio digital tiene que crecer, lo que va en contra de las limitaciones de simplicidad expuestas anteriormente.

2.6 Imaginar el producto

El servicio digital debe diseñarse en estrecha colaboración con los jefes de producto, los usuarios y, cuando sea posible, con los diseñadores de UX. El trabajo del diseñador UX, o diseñador de experiencia de usuario, consiste en actuar como interfaz entre el valor que aporta el servicio y la forma en que funciona desde el punto de vista del usuario. En el contexto de un servicio digital responsable, el objetivo es doble y puede simplificarse como proporcionar al usuario una herramienta ecodiseñada que le haga la vida más fácil. Un servicio con una experiencia de usuario óptima facilita al mayor número posible de personas el uso del producto en una amplia variedad de dispositivos. La UX implica pensar en la forma de las funcionalidades puestas a disposición, de modo que sean ligeras para el dispositivo que las ejecuta, así como en la cantidad de datos intercambiados, lo que permite un menor uso de la red y que el producto funcione en condiciones degradadas.

Una herramienta de diseño que dominan los diseñadores de UX es el recorrido del usuario (*user journey* en inglés), que describe todas las acciones que una "persona", un usuario con determinadas características y expectativas del servicio, realiza para alcanzar una unidad funcional.

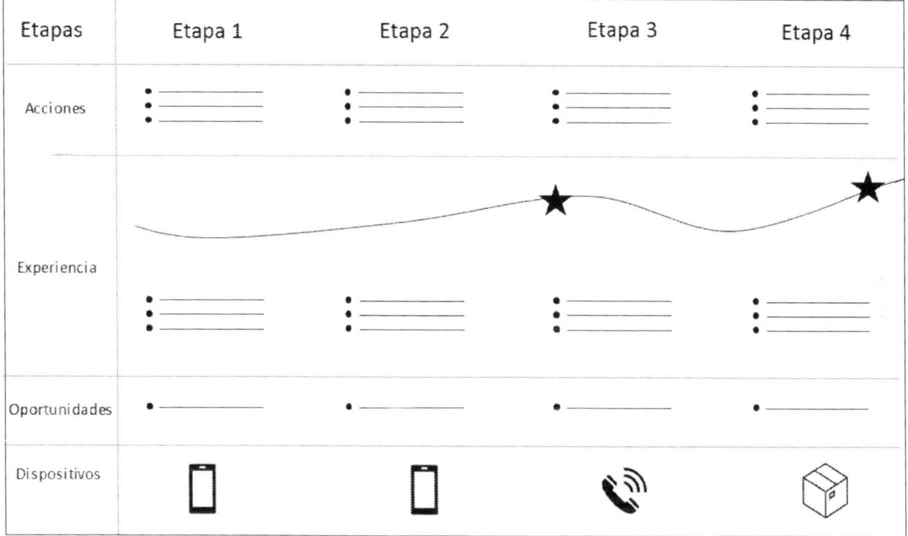

Ejemplo de visual de un recorrido del usuario.

La primera etapa de este trabajo consiste en identificar a los distintas personas, es decir, los tipos de usuarios que utilizarán el servicio. El objetivo es saber quién va a utilizar el producto e identificar los perfiles típicos que esperan que el servicio funcione de determinada manera (en comparación con los demás servicios digitales que utilizan).

A continuación, el diseñador de UX acompaña a los jefes de producto en una fase denominada de apertura o divergencia, durante la cual se identifican y posicionan todas las posibles funcionalidades que podría tener el servicio para las personas predefinidas. Este amplio conjunto de ideas se ajusta a los objetivos del servicio durante una fase de convergencia. Las ideas y funcionalidades elegidas son las que responden a las expectativas de los usuarios y son coherentes con los objetivos definidos para el producto. Las funcionalidades del producto forman un recorrido coherente para el usuario (en función de su personaje) en el marco de una unidad funcional, es decir, un objetivo que alcanzar, un problema que resolver.

Observación

Este proceso de ideación divergente/convergente puede llevarse a cabo varias veces para poner de relieve las funcionalidades necesarias para el servicio y optimizar las vías identificando posibles agrupaciones de necesidades o simplificaciones en el funcionamiento.

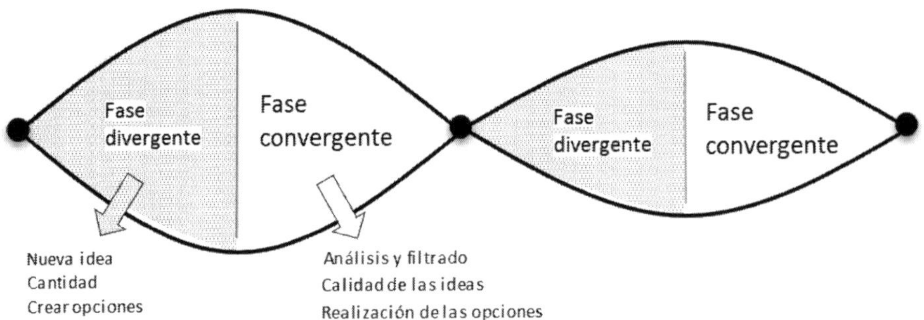

Proceso de identificación de funcionalidades útiles

Una tarea complementaria es definir las funcionalidades con mayor valor añadido para los usuarios y la empresa, e identificarlas en los recorridos de los usuarios. Como se ha mencionado anteriormente en este capítulo, dado que la mayoría de las funcionalidades se utilizan poco o nada, es importante concentrarse en las que se utilizan principalmente y optimizar el producto en torno a ellas, o incluso no producir la primera categoría o definir una política de gestión de la entrega, como proporcionar actualizaciones que solo permitan instalar algunas de las funcionalidades que el usuario necesita. Estas opciones facilitan el uso del servicio.

2.7 Identificar las funciones esenciales

Los enfoques de prototipo o MVP (*Minimum Viable Product*, véase más adelante en este capítulo) proporcionan directrices para el desarrollo de servicios digitales. El resultado suele ser un conjunto de funcionalidades a las que hay que dar prioridad. También puede ocurrir que estas etapas sean difíciles de alcanzar o que el producto ya exista desde hace tiempo y haya que seguir desarrollándolo (añadiendo o racionalizando funcionalidades).

De un modo u otro, el responsable del producto tiene una lista de funcionalidades que son opciones para la evolución del producto. Uno de los métodos de priorización más utilizados es el llamado **MoSCoW** que proporciona una reflexión inicial sobre la necesidad real de funcionalidades y permite clasificarlas en cuatro categorías:

- ***Must***: debe hacerse.
- ***Should***: debería hacerse si es posible.
- ***Could***: puede hacerse si no afecta a nada más.
- ***Would***: sería bueno tenerlo, pero no se hará inmediatamente.

Esta secuenciación da la impresión de que se llevarán a cabo todas las funciones de la lista, mientras que una de las acciones más eficaces del diseño ecológico es "No hacer", es decir, no producir lo que no es necesario.

Los jefes de producto pueden utilizar otros enfoques para centrar el desarrollo en lo que aporta más valor, como el ***Story mapping***, el ***Impact mapping*** o **el modelo de Kano**.

El ***Story Mapping*** de Jeff Patton es una herramienta que permite:

- identificar los diferentes perfiles de usuarios del servicio, por ejemplo según sus expectativas del producto, su tipo de acceso, sus conocimientos de tecnología digital o incluso si hay usuarios puramente digitales (otros servicios);
- representar, para cada tipo de usuario, su trayectoria de usuario, es decir, cómo utiliza el producto y las distintas funciones con las que debe interactuar para satisfacer sus necesidades;
- priorizar y agrupar las necesidades de uso;
- abandonar funciones que a la larga son innecesarias.

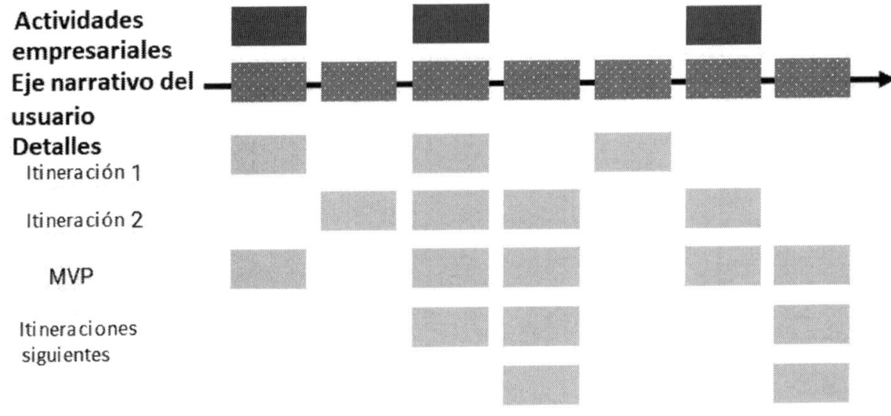

Ejemplo de Story mapping

Esta herramienta suele utilizarse para separar grandes partes de un servicio en subfunciones (por ejemplo, por perfil de usuario, tipo y complejidad de la interfaz o posición en el recorrido del usuario) y responder a ellas a medida que se realizan lanzamientos. De este modo, primero pueden satisfacerse las necesidades vitales y luego es posible confirmar si es necesario ampliar una función tras las opiniones de los usuarios.

Otra herramienta es ***Impact mapping***, de Gojko Adzic. Se trata de un método de planificación estratégica en forma de *mindmap* para decidir qué características deben integrarse en un producto. Empieza por identificar el objetivo y sitúa todas las características identificadas por su impacto directo en la consecución de ese objetivo, con una justificación clara de cómo lo lograrán.

¿Por qué?	¿Para quién? *Los actores que tienen un impacto*	¿Cómo? *Cómo influye el servicio en el comportamiento de los actores*	¿Con qué? *La parte del servicio con mayor impacto*
Reducir la huella ecológia Reducir la hella social Reducir la brecha digital	El servicio digital El usuario La empresa	Reduce el tiempo de uso Accesible a través de un smartphone de antigua generación Facilita el acceso a la información	Reducción de las imágenes Compatibilidad SO Reducción de las solicitudes

Ejemplo de estructura de un Impact mapping centrado en el impacto responsable

El *Impact mapping* puede utilizarse en un contexto de ecodiseño de dos maneras:

- al definir como objetivo que el producto tenga una huella ecológica reducida, y luego intentar añadir esta **funcionalidad: ¿para quién, cómo y con qué permitirá esta funcionalidad alcanzar el objetivo sostenible?**
- al elaborar los detalles de una prestación, y añadiendo cada vez un impacto responsable para cada actor/usuario: **¿cómo reduce su huella ecológica el uso de esta prestación por parte del usuario? ¿Cómo limita la huella ecológica del servicio digital el uso de esta función por parte del usuario?**

Por ello, el impacto responsable está siempre en la mente de los jefes de producto y de los equipos de producción.

La última herramienta mencionada **es el modelo de Kano**, descrito por el profesor Noriaki Kano. Este modelo es más fácil de utilizar para los servicios existentes que deben actualizarse o rediseñarse. Consiste en un cuestionario estandarizado que mide las opiniones de los usuarios sobre cada característica del servicio. Se pide a los participantes que respondan a dos preguntas por cada característica del producto, una de las cuales es "funcional" (formulada de forma positiva) y la otra "disfuncional" (formulada de forma negativa).

Las preguntas pueden ser del siguiente tipo:

- funcional: **¿Qué le parece la característica A?**
- disfuncional: **¿Qué pensaría si la característica A no existiera?**

Las posibles respuestas son: me gusta, es algo básico ("es normal"), me da igual, puedo aceptarlo ("no tengo más remedio"), no me gusta.

Una matriz de correlación entre las respuestas funcionales y disfuncionales de cada elemento permite clasificarlas en cinco categorías: atractivas, básicas, lineales, indiferentes y rechazadas; a las que suele añadirse la categoría dudosa, es decir, cuando las expectativas de los usuarios son muy contradictorias.

En el contexto del desarrollo responsable, la atención se centra en identificar las funcionalidades **que son irrelevantes** para los usuarios, **repulsivas para** ellos (es decir, que tienen un efecto no deseado o negativo) y **dudosas**. En otras palabras: **no hay que desarrollarlas**.

		Si la funcionalidad está ausente				
Si la funcionalidad está presente	***Opiniones***	Me gusta	Es algo básico	Me da igual	Puedo aceptarlo	No me gusta
	Me gusta	Dudosa	**Atractiva**	**Atractiva**	**Atractiva**	**Performance**
	Es algo básico	Repulsiva	Dudosa	Indiferente	Indiferente	***Obligatoria***
	Me da igual	Repulsiva	Indiferente	Indiferente	Indiferente	***Obligatoria***
	Puedo aceptarlo	Repulsiva	Indiferente	Indiferente	Dudosa	***Obligatoria***
	No me gusta	Repulsiva	Repulsiva	Repulsiva	Repulsiva	Dudosa

Visualización de los resultados del análisis funcional mediante el método de Kano

Observación

Estas herramientas son ejemplos de priorización y, sobre todo, de despriorización, o incluso eliminación, de funcionalidades a desarrollar para el producto. El objetivo que debe mantenerse durante toda la vida del producto es el minimalismo y la optimización.

2.8 Trabajar con restricciones

Desde el momento en que se identifican las primeras funcionalidades y a lo largo de toda la creación del servicio digital, el diseñador de UX diseña la interfaz de usuario en consonancia con las prácticas del mercado y las expectativas de los usuarios. Por ejemplo, entre 2011 y 2021, el tráfico de Internet por teléfono pasó del 6 % al 56 %. Mientras que en los países emergentes de Asia y África alcanzó el 65 % y el 69 % respectivamente.

Esto significa que los servicios se dirigen principalmente al gran público y se utilizan en un teléfono móvil. Por tanto, es imperativo pensar ***mobile first***, ya que este concepto conlleva un cierto número de limitaciones de funcionamiento: es una buena manera de garantizar que el servicio sea ligero y práctico, incluso en configuraciones minimalistas.

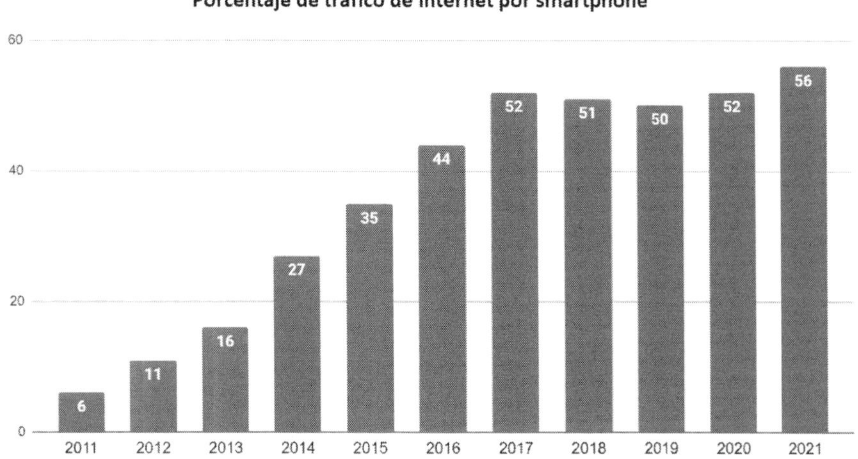

Porcentaje de tráfico de Internet por smartphone

Se trata ante todo de pensar en el contenido y la organización de las pantallas de los teléfonos móviles que tienen pantallas bastante pequeñas que no pueden mostrar mucha información al mismo tiempo, y que además pueden tener poca memoria o potencia de cálculo y suelen utilizarse en situaciones de movilidad, es decir, con redes lentas (3G en particular). Las limitaciones en la cantidad de información obligan a tomar decisiones claras sobre lo que es realmente importante para el usuario y para la empresa. Las limitaciones físicas obligan a crear una web ligera y de alto rendimiento. Si su web es agradable de utilizar en estas condiciones drásticas, lo será necesariamente en un ordenador de sobremesa, con una pantalla grande y una conexión de muy alta velocidad, o con un smartphone de gama alta con 4G.

Para ser apreciada por los usuarios, una página web o la pantalla de una aplicación debe mostrarse completamente en menos de 2 o 3 segundos. Esto repercute en el diseño de las páginas y el tipo de contenido, principalmente imágenes, para no desanimar al usuario a acceder a la página (teniendo en cuenta que la duración media es de 10 a 20 segundos por página). A continuación se exponen algunas buenas reglas de diseño:

- El servicio, aplicación o página web puede utilizarse en un contexto de red degradada, es decir, el usuario no tiene que estar junto a un terminal wifi o debajo de una antena 5G para utilizarlo correctamente, pero también debe funcionar en una zona de cobertura degradada sin penalizar su uso.
- El contenido importante debe llamar la atención y ser visible desde la parte superior de la página. De esta manera, se fomenta la eliminación de elementos superfluos.

- La información debe ser accesible en una pantalla pequeña y visualizarse igual de bien en pantallas intermedias (tableta) y grandes (ordenador). Esto se conoce como *responsive design*, es decir, que la disposición y visualización de las distintas partes de una página evolucionan en función del espacio disponible.
- La navegación está adaptada a una pantalla pequeña y, en particular, los elementos de interacción con el usuario, como los botones o el menú, deben diseñarse de modo que puedan activarse con la superficie del dedo y no deben estar colocados muy cerca.

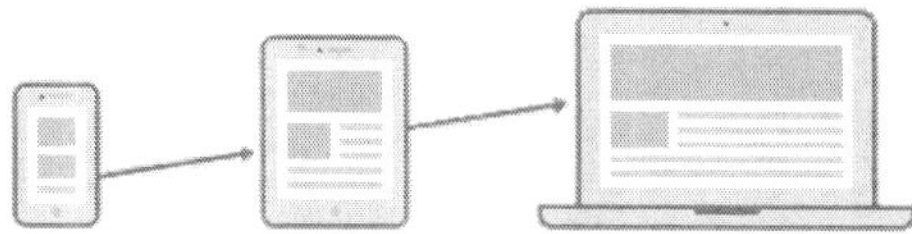

Ejemplo de diseño "mobile first" (Autor Seobility - Licencia: CC BY-SA 4.0)

La elección del diseño puede ir más allá y limitarse a una plataforma operativa acorde con el público objetivo del producto. El usuario suele salir ganando, ya que se facilita la navegación (velocidad de carga, contenido fácil de leer, enlaces fáciles de pulsar, supresión de referencias innecesarias). Además, dado que los motores de búsqueda dan prioridad a las páginas web adaptadas a dispositivos móviles, los proveedores de servicios digitales tienen todas las de ganar si mejoran la navegación de sus webs.

En el mundo de las aplicaciones que operan en el estricto contexto de los sistemas embebidos, como la aeronáutica, las restricciones forman parte integrante de los criterios de implantación de los servicios digitales. Entre ellas figuran:

- el tiempo necesario para ejecutar una orden no debe variar en más de unas milésimas de segundo;
- el número de errores de ejecución debe ser infinitamente cercano a cero;
- los sistemas embebidos no suelen disponer de una unidad de almacenamiento como un disco duro o una cinta magnética;
- los cálculos se realizan generalmente en tiempo real;
- la potencia informática disponible es materialmente limitada.

Como parte de un enfoque digital responsable, puede ser útil definir restricciones en la fase de diseño, por ejemplo limitando:

- el consumo de CPU, para reducir la energía y el desgaste del material, y poder ejecutar el servicio en una mayor variedad de dispositivos;
- el tamaño de la aplicación en el dispositivo que la ejecuta con el fin de limitar los datos descargados cuando se instala el servicio. También para limitar la renovación de los discos duros y, especialmente, de los equipos cuyo almacenamiento no es ampliable;
- el tiempo necesario para completar un trayecto del usuario, con el fin de mejorar la experiencia del usuario y el consumo de energía necesario en el dispositivo del usuario.

Este enfoque es nuevo en la creación de servicios digitales, pero puede tener un gran y rápido impacto en el aspecto ecológico.

En el extremo opuesto, existe una tendencia generalizada a colocar tantas cosas como sea posible en las pantallas de la aplicación, con el inevitable coste en términos de peso del software. La "maldición de la página de inicio", en la que todo el mundo quiere estar (todos los departamentos de la empresa, socios, etc.) y que resulta sobrecargada e ilegible, es un ejemplo habitual. Sin embargo, los usuarios no se oponen en absoluto a las páginas prácticamente vacías, como demuestra el ejemplo de la famosa página de inicio del motor de búsqueda Google, compuesta casi en su totalidad por un campo de entrada de texto y copiada por sus competidores. Google es ahora una de las empresas más ricas de la historia de la humanidad, sin haber sentido nunca la necesidad de introducir más contenido en esta pantalla.

Privilegiar **un diseño sencillo y minimalista** facilita a los desarrolladores la creación de servicios digitales ligeros que los usuarios no perciben como lentos. También es más agradable estéticamente, como demuestran los numerosos artículos dedicados al diseño minimalista.

Observación

Aún más ambiciosa que "mobile first", la opción de diseño "offline first" implica crear aplicaciones diseñadas para utilizarlas principalmente sin conexión: una vez descargados los elementos esenciales, todas las interacciones pueden realizarse sin conexión.

2.9 Diseñar sin manipular

Algunas páginas web o aplicaciones utilizan prácticas diseñadas para manipular al usuario. Harry Brignull las describe como *dark patterns* o *dark UX*. Se trata de prácticas de diseño cuyo objetivo es atrapar al usuario, obligarle a realizar una acción contra su voluntad o disuadirle de realizar una acción contraria a los beneficios de la empresa. Esto puede consistir en aumentar el tiempo de permanencia de los usuarios en la web haciendo más complejo el recorrido del usuario, o en aceptar elementos en contra de su voluntad. Estos métodos no siempre se aplican de forma malintencionada; son prácticas que se basan en sesgos cognitivos, y puede resultar más sencillo utilizarlos para alcanzar los objetivos esperados por el editor del servicio que diseñar un servicio responsable que los evite conscientemente.

Páginas web como Darkpatterns.org o la cuenta de Twitter de Harry Brignull *@darkpatterns* (los ejemplos a continuación son una concatenación de los ejemplos compartidos en esta cuenta) hacen referencia a estas prácticas y sugieren acciones para evitar sucumbir a ellas.

Existen doce prácticas de interfaz amañada. A continuación analizamos las que tienen un impacto significativo en el diseño ecológico de un servicio. Sin embargo, desde el punto de vista de la creación de servicios digitales responsables, las demás prácticas tienen un impacto ético significativo y también deben evitarse porque aumentan el tiempo dedicado a una aplicación (incrementando la energía y los datos intercambiados) o dificultan el uso de determinadas funciones a las personas con dificultades para utilizar la tecnología digital.

2.9.1 Distracción (Misdirection)

Es el diseño más fácil de detectar en los servicios digitales una vez que se conoce su existencia. Consiste en centrar la atención en un elemento con el objetivo de desviarla de otro.

El ejemplo más común en la actualidad es el botón de aceptación de cookies, mucho más visible/leíble que el de rechazo o configuración. Para evitar el uso indebido de las directivas RGPD, la CNIL y los reguladores español, alemán y británico han revisado sus recomendaciones para aclarar las expectativas y poner remedio a este tipo de situaciones. El impacto ecológico de esta aplicación es la generación excesiva de datos cuando los usuarios aceptan las cookies, por no hablar de la multiplicidad de almacenamientos, sobre todo en caso de venta de datos o de generación de campañas de e-mailing.

2.9.2 ¿Dónde está la salida? (Roach Motel)

Este tipo de diseño pone al usuario en una situación en la que es difícil abandonar el servicio. Esta práctica suele implementarse en servicios de pago en los que darse de baja del servicio es complejo. Conceptualmente, esto suele implicar una multiplicidad de acciones a realizar por el usuario y, por tanto, interfaces variables o intercambios de correos electrónicos con enlaces de confirmación. El servicio se vuelve más engorroso y el usuario emplea más energía y datos para lograr su objetivo.

2.9.3 Cebo y cambio (Bait and switch)

Esta práctica obliga al usuario a realizar una acción distinta de la deseada inicialmente. Esto puede observarse al cambiar el funcionamiento estándar de un botón en una aplicación sin informar a los usuarios.

El ejemplo mundialmente conocido está relacionado con la ventana emergente de actualización de Windows 10, en la que se modificó la acción de la cruz de cierre de la ventana emergente para darle el significado adicional de aceptar la actualización del sistema operativo. En este caso concreto, el impacto numérico es la descarga de cientos de terabytes para permitir la instalación de la actualización y, lo que es más significativo, la instalación en ordenadores que no pueden ejecutar esta nueva versión.

2.9.4 Spam para amigos (Friends spam)

Se trata de utilizar la dirección de correo electrónico o la cuenta en una red social del usuario del servicio para ponerse en contacto en su nombre con las personas que figuran en su "agenda". Esto genera un gran número de mensajes y un flujo de datos.

Es probable que esta técnica se utilice cada vez menos, sobre todo tras la demanda en 2015 contra LinkedIn que puso de relieve que se trata de una práctica ilegal en California.

2.9.5 Preguntas trampa (Trick questions)

Esta práctica está presente en los formularios y lleva al usuario poco atento a dar una respuesta no deseada. A menudo adopta la forma de una casilla marcada cuya redacción está invertida en relación con las demás, o en forma de redacción confusa. También en este caso, es la generación de datos o de correos electrónicos de comunicación (a menudo vinculados a este tipo de operaciones) lo que tiene un impacto medioambiental.

Se identifican doce patrones que pueden mezclarse para lograr un objetivo que pueda parecer beneficioso para la empresa. La realización de estos *dark pattern* suele ser el resultado de decisiones empresariales globales, no solo del departamento digital. Los expertos digitales deben recordar a todas las partes interesadas que estas decisiones pueden:

- tener un impacto negativo en la imagen de la empresa en caso de insatisfacción del usuario, por ejemplo, dificultar la cancelación de la suscripción de un usuario puede compartirse rápidamente en las redes sociales con efectos significativos y tener un impacto directo en los ingresos de la empresa;
- incumplir la legislación o su espíritu, por ejemplo, la aplicación del RGPD, como resultado de lo cual las solicitudes de aceptación de cookies son cada vez más complejas y su aplicación se vuelve a desarrollar periódicamente.

La definición de rutas de usuario y su diseño, que conforman la experiencia de usuario, pueden mejorarse gracias a buenas prácticas que a menudo se solapan con las de accesibilidad.

2.10 Crear para todos

Si no tenemos cuidado, un servicio digital puede resultar inaccesible para personas con discapacidad visual, auditiva o motriz. El W3C define la accesibilidad web como la aplicación de prácticas que facilitan el acceso a los contenidos y servicios web a las personas con discapacidad y a todos los usuarios, independientemente de sus dispositivos o condiciones de acceso. A la hora de crear productos digitales responsables, hay otros elementos que hay que tener en cuenta además del ecodiseño. Algunos de ellos son vínculos perfectos entre la limitación del impacto ecológico y la limitación de la brecha digital.

Para profundizar en el tema, el W3C ha establecido normas técnicas a través de la Web *Accessibility Initiative* y la escala de medición A11y, que evalúa la accesibilidad del software y del material digital. Muchas prácticas de diseño que tienen en cuenta el impacto ecológico y responsable se solapan, sobre todo en un enfoque *mobile first*.

2.11 Realizar pruebas con prototipos y MVP

En lugar de basarse en suposiciones, predicciones, intuiciones y otras ideas no validadas; la necesidad a la que responde el producto y sus funcionalidades deben validarse lo antes posible con los usuarios. Para evaluar el interés y la usabilidad de las funcionalidades y optimizar la experiencia del usuario, el equipo de UX puede realizar pruebas con prototipos del servicio. Estos prototipos pueden ser desde dibujos hasta interfaces interactivas desarrolladas rápidamente a partir de una pequeña base de datos. El objetivo de estas pruebas es validar las opciones de diseño, como las distintas partes de una interfaz, sus interacciones, el posible exceso de diseño, si se han cumplido las expectativas del usuario y detectar posibles malentendidos sobre la interfaz o su funcionamiento.

Estas pruebas las llevan a cabo miembros del equipo o expertos en usabilidad y nos permiten recabar opiniones de los usuarios potenciales del producto. Pueden surgir nuevas necesidades prioritarias o ideas de simplificación que se incorporan a la creación del producto. Las decisiones sobre la implantación de una función concreta se toman en función de los datos experimentales, y la implantación se prioriza en función de las expectativas de los usuarios. Surge la funcionalidad básica que se va a implantar: el **MVP**.

El **MVP**, o *Minimum Viable* (y *Valuable*) *Product*, es un concepto introducido por Frank Robinson en 2001 para identificar el conjunto de funciones que el producto debe contener como mínimo para ser utilizable y útil para los usuarios, y permitir al editor iniciar un proceso económicamente viable. Esta técnica forma parte del método Lean Startup para probar hipótesis comerciales y validar las opciones de producto.

Eric Ries define el MVP como "la versión de un nuevo producto que un equipo utiliza para reunir la máxima cantidad de información validada sobre el cliente con el mínimo esfuerzo". Es la primera fase para poner el producto a disposición de los usuarios. Como complemento o en paralelo a la creación de prototipos, una primera versión del producto puede ponerse a disposición de un grupo de usuarios, denominados *early adopters*. Estos se eligen por su capacidad para aportar comentarios constructivos y pasar por alto problemas que pueden estar relacionados con la ausencia de determinadas funciones o interfaces optimizadas.

El tiempo y la energía necesarios para crear el producto se reducen al mínimo, centrándose en las necesidades reales de los usuarios.

Las prácticas de Agile, UX, UI y accesibilidad detalladas en este capítulo muestran que un enfoque digital responsable puede ser similar a un enfoque de "sentido común"; y puede integrarse fácilmente en las prácticas ya existentes en las empresas. Este enfoque puede reforzarse con una concienciación detallada del impacto de la tecnología digital en el medio ambiente que proporcione al equipo una visión global durante la fase de diseño (este punto se trata en detalle en el siguiente capítulo sobre transformación empresarial). Estas prácticas permiten diseñar servicios digitales ágiles, fluidos, que consuman pocos recursos y sean accesibles a todos en diferentes contextos de uso.

2.12 Ahorrar recursos digitales optimizando los contenidos multimedia

Los contenidos multimedia son otro ámbito de interés, ya que suelen consumir mucho ancho de banda y contribuyen a un tráfico que requiere infraestructuras digitales cada vez mayores.

2.12.1 Imágenes

En su página web, los diseñadores éticos señalan que las imágenes utilizadas suelen estar sobredimensionadas (entre 2.000 y 4.000 píxeles de ancho) para los dispositivos que las visualizan (las pantallas de ordenador tienen una anchura media de 700 u 800 píxeles) y consumen una gran cantidad de datos. Además, el navegador tiene que calcular el tamaño de las imágenes. Hay algunas formas sencillas de optimizarlo:

- elegir el formato adecuado para el contexto de visualización (banner, icono, foto de perfil, etc.);
- comprimir las imágenes para limitar el volumen de datos que hay que descargar, procurando que ello no vaya en detrimento de la legibilidad;
- especificar qué imagen mostrar en función del tamaño de la pantalla, si se dispone de varios tamaños y compresiones de imagen. Esto también permite resaltar mejor el contenido de la imagen, en función del diseño responsivo existente;
- algunas páginas web van más allá y muestran iconos por defecto u ofrecen mostrar la imagen al hacer clic.

Ahora es posible en HTML disponer de imágenes adaptativas, con lo que el navegador puede elegir el tamaño adecuado en función del contexto (tamaño de la ventana y resolución de la pantalla). También es posible utilizar formatos modernos que ahorran ancho de banda, como WebP o AVIF, y transferir automáticamente las imágenes a formatos compatibles en todas partes, como PNG o JPG.

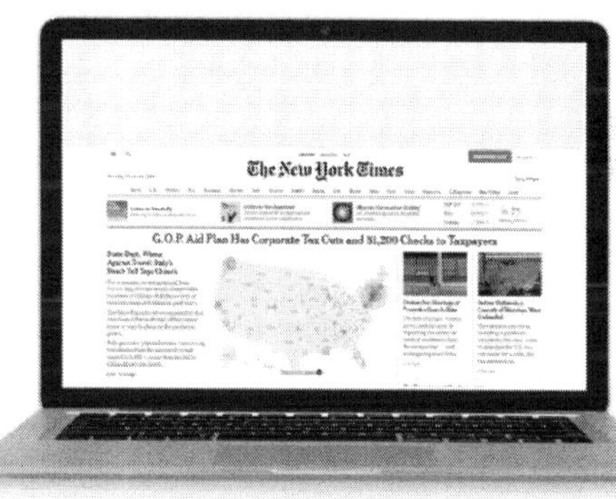

Ejemplo de redimensionamiento de imágenes seleccionadas y específicas al dispositivo

Los carruseles automáticos deben integrarse con cuidado, ya que son pesados y requieren muchos recursos. Además, pueden reducir la accesibilidad si están mal implantados. Estas prácticas, y otras que se enumeran a continuación, abordan un elemento complementario del ecodiseño: la responsabilidad social. Las mejores prácticas son:

- añadir un texto equivalente a cada imagen del carrusel (en lugar de un único texto equivalente para el conjunto);
- no lanzar el carrusel automáticamente. El usuario debe tener control sobre el cambio de imagen;
- tener un botón de desplazamiento, aunque sea invisible, que esté presente y sea identificable por el lector de pantalla para que las personas que lo utilicen puedan ver que hay una imagen por la que desplazarse.

Por último, es imperativo que las imágenes no contengan ningún texto importante, o si lo contienen, éste debe incluirse en la descripción de la imagen leída por herramientas de accesibilidad en particular.

2.12.2 Vídeo y sonido

Como se detalla en el capítulo El impacto de la tecnología digital, el vídeo representa actualmente el 60-90 % del tráfico de Internet. Es importante limitar su uso a los contenidos esenciales que no pueden transmitirse solo por audio. Cuando hay contenidos de audio o vídeo, hay una serie de aspectos que pueden mejorarse:

- Si hay vídeo o sonido, es esencial, por razones de accesibilidad, que esté parado por defecto y que su gestión (inicio, parada, gestión del sonido, etc.) esté en manos del usuario.
- Este contenido debe comprimirse (elegir bien la codificación y la compresión hace que un mismo vídeo pueda variar de 2 GB a 200 MB).
- Externalizar el vídeo, a otra parte de la página web o en otra web, es una opción sencilla mostrando una imagen sobre la que se puede hacer clic.
- El formato de emisión por defecto debe estar en consonancia con el dispositivo que lee el vídeo (360p o menos para un smartphone y 720p para un ordenador); la elección también puede hacerse en función del tipo de red que utilice el dispositivo.

Al igual que ocurre con las imágenes, ofrecer una alternativa textual a los archivos de audio o vídeo permite evitar la carga del contenido a los usuarios que prefieren leer en lugar de escuchar o ver. Esta transcripción también permite acceder a la información a los usuarios con deficiencias visuales o auditivas que no tienen acceso a todo el soporte. Esta práctica también es interesante desde el punto de vista del SEO: los robots de indexación son más eficaces con los contenidos escritos que con los visuales o auditivos. En YouTube, un vídeo está mejor referenciado si va acompañado de una descripción detallada, una transcripción y metadatos bien cumplimentados. Si lo visual es muy importante, también puede utilizar una infografía.

En el caso de los vídeos, sonidos e imágenes, su tamaño y la inclusión de elementos de accesibilidad, como se ha detallado anteriormente; tienen un fuerte impacto en el SEO de una página web. Este último tiene en cuenta los tiempos de carga de la página, las descripciones y los metadatos.

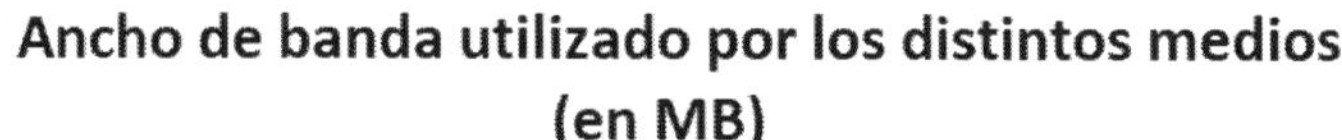

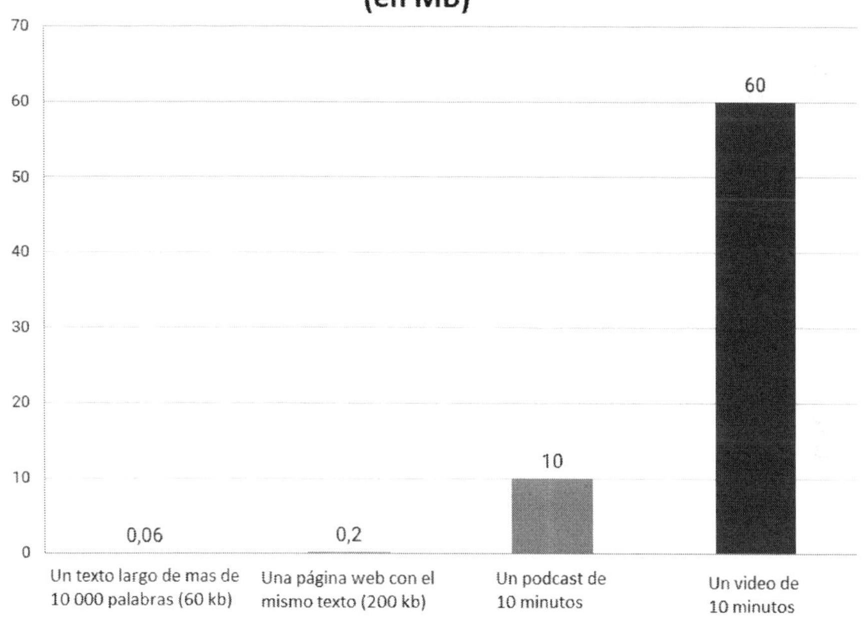

Ancho de banda utilizado por los distintos medios: correo electrónico, web, audio, vídeo

2.12.3 Animaciones

Las animaciones hacen las páginas más pesadas y causan numerosos problemas de accesibilidad, sobre todo porque son malinterpretadas por las herramientas de lectura de páginas. Por ello, conviene limitar el número de animaciones, sobre todo las que aportan información, como las barras de progreso. En este caso, es necesario incluir elementos en el desarrollo para que puedan ser interpretados por herramientas diseñadas para personas con discapacidad. Además, dado que las animaciones pueden provocar una sobrecarga de los datos necesarios para cargar la funcionalidad, la relación entre el interés *versus* el impacto ecorresponsable de su implantación puede servir para decidir si se implantan o no.

Los GIF animados pueden plantear varios problemas de accesibilidad:

- Se trata de contenidos gráficos que los internautas invidentes o con deficiencias visuales no van a poder tener acceso.
- Esto implica contenidos en movimiento o parpadeantes, lo que puede suponer un grave problema para las personas con problemas de atención, epilepsia o incluso ansiedad.

2.12.4 Uso de contenidos de servicios de terceros

Mostrar un elemento cuyo código procede de fuera de la página puede provocar un aumento significativo del tamaño de la página, o incluso un deterioro de la experiencia del usuario. Es el caso, por ejemplo, de los botones para compartir en redes sociales. Para controlar el diseño y limitar el peso de una página, es posible utilizar simplemente una imagen con un enlace al exterior, ya se trate de iconos de redes sociales o de la visualización de la dirección mediante una herramienta cartográfica.

A menudo, en las páginas web y aplicaciones de consumo, las funcionalidades que responden a las necesidades de los usuarios están razonablemente bien programadas, pero las herramientas de análisis y los mecanismos de seguimiento que envían los datos de los usuarios a los socios publicitarios especializados lo estropean todo. Por ejemplo, una página web de prensa en línea que hemos medido solo utiliza unas cuarenta de las 217 solicitudes realizadas por la página para mostrar su contenido (lo que ya es mucho). Por eso es importante limitar estas herramientas y utilizar soluciones más ligeras.

Observación

Las páginas web se editan con regularidad para compartir información actualizada. Esta actualización de contenidos puede repercutir en el aspecto de la web y en cómo se lee. Una posibilidad es limitar el tamaño del texto, el peso, el tamaño y el formato de las imágenes.

2.12.5 Fuentes de caracteres

Se recomienda utilizar las fuentes instaladas en el dispositivo que visualiza la página para acelerar la carga, especialmente la primera vez. El uso de fuentes específicas aumenta ligeramente el número de solicitudes y el ancho de banda utilizado. Es posible optimizar sin ellas. Hay decenas de fuentes ya preinstaladas y es fácil elegir una para la mayoría de los usuarios objetivo. Si se elige una fuente específica, se recomienda utilizar los formatos WOFF (el más extendido) y WOFF2 (el más comprimido), cuyos pesos están optimizados.

Observación

Cuando se opta por utilizar fuentes gratuitas en línea, algunas empresas como Google y Adobe han establecido rastreadores para:

- procesar el texto de la página web (aunque esté prohibido por el archivo robots.txt);

- rastrear a los visitantes de la página web y (teóricamente) reconocerlos;

- rastrear los cambios realizados en la página web (a pesar de robots.txt).

Esto explica por qué, al navegar con bloqueadores de rastreadores, algunas páginas no se ven como deberían.

Capítulo 9
Normas y herramientas

1. Introducción

La aplicación de las numerosas prácticas detalladas en los capítulos anteriores exige el uso de repositorios que recopilen estas ideas y puedan utilizarse a lo largo de toda la vida del servicio digital. Varios actores han creado marcos de este tipo. Se examinan en este capítulo.

Aún con el objetivo de aplicar eficazmente el ecodiseño, está claro que merece la pena utilizar herramientas que proporcionen indicadores o información para la mejora. Este capítulo contiene una lista organizada, priorizada y comentada de tales herramientas.

2. Definición de prácticas e indicadores

2.1 Construir un marco de preguntas y prácticas

Para facilitar la aplicación de prácticas de ecodiseño en un proyecto, es útil disponer de un repositorio de prácticas y preguntas que el equipo pueda consultar. Este es específico para cada contexto. Para construirlo, cada cual puede utilizar las orientaciones propuestas por los distintos agentes, que se enumeran a continuación. Entre las preguntas y prácticas propuestas, es posible filtrar las que no conciernen al producto (por ejemplo, si están dedicadas a un universo PHP y no se utiliza esta tecnología), y dividir el resto por negocios. De hecho, algunos puntos conciernen a los responsables del diseño funcional (*product owner*, por ejemplo), otros a los arquitectos y otros a los desarrolladores.

Con la creciente popularidad del ecodiseño de los servicios digitales, muchas personas y organizaciones han querido crear marcos de referencia de prácticas o preguntas con alcances diversos. Estos documentos no se contradicen entre sí, salvo en los detalles. De hecho, todos parten de las mismas observaciones y acciones clave y enumeran buenas prácticas que convergen con estos aspectos. En cierto modo, los autores se han limitado a enumerar las mejores prácticas en sus ámbitos de actividad que van en la dirección de un menor impacto medioambiental o social.

Una de las dificultades a la hora de diseñar y utilizar este tipo de documentos es determinar a qué tipos de servicios digitales se aplican. Las necesidades no son las mismas para una aplicación web, para una vitrina virtual, para un software de control de escáneres en un hospital o para un modelo de previsión meteorológica. Hay muchos contextos diferentes. E incluso dentro de ellos puede haber variaciones. Por ejemplo, los usuarios esperarán que el área de clientes de un banco sea práctica y rápida, mientras que tolerarán un tiempo de carga largo para un juego de navegador. Por eso es difícil establecer puntos de referencia generales.

Para ser plenamente útil, un marco de referencia de buenas prácticas debe reunir varias características:

- Las fichas deben ser claras, con un título explícito, una descripción y ejemplos.
- Debe ser posible filtrar y clasificar las prácticas por actividad o tema (arquitectura de diseño, alojamiento, etc.) para poder asignarlas en el momento oportuno y a las personas adecuadas de la organización del proyecto.
- Debería ser fácil priorizar las prácticas que hay que aplicar, con indicadores de dificultad e impacto.
- Lo ideal es utilizar reglas de validación y/o indicadores para comprobar el cumplimiento de la norma.

Llegados a este punto, es importante señalar que, aunque existan reglas de validación, no es en absoluto obligatorio seguir todas las prácticas al pie de la letra para construir un servicio digital responsable. Si tomamos el ejemplo de "limitar el número de peticiones HTTP", con una regla de validación de "El número de peticiones HTTP es inferior o igual a 40", ocasionalmente tener una página que supere esta cifra puede estar justificado por necesidades de negocio, o incluso por razones de rendimiento. Estos documentos deben considerarse más bien como un conjunto de preguntas e ideas de optimización para mejorar un servicio.

El W3C ha creado un documento, en fase de borrador no oficial a principios de 2024, que reúne los principios para una web sostenible, y la *Green Software Foundation* también pone a disposición un catálogo de patrones.

Nombre	Organismo de origen	Alcance y descripción	Número de criterios	Campos de filtrado y priorización	Presencia de normas o indicadores de validación
Guidelines del W3C	W3C	Web, incluido el diseño, la gestión de productos y la estrategia empresarial	93	Impacto, esfuerzo	Criterios de éxito
Green software patterns	Green software foundation	Web, nube e IA	59	Categorías IA, nube y web	No

2.2 ¿Qué indicadores pueden utilizarse?

La forma ideal de comprobar que el impacto medioambiental de un servicio digital es mínimo o decreciente es realizar uno o varios ACV (véase el capítulo dedicado). Este método es actualmente el más cualitativo, ya que permite ser riguroso y evitar sesgos. En el caso de los servicios digitales, el sesgo más extendido es centrarse en las emisiones de GEI durante el uso, ignorando así una parte muy importante de los impactos. Sin embargo, la utilización del ACV requiere competencias específicas, un acceso a bases de datos que puede resultar costoso y los servicios de consultores especializados.

Sin embargo, muchas métricas no medioambientales están fácilmente disponibles como parte del desarrollo de proyectos de software y pueden utilizarse como parte de un enfoque de mejora continua.

2.2.1 Métricas técnicas

Los datos pueden recuperarse fácilmente utilizando herramientas de supervisión y desarrollo como parte de proyectos de software. En general, utilizar menos recursos digitales y lograr un mejor rendimiento supone un menor impacto ambiental.

- **Métricas de rendimiento web** (*Core Web Vitals*, las cifras recomendadas son las recomendadas por la extensión Google Lighthouse):
  - FCP (*First Contentful Paint*): el tiempo necesario para mostrar el primer contenido debe ser inferior a 1,8 segundos.
  - TTI (*Time To Interactive*): el tiempo necesario para que la página sea interactiva,
  - SI (*Speed Index*): la velocidad con la que está disponible el contenido de una página debe ser inferior a 3,4 segundos.
  - TBT (*Total Blocking Time*): el tiempo transcurrido entre el FCP y el TTI debe ser inferior a 200 milisegundos.
  - LCP (*Largest Contentful Paint*): el tiempo que se tarda en mostrar el contenido más grande debe ser inferior a 2,5 segundos.
  - CLS (*Cumulative Layout Shift*): el índice que mide el desplazamiento de los elementos visibles en la página debe ser inferior a 0,1.
- La **cantidad de recursos utilizados**: CPU, memoria, ancho de banda, espacio en disco, etc.
- El **número de componentes desplegados**: máquinas virtuales, pods y nodos (para Kubernetes o equivalente), funciones, etc.

2.2.2 Opciones de arquitectura y diseño

Los números pueden elegirse en el momento del diseño técnico y funcional del producto, como:

- el **alcance de la compatibilidad** en términos de número de años de retrocompatibilidad, por ejemplo;
- la **vida útil de los datos**;
- las especificaciones no funcionales como **la tasa de disponibilidad de la solución** (o el tiempo máximo de inactividad al año).

2.2.3 Alojamiento

Los proveedores de alojamiento también ofrecen cifras interesantes:

- El **importe de la factura**: normalmente, cuantos más recursos se utilizan, más cobra el proveedor. Esto es aún más cierto en la nube. Por tanto, reducir la factura implica un menor impacto.
- El **PUE** (*Power Usage Effectiveness*): un alojamiento más eficiente tendrá menos impacto. Algunos actores proporcionan otras métricas como **CUE** (*Carbon Usage Effectiveness*), **WUE** (*Water Usage Effectiveness*), **REF** (*Renewable Energy Factor*), la cantidad de energía utilizada procedente de fuentes renovables o, como hace OVH, el número de componentes reutilizados y la vida útil de los servidores.
- En algunos casos, el número de **kWh** utilizados puede recuperarse con bastante eficacia.
- **La ubicación de los servidores**: el mix eléctrico de Francia suele tener menos impacto que el de muchos otros países europeos, como Irlanda.

2.2.4 Información sobre productos y opiniones de los usuarios

Las herramientas de analytics proporcionan información interesante que puede utilizarse como parte del planteamiento, **como el índice de uso de las funcionalidades, la audiencia, los sistemas operativos y navegadores utilizados por los usuarios, los momentos en los que abandonan un recorrido cliente**, etc.

Como parte de la implantación del producto, pueden observarse cifras como el **número de funcionalidades** o el **número de buenas prácticas aplicadas**.

Por último, se pueden utilizar métricas cualitativas, tomadas sobre el terreno, entrevistando a los usuarios: **índice de satisfacción, número de reclamaciones**, etc.

A partir de estas métricas, es posible establecer objetivos basados en KPI (*Key Performance Indicator*). Pero cuidado, como dice la Ley de Goodhart: "cuando una medida se convierte en objetivo, deja de ser una buena medida". Los objetivos cuantificados no deben ser obligatorios sea cual sea el contexto. Por ejemplo, fijar un límite de peso o complejidad para una página web es interesante, pero puede haber casos especiales legítimos en los que solo se puede superar ese límite, porque es la única manera de satisfacer las necesidades del usuario. Esto puede compararse con el objetivo de cobertura del código mediante pruebas unitarias: la cobertura no dice nada sobre la calidad de estas pruebas o del código. Sirve para identificar qué partes del código hay que probar. Fijar un umbral mínimo de cobertura del código no es suficiente, ni siquiera necesario, para garantizar la calidad del código fuente.

Como siempre, disponer de un conjunto de indicadores es más interesante que centrarse en uno solo. Todas las mediciones deben analizarse en su contexto, siendo conscientes de los factores externos que pueden hacer que suban o bajen.

3. Herramientas para crear servicios más sobrios

3.1 Rendimiento, compatibilidad y accesibilidad de la web

Hay muchas herramientas que pueden utilizarse para diseñar, analizar y supervisar los servicios digitales. Hay herramientas que se centran en el aspecto medioambiental. Pero también es posible utilizar otras, por ejemplo las dedicadas al rendimiento web o a la accesibilidad.

Muchos profesionales de todo el mundo desean crear aplicaciones web rápidas y accesibles. Por ello, existe un gran número de herramientas de calidad para validar estos aspectos. La accesibilidad es un ámbito especialmente interesante en el que centrarse en el contexto de la responsabilidad digital, y corresponde al aspecto Personas de los tres pilares del desarrollo sostenible.

Las herramientas de desarrollo de navegadores ya pueden analizar muchas cosas. Podemos encontrar todas las peticiones con sus cabeceras, lo que se almacena en caché o no, las cookies y su contenido, y lo que se almacena localmente (*local storage*). También podemos utilizar un depurador en el código JavaScript, analizar el rendimiento utilizando las pestañas dedicadas, etc.

En el contexto del ecodiseño, algunas de las herramientas que ofrecen los navegadores son especialmente interesantes: por ejemplo, la posibilidad de simular el comportamiento de la página web en un dispositivo móvil con una conexión de red deficiente. Así, los desarrolladores pueden imponer las limitaciones del enfoque "*mobile first*" sin tener que disponer necesariamente de dispositivos físicos antiguos.

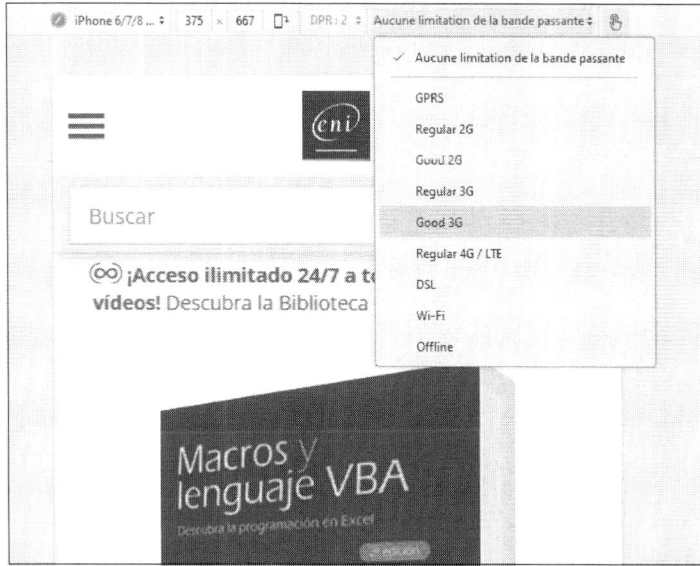

Captura de pantalla del navegador Firefox simulando la navegación con un smartphone 3G

Firefox también permite validar la compatibilidad de las instrucciones CSS en navegadores antiguos, mediante la pestaña **Compatibilidad** del Inspector, que permite validar parcialmente la compatibilidad de la página en configuraciones de hardware y software antiguas.

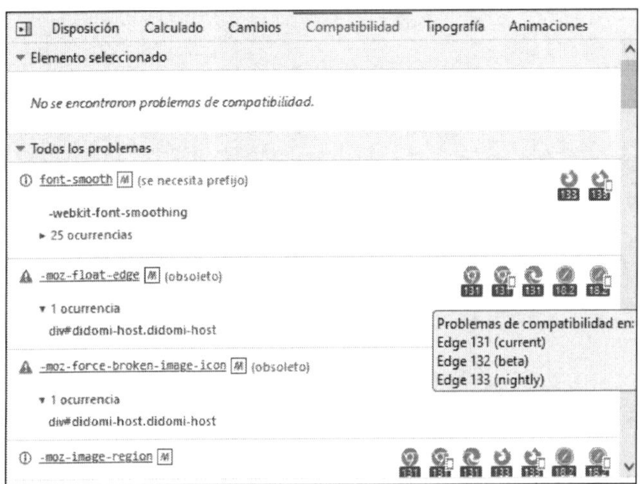

Firefox permite de forma nativa validar la compatibilidad de las instrucciones en navegadores antiguos

Algunas páginas ofrecen evaluar una URL tras pegarla en un campo de texto:

- **Yellow Lab Tools** evalúa el rendimiento de una página web en función de varios criterios (peso de la página, número de peticiones, calidad del código CSS y JS, etc.).
- **PageSpeed Insights** de Google, con el mismo modelo de interfaz, proporciona más información, con indicadores como la *First Contentful Paint* (el tiempo a partir del cual el usuario puede ver algo), el *Time to Interactive* (el tiempo a partir del cual el usuario puede interactuar con la página) y el *Speed Index* (la rapidez con la que se muestra el contenido al cargarse). Se hacen sugerencias para mejorar la página.
- **GTmetrix** se basa en Page Speed Insights y Lighthouse (ver más abajo) y muestra los mismos resultados.

Google Lighthouse es una extensión para el navegador Chrome. Permite generar un informe sobre una página con un solo clic. Esta extensión es muy interesante a varios niveles:

- Puede utilizarse para analizar páginas que no están disponibles públicamente en Internet, por lo que puede emplearse en estaciones de trabajo de desarrollo y en entornos de prueba.
- El análisis es muy completo, con numerosas métricas e índices de última generación. La mayoría de las herramientas ya mencionadas (GTmetrix, Page Seed, etc.) se basan en estos índices.
- Puede elegir analizar la versión móvil o la versión de escritorio de la página.
- La extensión proporciona una puntuación de accesibilidad, además de numerosas métricas de rendimiento.
- La extensión también pone a prueba las buenas prácticas de SEO.
- Se ofrecen sugerencias de mejora.

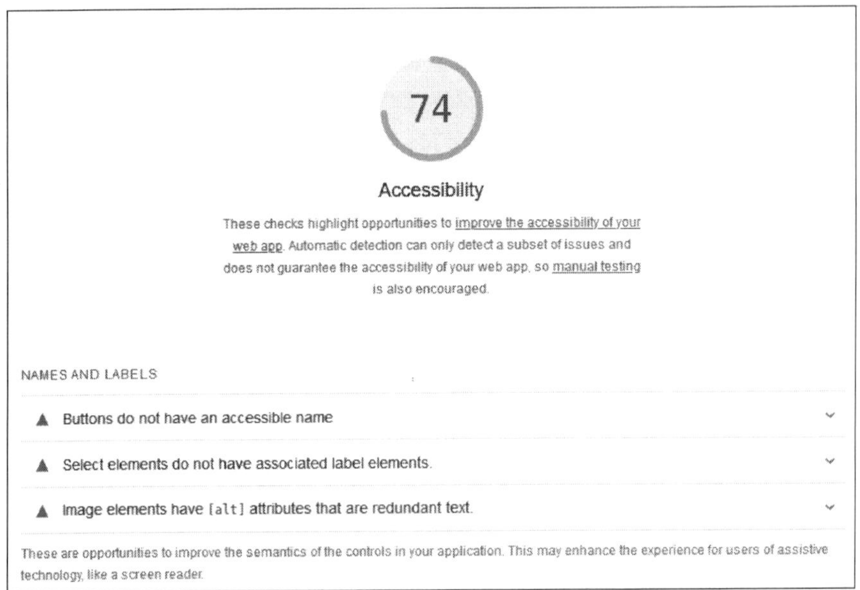

Capturas de pantalla de la extensión de navegador Lighthouse

La extensión del navegador **WAVE** para Google Chrome permite comprobar las buenas prácticas de accesibilidad. Se proporcionan muchos detalles y la página tiene anotaciones para resaltar los problemas. Del mismo modo, la extensión **Axe DevTools** permite probar criterios de accesibilidad dentro de las herramientas de desarrollo del navegador.

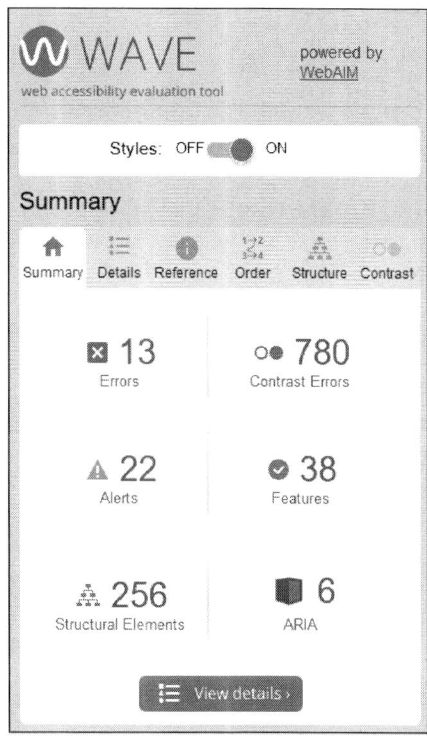

Capturas de pantalla de la extensión de navegador WAVE

3.2 Panorama de las herramientas de evaluación del impacto ambiental

Observación

El inventario y el trabajo de investigación sobre las herramientas que han hecho posible este capítulo se basan en parte en los trabajos de la asociación Boavizta. Por ello, queremos dar las gracias a este grupo y, en particular, a Benoît Petit, Youen Chene y Gaël Duez.

Las herramientas aquí presentadas están evolucionando. Es posible que aparezcan nuevas funcionalidades entre el momento en que se escribieron estas líneas y el momento en que usted las lea, o que ya existieran pero no fueran fácilmente identificables con la información disponible.

A principios de 2024, hay un gran número de herramientas y servicios disponibles para evaluar el impacto medioambiental de la tecnología digital en las empresas. Hemos identificado algo menos de 70, y probablemente esta lista no sea exhaustiva. Por tanto, el mercado está muy saturado, lo que hace aún más difícil elegir con conocimiento de causa.

Teniendo en cuenta este inventario, es posible hacer algunas observaciones rápidas:

- Estimar el impacto medioambiental **se convertirá en una cuestión de comodidad**, como demuestra la incorporación de esta funcionalidad en las herramientas o ecosistemas ya muy extendidos, como Dynatrace, Sentry, ServiceNow, Microsoft Teams o incluso las consolas de los proveedores de servicios en la nube. Pero luego están las cuestiones de la exactitud de las cifras dadas (basadas en modelos), de su alcance (en general, son monocriterios: solo emisiones de GEI) y la transparencia del método de cálculo.
- Es una verdadera lástima que no se hayan aunado todos estos esfuerzos para mejorar las pocas herramientas de *open source* que existen desde hace tiempo. Algunas de las herramientas que han aparecido recientemente se inspiran incluso en herramientas históricas como EcoIndex o GreenIT Analysis (presentadas a continuación), hasta el punto de tener los mismos botones en los mismos lugares.

- Hay que tener cuidado al pagar a servicios que ofrecen estas estimaciones. Suelen tener páginas web atractivas pero poco claras y a menudo no explican cómo se calculan.

Antes de examinar estas herramientas por categorías, conviene aclarar que ninguna de las mencionadas *mide* el impacto ambiental. Se trata siempre de estimaciones basadas en un modelo o una conversión. Ninguna de estas herramientas puede medir automáticamente valores reales de emisiones de GEI o de consumo de agua. Para ello, sería necesario disponer de sensores físicos (vatímetros, por ejemplo) en todos los niveles de la infraestructura (servicios informáticos, red, pero también centrales eléctricas) y tener en cuenta los ACV completos de todos los dispositivos implicados.

3.2.1 Servicios basados en un inventario de máquinas en línea

Algunas herramientas permiten estimar el impacto de una flota a partir de un inventario de máquinas. CarbonFacts, ML CO2 o la calculadora *Green Algorithms* añaden el tiempo de procesamiento y la ubicación para estimar la huella de un cálculo puntual (normalmente el entrenamiento de un algoritmo de *machine learning*).

3.2.2 Ampliaciones de las herramientas existentes

Cada vez son más las herramientas existentes en el mundo digital que ofrecen una estimación de su impacto medioambiental, por desgracia casi siempre limitada a la huella de carbono. Es el caso de software de monitorización del rendimiento como Sentry o Dynatrace. También existen extensiones que añaden esta funcionalidad: por ejemplo, CarbonScore, que es una extensión para Teams u Outlook, o MyITFootprint, que es una extensión para ServiceNow. Del mismo modo, la estimación proporcionada por los proveedores de alojamiento, como los proveedores de nube que se detalla a continuación; puede considerarse una extensión de sus servicios.

Obtener una huella de carbono mínima se está convirtiendo, por tanto, en una cuestión de **conveniencia**. Las preguntas que hay que hacerse en este contexto se refieren a la calidad de los datos:

- ¿En qué se basan estas estimaciones?
- ¿Son transparentes los algoritmos y las fuentes de datos?
- ¿Se tienen en cuenta varios factores de impacto ambiental?
- ¿Se tienen en cuenta todas las fases del ciclo de vida?

3.2.3 Herramientas para estimar el impacto de los servicios en nube

Los principales proveedores de servicios en nube, Microsoft, Google y Amazon, facilitan ahora una estimación del impacto en carbono de los servicios que despliegan. En uno de sus artículos, el colectivo Boavizta detalla los métodos utilizados para calcular las distintas calculadoras de impacto del carbono utilizadas por los principales proveedores de nube:

- Azure (Microsoft) tiene en cuenta los alcances 1 a 3 de la huella de carbono (véase el capítulo Medir del impacto de un SI, sección Alcances), pero no en su totalidad y con falta de transparencia en algunas fases.
- Google Cloud también tiene en cuenta de forma incompleta los 3 alcances y es transparente sobre los datos que no se incluyen, probablemente debido a la falta de disponibilidad.
- Amazon Web Services solo tiene en cuenta los alcances 1 y 2 y no documenta los métodos de cálculo.

Estas calculadoras fueron precedidas por herramientas como Cloud Carbon Footprint, de Thoughtworks (empresa famosa por acoger a autores influyentes como Neal Ford y Martin Fowler), que ofrece el mismo servicio.

Otras herramientas se dedican a estimar el impacto en la nube, como Cloud Scanner, de Boavizta. Cloud Jewels y GreenPixie utilizan datos de facturación, Aether utiliza métricas de uso; y Carbonifer se basa en archivos Terraform. Todos tienen un único criterio (emisiones de GEI o solo energía). Resilio ha creado CloudAssess, destinado a los proveedores de servicios en nube para que puedan evaluar su propio impacto utilizando varios factores de impacto y teniendo en cuenta todo el ciclo de vida del material.

3.2.4 Herramientas para estimar el impacto de las páginas web

Con la web tan presente en nuestra vida digital y en los servicios que prestamos, es natural que haya sido el centro de atención de muchos diseñadores de herramientas.

Una herramienta fundamental en este contexto es CO2.js. Se trata de una biblioteca JavaScript de código abierto para evaluar la huella de carbono de aplicaciones y páginas web. CO2.js está mantenida por la *Green Software Foundation*. Se basa únicamente en el ancho de banda utilizado. Hay dos modelos disponibles: el modelo 1byte del Shift Project (considerado como obsoleto por todos, incluidos sus creadores), y el *Sustainable Web Design model*, que ahora está activado por defecto.

A partir del ancho de banda utilizado, CO2.js (utilizando el modelo de *Sustainable Web Design*) calcula la energía gastada en él y las emisiones asociadas a esta energía. La cifra de 0,81 kWh por GB se obtuvo dividiendo el consumo energético de todo Internet por el tráfico anual. Del mismo modo, la cifra de 442 gramos equivalentes de CO2 por kWh corresponde a un mix eléctrico medio. Puede modificarse para reflejar una combinación local de electricidad.

Este modelo tan simple es, por tanto, muy limitado:

- Solo se dispone de un factor de impacto medioambiental: las emisiones de GEI, lo que contribuye a centrar a los actores en el cambio climático en detrimento de otras crisis medioambientales.
- El uso del ancho de banda como único indicador sustitutivo contribuye a reforzar el sesgo de linealidad: se dice que el impacto de los servicios digitales es función del ancho de banda utilizado.

Sin embargo, estas opciones son comprensibles dados los datos disponibles y las limitaciones que hay que tener en cuenta para poner en marcha una herramienta rápida y sencilla a partir de datos públicos.

Esquema de funcionamiento de CO2.js con el Sustainable Web Design Mode

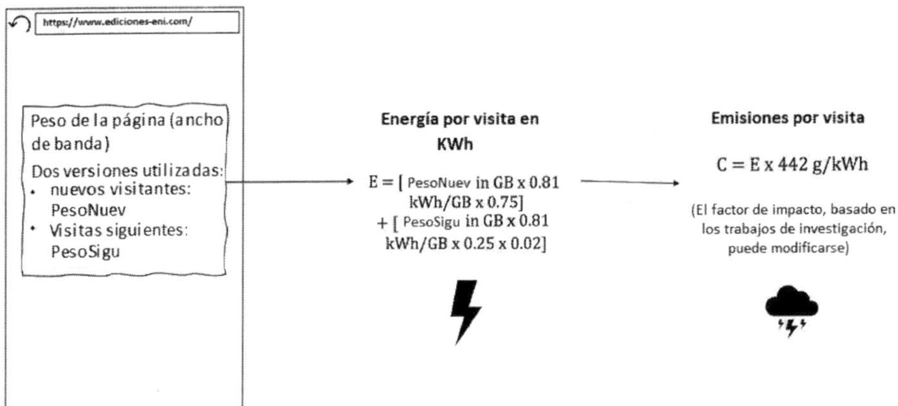

CO2.js es utilizado como dependencia por muchas otras herramientas, como EcoGrader, WebSiteCarbon y Globemallow.io.

Muchos otros creadores de herramientas han adoptado una ergonomía sencilla e intuitiva basada en la introducción de URL. Entre ellas se encuentran EcoGrader, EcoWebScore, Kastor, Muchas Glacias, WebSiteCarbon, GreenieWeb, GreenMetrics, Greenoco y Arneo EcoConception. Estas herramientas suelen mostrar datos técnicos sobre la página, tal y como los proporcionan las herramientas como Google Lighthouse o equivalentes; información sobre su accesibilidad, que puede evaluarse automáticamente; o si el alojamiento es "verde", es decir, si utiliza electricidad procedente de fuentes renovables. Cuando se facilita una estimación del impacto medioambiental, suele tratarse solo de una huella de carbono estimada, a menudo basada en CO2.js. En muchos casos, la creación de estas herramientas tiene, al menos en parte, una motivación comercial.

Sin embargo, este tipo de interfaz no facilita la realización de un gran número de pruebas, ni el estudio de una ruta completa, ni de páginas desplegadas en una red interna o en una máquina de desarrollo. También es bastante lento y los análisis fallan regularmente.

3.2.5 Herramientas para desarrolladores y operadores de servicios digitales

Los creadores de servicios digitales siempre han estado acostumbrados a crear ellos mismos herramientas que respondan a sus necesidades, lo cual es normal ya que disponen de las competencias necesarias para hacerlo. Así que hay multitud de herramientas disponibles para desarrolladores y operadores de soluciones informáticas.

Estimación de la energía utilizada

Una primera categoría de herramientas utiliza datos del sistema para proporcionar una estimación de la energía consumida por las aplicaciones en máquinas físicas (y, por tanto, requiere acceder al sistema operativo de estas máquinas). Entre ellas se encuentran Scaphandre y Power API, que existen desde hace tiempo y constituyen la base de otras soluciones. El proyecto PowerJoular también pretende realizar estas estimaciones. Kepler proporciona métricas sobre el uso de energía de los componentes de Kubernetes (pods, nodos).

Tengamos en cuenta que los proveedores de servicios y herramientas como RedHat confían en estas herramientas para proporcionar una estimación de la huella energética de los componentes de software de los servicios digitales desplegados en su ecosistema. RedHat incluso ha entrenado modelos con *machine learning* para estimar la huella de estos mismos componentes, incluso sin acceso a los datos del sistema de la máquina física: la información que falta y que no puede proceder del sistema operativo se sustituye por la salida de los modelos.

Herramientas de análisis de páginas web

Existen varias herramientas para analizar una página web diseñadas específicamente para desarrolladores.

GreenTrackr es una extensión para navegadores, muy inspirada en GreenIT Analysis, con una interfaz muy similar y basada en los mismos parámetros, pero creada por una empresa y no de *open source*.

GreenFrame es una herramienta propia de pago desarrollada por Marmelab que calcula la huella de carbono de un servicio digital ejecutando escenarios de usuario en un entorno de prueba basado en Docker.

Fruggr es una plataforma de análisis publicada por la consultora Digital4Better y disponible en modo SaaS. La plataforma permite generar y supervisar indicadores relativos al rendimiento medioambiental (en particular, emisiones de gases de efecto invernadero y consumo de agua) y social (accesibilidad, inclusión) del proyecto analizado.

Greenspector es una empresa que ofrece un servicio de medición de la eficiencia y el impacto ambiental de páginas web y aplicaciones móviles mediante mediciones realizadas en teléfonos físicos. Es uno de los principales actores franceses del sector digital responsable, y su blog contiene muchas entradas interesantes sobre el tema.

La herramienta de código abierto PAGIEL recupera y registra datos técnicos sobre páginas web procedentes de PowerAPI, SiteSpeed, Yellow Lab Tools (Core Web Vitals) y GreenIT Analysis, y puede utilizarse para crear gráficos que muestren los cambios de estos indicadores a lo largo del tiempo.

Análisis estático y CI/CD

Las herramientas de análisis estático que analizan el código fuente de los programas para detectar posibles problemas, están muy extendidas y se utilizan con regularidad en los proyectos de software. Así que es natural que los desarrolladores quieran utilizar este tipo de herramientas para identificar posibles mejoras del impacto ambiental de los servicios digitales que producen.

Dado que el ecodiseño es ante todo, como su nombre indica, una cuestión de diseño, no cabe esperar las ganancias más impresionantes en el análisis estático del código fuente en el caso general. Sin embargo, es posible identificar una serie de posibles problemas de eficiencia.

Esto es lo que se propone hacer EcoCode, un plugin para SonarQube. Existen versiones para Java, PHP, Python y JavaScript, así como para aplicaciones móviles Android e iOS. No todas las reglas tienen el mismo interés. Algunas, como "*Use the $i++ variable during an iteration*" o "*Multiple if-else statement*", solo pueden suponer ganancias muy pequeñas (unas pocas instrucciones de procesador, y eso sin contar las optimizaciones en tiempo de compilación y de ejecución) y es probable que molesten a los desarrolladores y sean contraproducentes. Otras, como "*Usage of system.arraycopy to copy arrays*", son más interesantes. Por lo tanto, es aconsejable tener mucho cuidado a la hora de configurar EcoCode. Las reglas para aplicaciones móviles son claramente todas, o casi todas, muy útiles. Ahorran batería al evitar el consumo innecesario de energía cuando se utilizan recursos de hardware (pantalla, red, acelerómetro, etc.).

El plugin EcoSonar, que también puede utilizarse en SonarQube, lleva las cosas aún más lejos al integrar EcoCode, así como análisis de Google Lighthouse, análisis de GreenIT y validadores del W3C.

Otros ejemplos son ec0lint, una herramienta de análisis estático que fomenta prácticas técnicas para páginas web (HTML más pequeño, sin reproducción automática, sin animaciones, etc.), SoftAWERE, que estima el impacto de un servicio digital basado en pruebas en GitlabCI utilizando Scaphandre, y Eco-CI, una herramienta para estimar la energía consumida por las Acciones de GitHub.

IA y Python

Existen varios paquetes Python basados en el mismo modelo para estimar el impacto de las emisiones de GEI de un cálculo importante. Dado que este lenguaje se utiliza mucho en el aprendizaje automático y, más en general, en la IA, estas aplicaciones se mencionan a menudo. Estos paquetes son CarbonTracker, CodeCarbon, Eco2AI y Tracarbon.

La herramienta LLMCarbon se utiliza para modelizar la huella de carbono de los LLM.

Otros

Hay otras herramientas interesantes para los desarrolladores. Una de ellas es el Carbon Aware SDK, cuyo objetivo es permitir trasladar el procesamiento a un momento en el que la electricidad consumida tenga más probabilidades de proceder de fuentes de energía renovables que de combustibles fósiles, lo que podría ser una optimización interesante en determinadas regiones, cuando el servicio digital lo permita, aunque ninguna fuente de energía sea perfectamente limpia.

3.2.6 Otras herramientas

Terminemos esta sección con algunas herramientas más difíciles de clasificar.

Entre ellas, Carbonaliser y WeDeex son herramientas de sensibilización que utilizan el ancho de banda para estimar la huella de carbono asociada.

Por último, el proyecto e-footprint, aún incipiente en el momento de escribir estas líneas, presenta un enfoque interesante basado en la modelización del servicio digital objetivo (número de servidores, recorrido del cliente, etc.) y la estimación de su impacto a partir de datos procedentes de diversas fuentes, como Boavizta y ADEME.

3.3 ¿Qué estrategia de elección adoptar?

Ante tanta oferta de herramientas, puede resultar difícil decidir cuáles utilizar. Aquí tienes algunos criterios y guías que te ayudarán.

En primer lugar, sea cual sea la necesidad, hay que tener en cuenta una serie de cosas:

- **La sostenibilidad del proyecto**: ¿existe esta herramienta desde hace mucho tiempo? ¿Está respaldada por una comunidad? Si está diseñada por una empresa, ¿es sólida? Invertir en un producto que se abandonaría unos meses o años después sería una pérdida de tiempo y dinero.
- **Facilidad de uso**: ¿puede la herramienta integrarse fácilmente en el ecosistema de destino? ¿Es intuitiva y fácil de manejar?
- **La calidad de los datos y/o del algoritmo**: ¿es la herramienta multicriterio o se limita a estimar la huella de carbono? ¿Son transparentes los datos de origen y las fórmulas utilizadas? Elija las herramientas de *open source* que documenten su método de cálculo con total transparencia, y las que ofrezcan el mayor alcance posible en términos de etapas del ciclo de vida y en impactos medioambientales.

Pero, sobre todo, como en cualquier otro tema, la solución adecuada depende de la necesidad. He aquí algunas heurísticas:

- Si la necesidad es **sensibilizar** a empleados, proveedores, clientes o cualquier otro público, elija herramientas sencillas, rápidas y fáciles de utilizar una sola vez. Para las páginas web, EcoIndex es ideal, posiblemente con el complemento Análisis GreenIT. Carbonaliser o WeDeex pueden sensibilizar observando toda la navegación. También es posible utilizar herramientas como el Green Algorithm o las calculadoras de impacto de Co2 de ML para concienciar sobre el impacto de un cálculo backend. Esta opción también puede utilizarse para realizar una estimación rápida y puntual con el fin de ilustrar un punto.
- Para hacerse simplemente una idea **del impacto de una actividad**, aunque sea incompleta, prefiera las estimaciones proporcionadas por las herramientas utilizadas en su caso (como Dynatrace, Sentry o las consolas de los proveedores de la nube) o las extensiones si existen (como CarbonScore o MyITFootprint).
- Para **observar el impacto medioambiental estimado de un servicio digital**, como parte de un enfoque de mejora continua; invierta en el despliegue de herramientas dedicadas a este uso: GreenIT Analytics, pero también GreenFrame o Fruggr, la suite EcoCode y EcoSonar, así como herramientas backend como Kepler, Scaphandre, PowerAPI, Cloud Carbon Footprint o las consolas GAM.
- Para **estimar el impacto de los servicios digitales desplegados**, las herramientas dedicadas al desarrollo como GreenIT Analysis serán de poca utilidad, pero la analítica de un servicio será instructiva. En el backend, utilice herramientas como Kepler, Scaphandre, PowerAPI, Cloud Carbon Footprint o las consolas de proveedores Cloud o, en su defecto, las estimaciones de herramientas como Sentry o Dynatrace.
- Para **integrar este tipo de estimación en un producto**, utilice las distintas bibliotecas existentes: CO2.js o los distintos paquetes de Python.
- Para una **evaluación global y precisa a nivel de SI**, utilice bases de datos como Boavizta o Resilio, o recurra a expertos que puedan realizar una evaluación del carbono o un ACV según las reglas del oficio.

Hay que recordar que ninguna herramienta es perfecta, todas tienen sus limitaciones y ninguna de ellas mide impactos reales, solo pueden ser estimaciones.

Capítulo 10
Apoyar el cambio

1. Introducción

La implantación de la responsabilidad digital en una empresa debe llevarse a cabo en paralelo con el apoyo a las prácticas intrínsecas de la empresa. La norma ISO 14001 "especifica los requisitos de un sistema de gestión medioambiental que una organización puede utilizar para mejorar su comportamiento medioambiental". Esta proporciona lo que define como un enfoque general para ayudar a las empresas que desean realizar una transición medioambiental. Los temas que trata, como la reducción del consumo de agua, la mejora de la eficiencia energética o la optimización de la gestión de materias primas, también pueden seguirse como parte de una política de RSE.

Sin embargo, además de los marcos normativos y las buenas prácticas asociadas, es importante darse cuenta de que la puesta en marcha de un proyecto en torno a prácticas digitales responsables es un enfoque de transformación. Es más, cuando se trata de Green IT y tecnologías de la información, este enfoque de transformación va muy a menudo de la mano de un enfoque de innovación (ya sea esta innovación técnica, organizativa o una mezcla de ambas). Esta distinción es importante porque implica prácticas específicas de gestión del cambio que abordamos en este capítulo.

2. Los efectos positivos de una transformación ecológica Green IT

2.1 Reducción de costes

Al poner en marcha una transformación Green IT, una de las primeras medidas que toman las empresas suele ser optimizar el uso de los equipos digitales, porque esto tiene un efecto positivo para la empresa: reduce el coste de gestión del parque informático. En lugar de renovar las máquinas cada tres años, como ocurre en la mayoría de las empresas del mundo; la empresa se orienta hacia un periodo más largo de mantenimiento en condiciones operativas de sus propios equipos. Estas prácticas, que se describen detalladamente en el capítulo Optimizar los equipos y su uso; van desde la reparación de los equipos hasta la creación de ciclos internos de reutilización. También es posible revender equipos a organizaciones que gestionen su reacondicionamiento para su posterior reventa, respetando los procesos de limpieza de datos. Estas opciones están disponibles tanto para ordenadores como para dispositivos móviles (teléfonos y tabletas), cuya vida útil en el lugar de trabajo sigue siendo demasiado corta.

Además de gestionar las máquinas utilizadas por los empleados de una empresa, también es posible optimizar el coste de la gestión de los servidores: la FinOps. Esta contracción de los términos finanzas y operaciones es un enfoque que pretende optimizar y supervisar los costes de la nube. Como lo explica la *FinOps Foundation*, "*FinOps* es la práctica de llevar la responsabilidad financiera al modelo de gasto variable de la nube, permitiendo a los equipos descentralizados hacer concesiones empresariales entre velocidad, coste y calidad". Como ocurre con los métodos ágiles, es necesaria una estrecha colaboración entre los equipos de proyecto, los que gestionan las operaciones informáticas y las finanzas. Esto permite identificar las necesidades desde la concepción del servicio digital, definir las herramientas de seguimiento de la utilización de los servidores a lo largo de toda la vida del servicio y proporcionar a los equipos de compras la información necesaria para optimizar las elecciones en materia de gestión de la nube (que puede utilizarse a la hora de definir los contratos con los proveedores de alojamiento).

La tabla siguiente enumera las buenas prácticas procedentes del repositorio de *open source* de FinOps World.

	Inicio	Sostenibilidad	Generalización
Estrategia	Asignar las dos primeras funciones	Gestión de competencias del modelo FinOps. Definición de objetivos y de los KPI.	Escenarios de decisión Coste-Entrega-Calidad. Gestión de objetivos empresariales, de los *critical success factors* y de los KPI.
Gobernanza	Asignar las dos primeras funciones	Contracargos, supervisión y facturación. Definición de lenguaje común.	Control de objetivos. Presupuestos y previsiones.
Build	Definición de la política *tagging*	Proceso de elegibilidad de SaaS/PaaS/IaaS. Proceso de elegibilidad de los PSC/Regiones, Racionalización de los servicios compartidos. Gestión de la política de *tagging* automatizada.	Política de copias de seguridad de datos. Gestión del equilibrio entre resistencia/costes. Gestión de plantillas y mejores prácticas de arquitectura.

	Inicio	Sostenibilidad	Generalización
Run	Comprobación de la eficacia de las optimizaciones	Alertas y detección de anomalías. Medidas de consumo por aplicación tipo y componente. Visualización del TCO por aplicación.	*Benchmarking del gasto*. Análisis de tendencias y variaciones.
Optimización	Ajuste de instancias y opciones de almacenamiento. Reservar instancias. Destrucción de recursos no utilizados.	Detener/reiniciar/ destruir recursos. Gestión de reservas, ajuste del almacenamiento y gestión del ciclo de vida de los datos. Ajuste continuo.	Optimización de redes y flujos. Gestión de precios de proveedores. Proceso global de optimización del gasto.
Supervisión/ experiencia	Formación y difusión de conocimientos	Experimentación, validación y generalización de innovaciones. Estudios de nuevas tecnologías y soluciones. Identificación de oportunidades de *refactoring*.	Comunidades de expertos líderes.

Además, todas las buenas prácticas de diseño descritas en los capítulos anteriores también permiten optimizar los costes ofreciendo servicios eficaces y fáciles de usar para limitar el tiempo perdido por unos programas obsoletos (tiempo de formación, complejidad de uso o tiempo de ejecución). Lo mismo ocurre con el mantenimiento y la actualización de un servicio digital. En efecto, las prácticas de *craftsmanship* dan como resultado un software más sencillo de desarrollar y de mantener en condiciones operativas.

Por último, como se detalla a continuación, la aplicación de una auténtica política de RSE puede tener un gran impacto en la retención y contratación de empleados, lo que se traduce en una reducción significativa de los costes de formación, recuperación y contratación.

2.2 Impacto más allá del marco informático

2.2.1 Facilitar la contratación

La pandemia de Covid-19 ha revolucionado el mundo laboral, sobre todo en el ámbito de la informática, al abrir la puerta al teletrabajo global. Las empresas ya no se limitan a buscar empleados en su propia zona geográfica; ahora las ofertas de empleo proceden de todo el mundo.

En general, los empleados se interesan cada vez más por lo que hace la empresa y por los beneficios que aporta. Además de los beneficios tradicionales, como una buena mutua o un seguro médico complementario y un salario competitivo, los empleados también buscan oportunidades para apoyar causas o abordar cuestiones que les preocupan. Según un estudio de 2016 de *Cone Communication* en Estados Unidos, esto representa el 64 % de los empleados, y la cifra se eleva al 76 % según un estudio de *Boston Consulting Group* (BCG) sobre estudiantes de escuelas de negocios.

Los empleados quieren implicarse para ayudar a la empresa a abordar los problemas sociales y medioambientales. Al implicar eficazmente a los empleados en los esfuerzos de responsabilidad corporativa de la empresa, esta demuestra que se preocupa por las expectativas de sus empleados, lo que conduce a su realización personal y puede hacer que permanezcan más tiempo en la empresa.

Los Millennials -o Y- (nacidos entre 1980 y 1994) y la Generación X (nacidos entre 1965 y 1979) son los empleados más comprometidos. Dan más prioridad al compromiso de la empresa con las cuestiones de RSE que las generaciones anteriores. Están dispuestos a invertir su tiempo y dinero para apoyar cuestiones importantes en el trabajo y en su vida personal. Una empresa que se preocupa por su impacto medioambiental resulta realmente atractiva para estas generaciones.

En este contexto, el estudio mencionado muestra que al 70 % de los estudiantes les gustaría trabajar o hacer prácticas en el sector de la economía social, pero están dispuestos a reducir su salario ("el 77 % de ellos estarían dispuestos a reducir su salario en una media del 11 %").

La encuesta de Cone Communication muestra que, en Estados Unidos, dos tercios de los empleados de las generaciones X e Y afirman que no trabajarán para una empresa sin compromisos sólidos en materia de RSE (frente a una media del 51 %) y que, como empleados, serán más leales si sienten que tienen un impacto positivo en los problemas del trabajo. Las consecuencias de esta lealtad son bien conocidas: mantenimiento de conocimientos y competencias, cooptación y, por tanto, mayor facilidad de contratación, mayor compromiso con los proyectos de la empresa, etc.

2.2.2 Beneficios empresariales

En los últimos años, y sobre todo desde el inicio de la crisis de Covid, se ha acelerado la concienciación medioambiental sobre las actividades humanas, con organizaciones y particulares cada vez más preocupados por el calentamiento global. Estas preocupaciones afectan a todos los sectores comerciales, aunque en la actualidad los cambios en las compras están relacionados sobre todo con los productos de primera necesidad.

Un estudio de 2020 destaca que los productos comercializados como sostenibles o ecológicos se benefician de un rango de precios casi un 40 % superior al de sus homólogos comercializados de forma convencional. Y aunque los productos basados en el desarrollo sostenible solo representan el 16 % del mercado, contribuyeron a más de la mitad del crecimiento del mercado de productos cotidianos entre 2015 y 2019. Este mismo estudio destaca la importancia del etiquetado en la elección del producto, y señala que las etiquetas no son iguales, sin entrar en los detalles de la elección del consumidor. Aunque este estudio no se centra en el sector digital, los productos cubiertos son lo suficientemente generales como para poder extrapolar las expectativas a este sector en un espacio de tiempo relativamente corto. Hay muy pocos servicios digitales ecodiseñados, y su etiquetado es aún más escaso. Es muy probable que esta opción sea tenida en cuenta por el público en general a la hora de elegir un servicio u otro, o una empresa u otra. De hecho, las cláusulas medioambientales ya aplicables, sobre todo en las ofertas públicas, son un paso en esta dirección (véase el apartado sobre la elección de proveedores en el capítulo Optimizar los equipos y su uso).

Desde el punto de vista tecnológico, el tamaño del mercado mundial de las llamadas tecnologías verdes y sostenibles se estimó en algo más de 10 000 millones de dólares en 2020. Las publicaciones de 2024, que evalúan el crecimiento de esta parte de la economía mundial, estiman un crecimiento de entre 37 000 y 64 000 millones de dólares a principios de la década de 2030. Detrás de estas cifras, las llamadas tecnologías verdes deben servir para proteger el medio ambiente y reparar los daños causados por el pasado, lo que puede asimilarse a IT for Green (véase el capítulo Vocabulario y normas), pero también incluyen actividades que pueden tener importantes efectos de rebote, como IoT y la inteligencia artificial.

Estas inversiones están siendo impulsadas en particular por diversos gobiernos de todo el mundo para preservar la naturaleza y reducir su impacto negativo en el medio ambiente, lo que está estimulando el crecimiento de este mercado.

Desde 2020, es el IoT (del que se habla en el capítulo Cada vez más usos y terminales) el principal impulsor de este mercado, y se espera que mantenga su dominio hasta 2030. La explicación que se da a este crecimiento es que el IoT ayudará a "frenar la contaminación y las emisiones, [...] reducir la explotación medioambiental [...], y minimizar los costes operativos del consumo de energía". Dado que este enfoque requiere una gran cantidad de equipos y se basa regularmente en la inteligencia artificial, su impacto medioambiental debe tenerse en cuenta cuando se hacen estos anuncios, lo cual cuestionamos. Sin embargo, se espera que el segmento de inteligencia artificial y analítica experimente la mayor tasa de crecimiento durante el periodo de previsión, debido a su adopción masiva por parte de diversas industrias de todo el mundo.

La sostenibilidad en la estrategia de desarrollo, e incluso el crecimiento en un contexto evidentemente sostenible, no sólo contribuye a la ventaja competitiva, sino que también puede conducir a la reducción de costes y a una mayor innovación. Hay quien opina que una empresa que no haga la transición hacia el desarrollo sostenible no podrá permanecer mucho tiempo en el mercado. En la actualidad, son pocas las empresas que intentan adoptar una verdadera estrategia que integre la sostenibilidad en todos sus procesos, y a menudo se trata de cambios en áreas que tienen escasa repercusión en el funcionamiento real de la empresa.

Además de la necesidad de crear nuevos productos o de replantearse el proceso de producción, las empresas se enfrentan a la paradoja de un deseo de cambio sin ninguna repercusión en el poder adquisitivo. Todo un reto. Por consiguiente, una empresa que desee cambiar sus productos puede dirigirse a segmentos de consumidores que sean primerizos (definidos más adelante en este capítulo) y estén dispuestos a comprar productos sostenibles.

Como creadora de un producto o servicio digital, la empresa debe tener cuidado de no provocar un cambio en el impacto medioambiental, o incluso un efecto rebote, que provendría principalmente de la producción de equipos.

2.3 Preparar el futuro

Tras décadas de relativa estabilidad en el mundo económico, las inestabilidades relacionadas con el suministro de materias primas, el cambio climático y la aparición de nuevos conflictos armados provocarán cambios importantes en la forma de gestionar las empresas. Algunas de estas cuestiones ya se están abordando, sobre todo en Europa a través de diversas directivas de la Comisión Europea.

2.3.1 Cambios en la legislación

Ya sea a través de convenios internacionales, ya comentados, como el Protocolo de Montreal de 1987 relativo a las sustancias que agotan la capa de ozono o, más recientemente, los Acuerdos de París de 2015; muchos países de todo el mundo intentan compartir objetivos y prácticas para combatir el cambio climático.

No siempre respetados, estos acuerdos y convenios deben traducirse en leyes nacionales o regionales para que tengan un efecto real. A este respecto, pocos países o grupos de países cuentan con normativas tan avanzadas como la Unión Europea (UE).

En las últimas décadas, la UE ha introducido una amplia gama de legislación medioambiental. Desde los años setenta se han puesto en marcha importantes programas para transformar las prácticas; la octava fase basada en el *European Green Deal*, comenzó en 2020. La estrategia actual se centra en la promesa de conseguir que Europa sea neutra en emisiones de gases de efecto invernadero para 2050, al tiempo que se implantan prácticas de producción que no aumenten el uso de recursos. Esto incluye, entre otras cosas:

- la creación de un plan de acción de economía circular;
- una revisión de la directiva sobre fiscalidad de la energía, que incluya exenciones fiscales para la aviación y el transporte de mercancías.

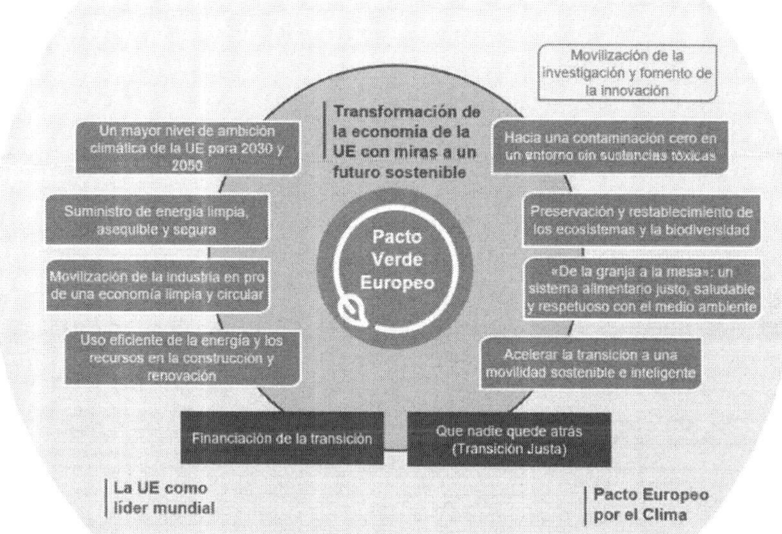

Ilustración de los distintos elementos del "Green Deal"

El 3 de noviembre de 2020, la UE compartió un informe que promueve la reparabilidad de los productos con el fin de alcanzar sus objetivos de transición ecológica permitiendo a los consumidores conservar sus equipos durante más tiempo. Una aplicación directa de este informe es la adopción en marzo de 2023 por la Comisión Europea de una propuesta de normas comunes para promover la reparación de bienes facilitando el recurso a la reparación en lugar de la sustitución, tanto en el marco de la garantía legal como fuera de ella. La Comisión Europea se plantea incluso ampliar el periodo de garantía legal más allá del mínimo actual de 2 años.

En este contexto de economía circular, los mecanismos disponibles pasan por estimular nuevos procesos industriales, explorar y crear mercados de bienes "neutros en el plan climático" que favorezcan este tipo de economía. Para apoyar este objetivo, la UE prevé crear directivas para la creación de productos responsables que emitan menos residuos a lo largo de su ciclo de vida. Así se fomentaría el desarrollo de procesos de reutilización y reciclado más amplios y generalizados, con especial atención a los equipos electrónicos.

Al mismo tiempo, existe el deseo de intensificar la verificación de las ecoetiquetas reivindicadas por las empresas, ya sea por vía reglamentaria o no, con el fin de luchar contra el *"greenwashing"*, ofrecer a los consumidores un punto de referencia verificado e iniciar un debate sobre la modificación del IVA para permitir a los estados miembros a orientar mejor sus ambiciones medioambientales.

Se puede criticar la rapidez de la acción europea y la pertinencia de algunas medidas, pero los presupuestos asignados a la voluntad de transformación son, no obstante, significativos. La pandemia de Covid dio lugar a un comunicado de la Comisión Europea en el que se señalaba el fuerte vínculo existente entre la crisis ecológica y la llegada del virus. Al asignar al menos el 37 % del fondo de recuperación de 750 000 millones de dólares vinculado a la crisis del Covid a la mitigación del cambio climático, además del presupuesto inicial de 1 billón de dólares en 10 años, la Comisión subraya la importancia de aplicar realmente el *European Green Deal*.

En diciembre de 2023, la Unión Europea alcanzó un acuerdo para proteger el medio ambiente y los derechos humanos por parte de las empresas: "Directiva sobre diligencia debida de las empresas en materia de sostenibilidad". El objetivo de esta directiva es promover el comportamiento sostenible y responsable de las empresas y su gobernanza, en particular reforzando las prácticas de RSE. Las organizaciones europeas tendrán que tener en cuenta los impactos negativos de sus acciones (dentro y fuera de la UE) y poner en marcha procesos de reparación de sus actividades, las de sus filiales y cadenas de valor. Estas obligaciones se refuerzan para los grandes grupos, que deberán definir una estrategia comercial que garantice su compatibilidad con los acuerdos de París. Por último, las opciones estratégicas deben tener en cuenta las consecuencias para los derechos humanos, el cambio climático y el medio ambiente. Estas acciones se detallarán en el informe de sostenibilidad solicitado por el CSRD.

Observación

Para apoyar las iniciativas de transformación, existen cartas que las empresas se comprometen a cumplir, como el Pacto Mundial de las Naciones Unidas, que es la mayor iniciativa mundial de desarrollo sostenible empresarial o la Carta Digital Responsable de INR.

2.3.2 Resistencia al cambio climático

En los últimos años, la humanidad ha podido constatar el impacto del cambio climático en su modo de vida y su entorno: aumento del número y de la intensidad de los incendios, aparición de olas de calor más intensas (duración, temperatura, incluso en invierno), ciclos pluviométricos caóticos con sequías e inundaciones más erráticas. Estos fenómenos repercuten en la vida humana (así como en la vida animal y vegetal) y en el desarrollo de nuestras empresas. Como empresa, cada vez es más necesario poder identificar su resiliencia climática, es decir, su capacidad para continuar su desarrollo y su actividad en distintos escenarios, como los que implican un acceso muy limitado a los recursos.

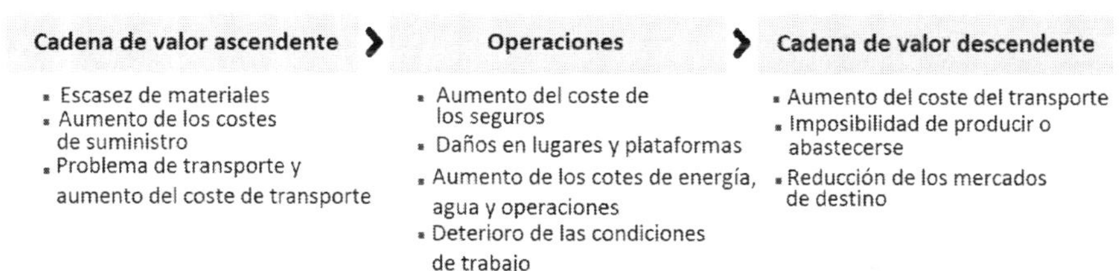

Diagrama basado en el método OCARA, que identifica ejemplos del impacto del cambio climático en diferentes niveles de las actividades de una empresa

Carbone4® ha creado el método OCARA, *Operational Climate Adaptation and Resilience Assessment*, "para comprender, identificar y priorizar las señales débiles y fuertes del cambio climático a partir de una visión holística de los impactos climáticos en toda la cadena de valor de la empresa". Este tipo de método de reflexión permite abordar el nivel actual de resiliencia de todas las cadenas de valor de la empresa, diagnosticar los riesgos asociados a los escenarios de cambio climático existentes e identificar acciones para aumentar la resiliencia en los distintos casos, en función de sus probabilidades.

Este tipo de reflexión ya es abordada en otros contextos por las empresas en sus planes de recuperación empresarial. Se puede simplificar diciendo que se trata de integrar nuevos elementos climáticos. Sin embargo, algunas de las cuestiones abordadas afectan a cambios a largo plazo en el modo de funcionamiento de la empresa e influyen en su visión estratégica y en la pertinencia de su modelo de negocio.

En esta identificación de la resiliencia, con el conocimiento actual de las perturbaciones climáticas, los temas tratados (por ejemplo: dificultad de acceso al agua, mantenimiento de las condiciones de trabajo o integridad de los edificios) tienen una alta probabilidad de ocurrencia a corto y largo plazo. Por lo tanto, necesitamos un plan de contingencia para garantizar que estos eventos tengan un impacto limitado en nuestras actividades empresariales.

Además de responder en parte a la directiva europea del 23 de febrero de 2022, como se ha visto, las empresas que realicen este tipo de introspección de forma periódica y actualicen sus procesos de trabajo y cadenas de valor estarán mejor preparadas para futuros acontecimientos.

En el sector digital, esta resistencia es aún más importante debido a la variedad de materias primas necesarias y a las tensiones, sobre todo hídricas, que pueden tener un gran impacto en la fabricación de equipos. Hay varios ámbitos en los que la tecnología digital puede contribuir a limitar el impacto del cambio climático. En primer lugar, está la ampliación del periodo de uso, ya sea mediante la reparación o la prestación de servicios digitales que limiten la obsolescencia del software, de lo que ya hemos hablado en el capítulo Optimizar los equipos y su uso y en el capítulo Impacto y optimización del alojamiento. También existen las llamadas alternativas *low-tech* que responden a necesidades que a menudo se abordan con herramientas de *high tech* por moda, costumbre o por no haberse cuestionado la necesidad inicial. Este enfoque limita la cantidad de equipos necesarios y, por tanto, la cantidad de materiales, energía, etc. utilizados.

Estas opciones de *low-tech* son una vía que puede seguirse ahora mismo, volviendo a centrarse en las necesidades reales del usuario y no sólo en las de la empresa que crea el servicio. En el futuro, podrían incluir innovaciones en el uso de materias primas alternativas (como la madera), la optimización del uso de la energía o la mejora del reciclaje. Estas innovaciones se tratan con más detalle en el capítulo Innovaciones y modelos virtuosos.

3. Los grandes principios de la transformación empresarial

3.1 Comprender los principios de la transformación

A finales de los años 90, Dave Snowden, entonces consultor de gestión en la división de *"Global Services"* del gigante informático IBM, hizo la siguiente observación: el mismo método de resolución de problemas o de gestión del cambio funcionaba en algunos contextos, pero no en otros. Su análisis de esta situación le llevó a considerar que era necesario adaptar estos enfoques de gestión del cambio al entorno, es decir, al ámbito en el que se aplicaba el cambio.

A continuación propuso un modelo, denominad Cynefin, basada en cuatro dominios:

- El dominio simple, más tarde rebautizado como **dominio obvio**, es el dominio en el que pasar de la causa al efecto es trivial. El enfoque que hay que utilizar en este dominio es "observar, categorizar, responder". Es en este dominio donde encontramos métodos basados en recetas o "mejores prácticas". Por ejemplo, construir un muro de ladrillos es una actividad que entra dentro de este ámbito, y para hacerla se puede seguir una hoja de instrucciones.

- El **dominio complicado** es aquel en el que se necesita análisis y experiencia para llegar de la causa al efecto. El enfoque que hay que utilizar en este campo es "observar, analizar, responder". Es en este campo donde encontramos métodos basados en las buenas prácticas (no hay una única manera de hacer las cosas, pero sí las hay buenas y malas). La construcción de un edificio entra dentro de este ámbito: esta construcción puede llevarse a cabo desarrollando especificaciones y buenas prácticas.
- El **dominio complejo** es un campo en el que no es posible, a priori, ir de la causa al efecto; esto sólo será posible realizando un análisis retrospectivo. En este campo, el enfoque a utilizar es "explorar, observar, responder"; por lo tanto, encontraremos prácticas emergentes en este campo. El desarrollo de software, por ejemplo, entra muy a menudo en este ámbito, por lo que es necesario proceder por iteraciones en su realización.
- El **dominio caótico** es aquel en el que las relaciones entre causa y efecto no son perceptibles. El enfoque recomendado en este campo es "actuar, evaluar, responder", con el objetivo de hacer surgir nuevas prácticas. Este es, por ejemplo, el campo en el que se encontró el mundo al principio de la crisis de Covid, con una falta inicial de información y análisis que impulsó a los gobiernos a actuar, y después a evaluar estas acciones.

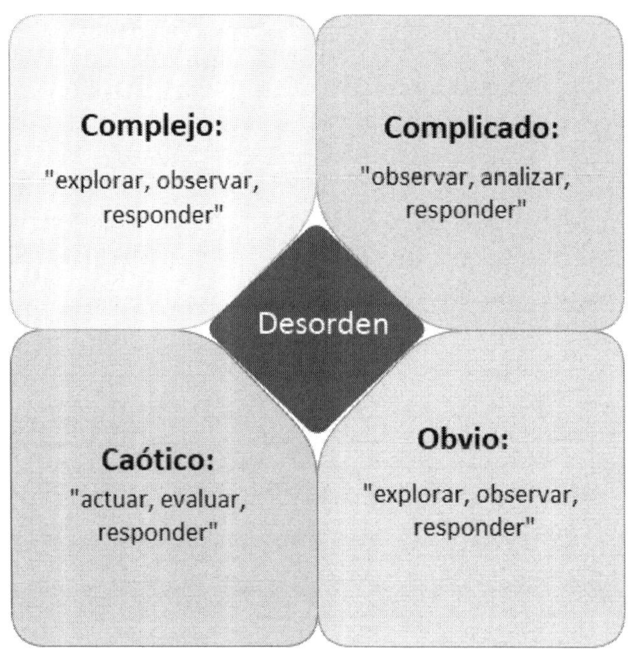

Representación de los diferentes dominios de Cynefin

El modelo propone un quinto dominio, el dominio del desorden, en el que nos encontramos hasta que hayamos identificado cuál de los otros cuatro modelos corresponde a nuestro entorno.

Volviendo al enfoque de transformación digital responsable, es importante identificar claramente los dominios Cynefin que deben abordarse en función de las categorías de acción a las que se dirijan. Por ejemplo, una optimización de los equipos informáticos para prolongar su vida útil entre en el terreno de lo complicado; el uso de un marco de referencia de mejores prácticas es, por tanto, un punto de apoyo interesante. En cambio, una revisión de ecodiseño de un servicio digital es más probable que sea compleja, por lo que requiere la aplicación de un enfoque incremental e iterativo que permita llevar a cabo la experimentación.

3.2 Definir la visión

Lograr una transformación sostenible cambia automáticamente la estrategia de una empresa y, por tanto, puede repercutir en su misión, visión y valores.

La misión de la empresa es su razón de ser, lo que aporta a la sociedad o simplemente a su sector de actividad, como por ejemplo, "facilitar la búsqueda de un médico especialista y el acceso a la asistencia" para Doctolib. Además, la visión proyecta la empresa hacia el futuro, animándola a superarse y planteando la pregunta "¿hacia dónde quiere ir la empresa? Tiene un impacto en las decisiones y la estrategia. Mientras que la misión rara vez evoluciona, la visión puede cambiar con el tiempo como consecuencia de los avances tecnológicos, las limitaciones externas o las oportunidades de desarrollo. Los valores, por su parte, pueden definirse como los fundamentos sobre los que opera la empresa y que guían el comportamiento de sus empleados. Sirven de referencia para las opciones de desarrollo y la toma de decisiones.

La transformación hacia un funcionamiento responsable puede alterar significativamente la visión y los valores de la empresa, porque cambia la forma en que ésta enfoca su futuro. Para definir la visión, hay que mirar hacia delante. Es lo que se denomina prospectiva (en contraposición a la retrospectiva, es decir, hacer balance de lo que acaba de ocurrir). Imaginamos el (o un) futuro ideal alcanzado en una fecha determinada, en el que las acciones emprendidas son totalmente acordes con la misión y los valores de la empresa.

Para definir este futuro y el camino para llegar a él, existe una técnica conocida como "pequeños pasos", que puede abordarse de diferentes maneras, algunas de las cuales ya se han mencionado en la sección Un enfoque orientado a la optimización del capítulo Cuestionar la funcionalidad. Como complemento, nos gustaría mencionar el enfoque *Solution Focus* para la gestión del cambio y la inteligencia colectiva. Este enfoque se basa en el trabajo de dos psicoterapeutas, Steve de Shazer e Insoo Kim Berg (cuyo trabajo se basa a su vez en el del psiquiatra y psicólogo Milton H. Erickson), y define un marco de reflexión cuyo objetivo es proyectarse en el registro de la solución (por oposición al registro de la resolución de problemas), buscando iteraciones que nos acerquen a esa solución.

Para ilustrar los pasos necesarios para implantar un taller de *Enfoque en las Soluciones*, tomemos un ejemplo que consistiría en mejorar el impacto medioambiental del software producido por un equipo de desarrollo.

- En primer lugar, se invita a los participantes a pensar en su "futuro preferido", pidiéndoles que se proyecten unas semanas o meses en el futuro, y que piensen qué observarían de diferente en ese futuro próximo, en relación con el tema que se está trabajando. En nuestro ejemplo, la pregunta podría ser "Llevamos tres meses y hemos reducido considerablemente el impacto de nuestro software. ¿Qué observas diferente?".
- A continuación, se pide a los participantes que valoren su posición actual en una escala de 1 a 10, en la que la barra 10 representa la preferencia futura expresada en el paso anterior.
- Luego se les pregunta por qué ya están ahí: ¿cuáles son los puntos fuertes actuales que pueden aprovechar para progresar? En nuestro ejemplo, podría ser el hecho de que ya hayan puesto en marcha herramientas de medición, o que hayan recibido formación en ecodiseño de servicios digitales.
- En otras palabras, la idea es encontrar los pequeños pasos siguientes que puedan acercar al equipo a la preferencia futura expresada.

Estas acciones pueden definirse de dos maneras: partiendo del estado actual o del futuro. En cualquier caso, es importante que las diferencias entre las dos etapas sean pequeñas para facilitar la identificación de los cambios que hay que hacer en la empresa y limitar el tiempo necesario para conseguirlos. Al igual que si hubiera dado un paseo y hubiera ido hacia la derecha en lugar de hacia la izquierda, cuanto más a menudo pueda dar un paso atrás para asegurarte de que no se ha equivocado, menos tiempo perderá y más motivación conservará.

Para garantizar el cumplimiento de las distintas etapas, utilizamos los objetivos SMART, acrónimo en inglés de los principales criterios:

- ***Specific*** (Específicos): es decir, claramente definidos, identificando incluso a las personas que serán responsables de la acción.
- ***Measurable*** (Medibles): medible mediante indicadores cuantificables y rastreables para evaluar los avances.
- ***Achievable*** (Alcanzables): teniendo en cuenta la capacidad para lograrlo y los medios puestos a disposición.
- ***Realistic*** (Realistas): en el sentido de la pertinencia del objetivo (es el momento oportuno, está en consonancia con la misión de la empresa, etc.).
- ***Time-bound*** (de duración limitada): con un periodo limitado y una fecha de finalización.

Al realizar este análisis, es importante centrarse en los métodos de trabajo y no en los recursos. Estos últimos son herramientas y evolucionan más rápido que los primeros. Este enfoque es una parte habitual de la transformación empresarial.

Repitiendo este tipo de talleres de *Solution Focus* a intervalos regulares, es posible co-construir un camino de progreso iterativo (la solución se construye poco a poco) e incremental (abordando los distintos temas de forma independiente), al tiempo que se mantiene un enfoque positivo para encontrar una solución e implicar a las partes interesadas. Como parte de una transformación ecológica Green IT, que a menudo se basa en hallazgos medioambientales poco inspiradores, *Solution Focus* puede ayudar al equipo a posicionar la transformación de forma positiva.

3.3 Aprovechar la inteligencia colectiva

Una transformación Green IT tiene un aspecto particular en comparación con otras transformaciones empresariales más tradicionales. Implica trabajar en un tema que va mucho más allá del propio perímetro de la empresa, el del impacto medioambiental de las actividades humanas. Por ello, la implicación de las distintas partes interesadas de la empresa, y en particular de sus empleados (que también son ciudadanos), no sólo es crucial para el éxito de estos proyectos de transformación, sino también un importante factor de motivación en el sentido más amplio.

En su libro "*Drive: The Surprising Truth About What Motivates Us*"Daniel H. Pink (traducido en español como "Drive: la sorprendente verdad sobre qué nos motiva"), Daniel H. Pink relata una serie de experimentos realizados por varias universidades, entre ellas el *Massachusetts Institute of Technology* (MIT). Estos experimentos demuestran que en cuanto una tarea va más allá del ámbito de las actividades básicas y repetitivas, e implica habilidades cognitivas, los sistemas de remuneración tradicionales dejan de ser un factor de motivación para las personas que realizan estas tareas; estos sistemas de remuneración y primas pueden incluso resultar contraproducentes.

Por ello, Daniel Pink nos invita a dejar de lado estos mecanismos extrínsecos de motivación y centrarnos en cambio en las motivaciones intrínsecas del ser humano, basadas en tres pilares:

- Autonomía: en el contexto de la empresa, es la capacidad del trabajador para encontrar la mejor manera de realizar las tareas que se le asignan.
- Dominio: se traduce en la necesidad de adoptar una postura de aprendizaje y perseverancia.
- Fines: motivar a los empleados de una empresa es mucho más fácil si los objetivos fijados son significativos para ellos.

Sobre este último punto en particular, la puesta en marcha de un proceso de transformación de Green IT, pero sobre todo la implicación de los empleados en este proceso puede resultar tanto un factor de motivación para los participantes como un factor de éxito.

También se pueden encontrar reflexiones y herramientas adicionales sobre este tema de la motivación y la inteligencia colectiva en el marco de referencia Management 3.0, basado en la obra y el libro homónimos de Jurgen Appelo, publicados en 2010.

Jurgen Appelo define una escala de evolución para el mundo de la gestión:

- El Management 1.0 corresponde a las creencias derivadas del mundo taylorista, que considera que los empleados de la empresa son meros engranajes fácilmente sustituibles.
- El Management 2.0 es consciente de que la riqueza de una empresa reside en su capital humano, pero sigue apegado a un sistema organizativo muy jerarquizado que limita las posibilidades de potenciar a los empleados.
- El Management 3.0 propone un modelo organizativo alternativo basado en la implicación y motivación de los empleados, y aboga por un enfoque en el que el papel del directivo sea gestionar el sistema que le rodea en lugar de las personas.

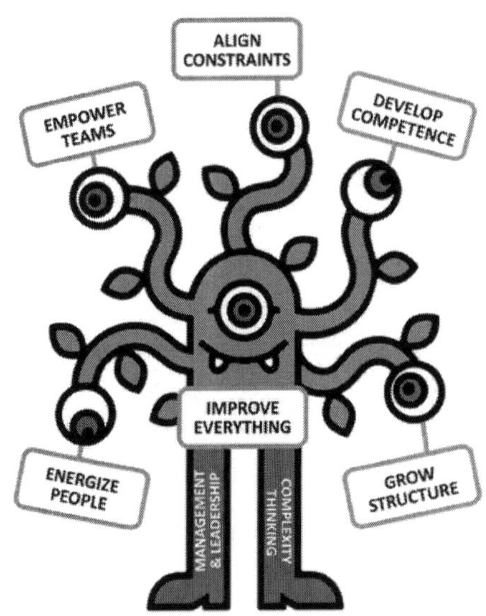

Martie, la mascota de Management 3.0 - fuente: página web de Management 3.0

Los recursos que ofrece la comunidad Management 3.0 pueden resultar muy útiles en el marco de una transformación de Green IT. Por ejemplo, *el Delegation Poker* es un juego de cartas que permite a un equipo y a su responsable determinar los niveles de delegación en diferentes temas; puede utilizarse para facultar a grupos de trabajo que lleven a cabo parte del proceso de transformación. Del mismo modo, el taller *Values Stories* permite a un equipo u organización reflexionar de forma colaborativa sobre sus valores; puede utilizarse para crear grupos de trabajo sobre el tema del trabajo digital responsable.

Otro elemento importante que hay que tener en cuenta en un planteamiento de inteligencia colectiva es el hecho de que no todos los empleados adoptan el proceso de transformación a la misma velocidad. En su libro "*Diffusion of Innovations*", cuya primera edición se publicó en 1962, Everett Rogers examinó estos fenómenos de adopción en un contexto de innovación e identificó cinco categorías principales de comportamiento:

- Innovadores (alrededor del 2,5 % de las personas) que son muy entusiastas de la innovación, o incluso la esperan.
- Primeros adoptantes (alrededor del 13,5 % de las personas) que se aficionan a la innovación con mucha facilidad, a menudo convencidos por los innovadores.
- La mayoría precoz (en torno al 34 % de las personas) que adoptará la innovación basándose en los comentarios de las dos categorías anteriores.
- La mayoría rezagada (alrededor del 34 % de las personas) que sólo adoptarán la innovación cuando una gran mayoría lo haya hecho antes que ellos.
- Los tradicionales (alrededor del 16 % de las personas), una categoría reacia al cambio y cuyos miembros sólo se apropiarán de la innovación cuando ya no tengan elección.

Este modelo fue completado por Geoffrey Moore en un libro publicado en 1991 y titulado "*Crossing the chasm*". En él, el autor introduce la presencia de un abismo entre las dos primeras categorías y las tres siguientes. En esencia, hasta que una innovación no alcanza una tasa de adopción del 16 % (la suma de las dos primeras categorías), resulta difícil proyectar su adopción definitiva.

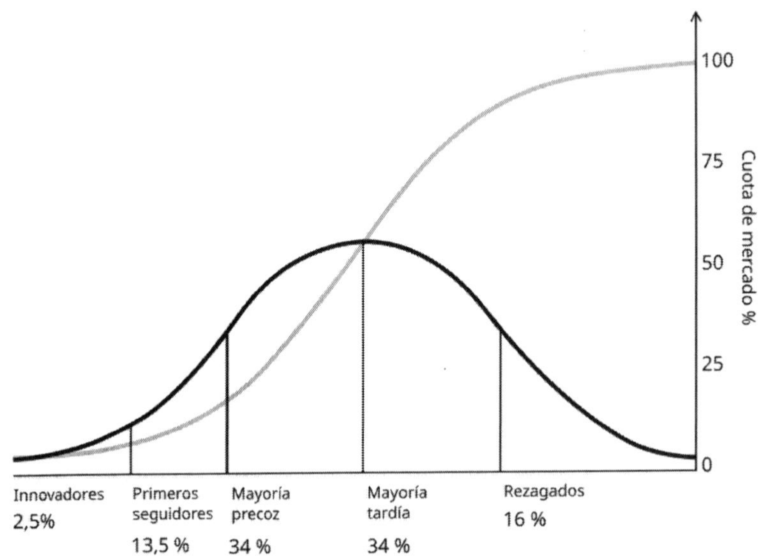

Representación del gráfico de la teoría de difusión de innovaciones - de Wikipedia

Aunque, como su nombre indica, se concibió con vistas a abordar la innovación, es habitual utilizar este modelo de forma más general en las transformaciones empresariales. Por lo tanto, a la hora de aplicar un enfoque digital responsable, es útil referirse a estas diferentes categorías de población, en particular para identificar a los innovadores que podrían ser los primeros promotores internos de la transformación, pero también para adaptar las acciones emprendidas (sensibilización y formación, gestión de proyectos, cartas, etc.) a estas diferentes categorías.

3.4 La importancia de la sensibilización

Como toda transformación, la transición ecológica debe llevarse a cabo comprendiendo los diversos impactos de las acciones de la empresa y sus consecuencias positivas o negativas para el medio ambiente. El primer paso para comprenderlo es la formación. Ésta adopta diversas formas, en función del grado de implicación de los empleados. Debe ser progresiva, con el objetivo de integrar a todos los empleados, para que todos comprendan los condicionantes que han influido en los cambios de gobernanza.

Como no se puede forzar una transformación, hay que definir toda una política de sensibilización y formación. Para definir esta política hay que tener en cuenta dos principios:

- Cuanto más arriba esté una persona en el proceso de toma de decisiones, desde la política de gobernanza hasta la creación de un servicio digital, más influencia tendrá en la reducción del impacto ambiental.
- Apoyarse en personas comprometidas con el cambio ayuda a iniciar un proceso de cambio.

Hay varias opciones para concienciar sobre cuestiones medioambientales. Puede simplemente hacer presentaciones internas, o compartir cualquier tipo de información o conocimiento. Los talleres **Fresco Climático** y **Fresco Digital** son ideales para ello. Se trata de talleres interactivos de tres horas de duración, basados en mapas que contienen información procedente de la literatura científica (por ejemplo, los informes del IPCC) que los participantes tienen que enlazar entre sí. A medida que los participantes toman conciencia de la importancia de estas cuestiones, es probable que busquen formas de actuar a su propio nivel.

También es posible **autoformarse**. Esto puede llevar más tiempo sin la ayuda de alguien que ya tenga los conocimientos, pero hay muchos recursos disponibles para ello. Hay libros y MOOC (un tipo abierto de aprendizaje a distancia capaz de dar cabida a un gran número de participantes).

3.5 Formación de los equipos de diseño de servicios digitales

Formar a todos los miembros del equipo es muy importante, porque a todos les concierne. El ecodiseño no es sólo para desarrolladores. No se trata sólo de optimización técnica, al contrario; los mecanismos de actuación son más importantes a nivel funcional, e incluso a nivel de expresión de necesidades. De hecho, como ocurre casi siempre, cuanto más arriba estén las personas en el proceso de construcción del software, mayor será su capacidad de influir en el proyecto: los responsables que eligen qué proyectos lanzar y los que diseñan la solución tienen un mayor efecto potencial en el impacto ambiental de la solución que los desarrolladores, que sólo pueden optimizar un diseño que ya se ha creado en gran medida.

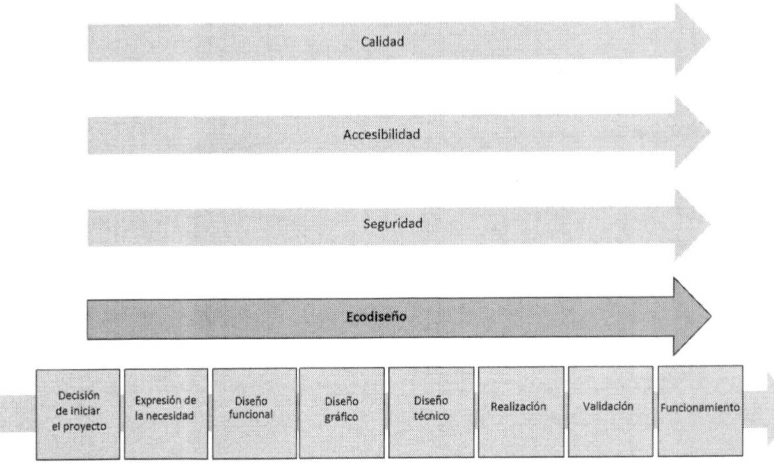

Temas tratados durante la formación y su fase de aplicación

Al igual que otros aspectos del proyecto, como la calidad o la accesibilidad, el ecodiseño es una cuestión transversal que debe tenerse en cuenta desde el principio y a lo largo de todo el ciclo de vida de la solución. Por tanto, los profesionales implicados deben ser conscientes de lo que está en juego y de las acciones clave que hay que emprender.

Existen varias soluciones para formar a los empleados en el impacto de la tecnología digital, supervisarlo y tomar medidas para reducirlo, en función de la ambición y del presupuesto disponibles.

La forma más eficaz, pero también la más cara, es seguir uno de los cursos de formación profesional relacionados con el tema. Estos se han multiplicado en los últimos años. Estos cursos se actualizan y mejoran para seguir el ritmo de las nuevas prácticas y de la legislación.

También es posible formar a algunos de los equipos que transmitirán sus conocimientos a sus compañeros, o traer a expertos en la materia. Existen muchos formatos de transmisión de conocimientos dentro de las empresas que no son específicos de la responsabilidad digital. A continuación, citamos algunos ejemplos:

- Organizar **presentaciones y formaciones internas**: pueden tener una duración entre una hora y varios días, según la ambición; e implicar a un número variado de personas. Para una mayor convivencia, estos momentos ideales para compartir pueden organizarse por la noche, a la hora del *afterwork* (*meetup*), o incluso a la hora del desayuno.
- ***Los Brown Bag Lunch*** (***BBL***) son almuerzos en los que los compañeros hacen presentaciones sobre un tema concreto o lo debaten entre ellos. Las BBL tienen la ventaja de ser amenas y no invadir demasiado el tiempo de trabajo.
- ***Webinars***: son presentaciones en línea por videoconferencia. El formato a distancia permite llegar a más personas o a una zona geográfica más amplia.
- ***Serious games***: los formatos inspirados en los juegos de mesa pueden utilizarse para el aprendizaje. Este es el principio en el que se basan los talleres fresco climático y fresco digital ya mencionados; pero existen otros, también a menudo basados en cartas, inspirados por ejemplo en el Trivial Pursuit©, pero también en el Pictionary© y otros juegos. Héloïse Dano, consultora digital responsable, ha elaborado una lista de juegos sobre el tema.

Para que estas competencias no se pierdan por falta de aplicación y para que los profesionales interesados puedan intercambiar y progresar, la creación **de comunidades de prácticas**, como para cualquier otra materia, es una opción interesante.

3.6 Iterar, probar, aprender

La norma ISO 14001, que se ha mencionado brevemente en la introducción de este capítulo, se basa en el principio de iteración, comentado anteriormente en la sección Definir la visión y en el capítulo Impacto y optimización del alojamiento. Esto significa que podemos dar pequeños pasos hacia adelante, validando los resultados de nuestras acciones a medida que avanzamos y, si es necesario, ajustando regularmente nuestro enfoque. Este principio está en la raíz de las transformaciones ágiles que muchas empresas han aplicado en los últimos años. Se basa en los conceptos sencillos y eficaces de introspección, adaptación y transparencia.

El objetivo de la iteración es sencillo: adquirir aprendizajes y conocimientos útiles para la mejora continua. El principio no es más complejo: se trata de probar una hipótesis, analizar su ejecución y actuar en consecuencia. Es lo que se conoce como el ciclo PDCA (en inglés):

- La primera etapa es la **Planificación** (*Plan* en inglés), durante la cual identificamos un objetivo o formulamos una teoría, definimos los parámetros de éxito y especificamos el plan de ejecución. Este objetivo o teoría debe ser relativamente pequeño, para que pueda alcanzarse o ponerse a prueba en un breve periodo de tiempo (no más de unas semanas).
- La siguiente etapa consiste en **Hacer** (*Do* en inglés), es decir, llevar a cabo los elementos identificados en el plan de la etapa anterior.
- Después viene la fase de **Verificación** (*Check* en inglés), en la que se analizan los resultados para comprobar la validez del objetivo y del plan de ejecución. También se utiliza para identificar signos de progreso y éxito, o problemas y áreas de mejora.

- La fase **de Actuación** (*Act* en inglés) cierra el ciclo, incorporando el aprendizaje que puede utilizarse para ajustar el objetivo o cambiar los métodos para pasar de un plan de aplicación a pequeña escala a otro de mayor envergadura.

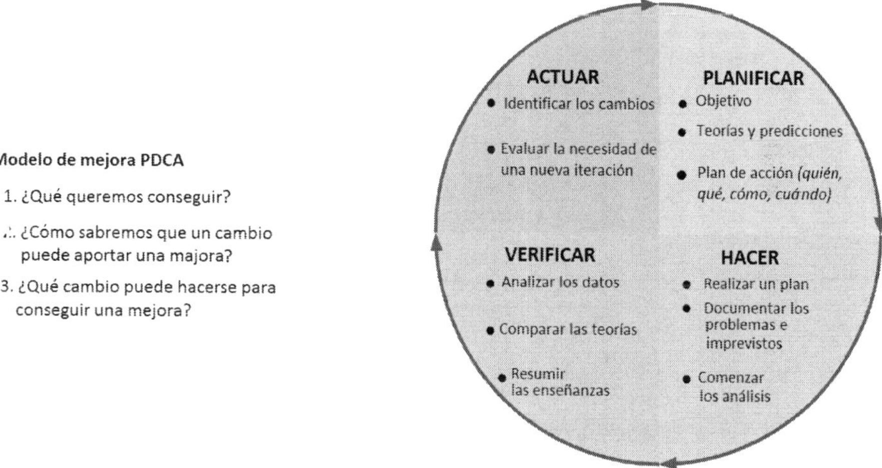

Diagrama del ciclo PDCA

Estos cuatro pasos pueden repetirse cuando sea necesario para continuar el aprendizaje y la mejora continua.

La fase de estudio o análisis de los resultados obtenidos debe basarse en mediciones cuantificadas, repetibles y útiles. Es esencial especificar las medidas, o KPI (*Key PerformanceIndicator*), que se utilizarán para supervisar el progreso realizado y evaluar si las acciones probadas están ayudando a la empresa a progresar en su transformación. Dado que cada camino es específico de cada transformación, no existe una fórmula que funcione siempre; por lo tanto, es esencial adaptar el proceso iterativo utilizado en función del ámbito (en el sentido del "modelo Cynefin" comentado anteriormente) en el que tenga lugar la actividad de transformación.

Observación

Sin embargo, la forma en que se miden, su utilidad y su impacto deben evaluarse para cada organización.

Ejemplo de medidas a seguir por ámbito de aplicación:

Dominio	Medida
Gestión de equipos	Tasa de reciclaje de equipos en la empresa
Gestión de equipos	Antigüedad de los equipos
Gestión de equipos	Índice de reparabilidad de los equipos
Gestión de equipos	Consumo eléctrico de los equipos
Gestión de equipos	Porcentaje de equipos o recursos reciclados
Gestión de equipos	Equipos por empleado
Alojamiento	Índice de utilización de los servidores
Alojamiento	Índice de utilización de máquinas virtuales
Alojamiento	Relación entre la disponibilidad del servicio y las horas reales de uso
Ecodiseño	Porcentaje de utilización de las funcionalidades de los servicios digitales
Ecodiseño (web)	Valor de Core Metrics y puntuación EcoIndex
Ecodiseño	Consumo de recursos (energía, CPU, etc.) durante la fase de ejecución
Ecodiseño	Número de elementos desplegados (VMs, pods, funciones, etc.)
Ecodiseño	Tiempo necesario para producir una unidad funcional
Ecodiseño	Relación entre los equipos utilizados por los objetivos del servicio y los equipos con los que funciona el servicio
Ecodiseño	Nota de accesibilidad

Dominio	Medida
Transformación de las prácticas	Porcentaje de empleados sensibilizados
Transformación de las prácticas	Número de nuevas iniciativas propuestas por los empleados

El cuadro anterior es una propuesta limitada de elementos que deben supervisarse. La lista exhaustiva, los métodos de seguimiento y los objetivos que hay que alcanzar son específicos de cada transformación. Por ejemplo, el tema de la sensibilización de los empleados depende del puesto que ocupen y del sector de actividad de la empresa, por lo que el nivel de conocimientos que hay que adquirir es amplio. Por ello, sería interesante desglosarlo y asignar los objetivos que hay que alcanzar a lo largo de la transformación. Al igual que las acciones que deben ponerse a prueba, las medidas y su seguimiento pueden cuestionarse durante el proceso de cambio.

Es intentando hacer algo como validamos una hipótesis y avanzamos, y como dice una máxima muy conocida en agilidad: "Fracasa , aprende rápido".

Capítulo 11
Innovaciones y modelos virtuosos

1. Introducción

Hasta ahora, este libro ha tratado en gran medida los problemas que plantea la tecnología digital y las soluciones que pueden encontrarse. Pero, por supuesto, este sector también aporta muchas oportunidades y beneficios directos. El rendimiento de las comunicaciones que ofrecen estas nuevas herramientas favorece modelos económicos y sociales más virtuosos. Además, la potencia de cálculo que proporcionan la informática permite optimizar el gasto de recursos y energía en numerosos sectores. Las empresas de *high-tech*, así como los particulares, las asociaciones y los gobiernos, también están trabajando en numerosos proyectos con un impacto muy positivo. Por último, como siempre, los investigadores rivalizan en imaginación para crear la electrónica del futuro y reciclar la de hoy.

El siguiente capítulo, que pretende ser una conclusión positiva de este libro, ofrece una rápida panorámica de estas innovaciones.

2. Modelos de negocio virtuosos por y gracias a la tecnología digital

La aparición de las herramientas digitales ha transformado profundamente las economías. Hoy en día, están presentes en todos los hogares y en todas las empresas bajo diversas formas, y permiten una facilidad de comunicación sin precedentes en la historia de la humanidad, así como compartir información y archivos con gran facilidad desde y hacia cualquier lugar del mundo. Una proporción cada vez mayor de la actividad económica y profesional tiene lugar exclusivamente en línea, lo que se ha descrito como la economía desmaterializada.

¿Cómo ha cambiado la tecnología digital la economía? ¿Qué impacto ha tenido en los modelos de negocio? ¿Qué nuevos modelos han surgido? ¿Tienen estos cambios un impacto medioambiental positivo o negativo?

Tras analizar brevemente la desmaterialización de la economía y sus repercusiones, enumeraremos los modelos económicos que se han amplificado o han surgido gracias a la tecnología digital y sus consecuencias medioambientales.

2.1 ¿Es la economía digital automáticamente menos contaminante?

A primera vista, la tecnología digital podría reducir el impacto medioambiental de la actividad económica mediante la desmaterialización.

De hecho, muchas actividades han pasado o están pasando del mundo físico al virtual. Los pagos con cheque se han convertido en una curiosidad. Ya casi nadie usa una agenda de papel, y la organización y comunicación en el trabajo se hace totalmente a través de correos electrónicos, chats y documentos compartidos. Nuestros álbumes de fotos están ahora en la nube. Los productos culturales se han desmaterializado en gran medida: si antes los libros, DVD, CD, casetes y vinilos ocupaban paredes enteras, ahora nuestras bibliotecas de contenidos caben en el bolsillo y son más grandes que nunca. Los propios dispositivos digitales están desapareciendo: un smartphone está sustituyendo a un reloj, una calculadora, un reproductor MP3 y una cámara, así como a blocs de notas, mapas e incluso niveles de burbuja y brújulas.

Todos esos objetos cotidianos que antes había que producir y transportar, a costa de consumir materias primas y energía, ahora se sustituyen por sus equivalentes virtuales, y el mismo servicio lo presta una aplicación en un dispositivo que solo consume una pequeña cantidad de electricidad. Es comprensible que, al ver esto, muchos se entusiasmaran con la aparición de una economía sin impacto físico. ¿Podemos soñar con una disociación del PIB -el indicador rey para gobiernos y economistas- y el impacto ecológico? ¿La tecnología digital, como parte de la economía de la información (también conocida como economía del conocimiento), hace posible una economía inmaterial?

Si nos fijamos en las cifras, el crecimiento de la tecnología digital no ha provocado una disociación entre el crecimiento del PIB mundial y el crecimiento del impacto medioambiental de la humanidad. Hay una disociación relativa de las emisiones de gases de efecto invernadero de los países más ricos, pero esto se explica por la deslocalización de muchas actividades contaminantes en otras partes del mundo. En 2021, la Agencia Europea de Medio Ambiente advirtió de que esta disociación era imposible y recomendó reducir las emisiones de gases de efecto invernadero cambiando nuestros hábitos de consumo.

¿Por qué esta oposición entre intuición y reputación digital frente a la realidad de los hechos? Hay varias razones. En primer lugar, la tecnología digital no es inmaterial. Al trasladar nuestros usos a lo digital, los estamos trasladando de una materialidad a otra.

Además, como hemos visto en los capítulos El impacto de la tecnología digital y Cada vez más usos y terminales; cada vez hay más aparatos digitales en nuestros hogares y en todo el mundo. Aunque algunos de ellos han sido parcialmente sustituidos por smartphones y ordenadores, los innovadores digitales inventan cada vez más productos *high-tech* que aparecen en nuestras vidas: pulseras y relojes conectados, domótica, videovigilancia, varios tipos de videoconsolas, bombillas conectadas, etc. Todos estos dispositivos, aunque individualmente tengan un impacto relativamente bajo, juntos representan una gran contaminación.

De hecho, la propia desmaterialización es discutible. Por ejemplo, ¿realmente utilizamos menos papel gracias a la tecnología digital? Las herramientas informáticas facilitan la desmaterialización de los documentos, pero también su rematerialización: un documento puede digitalizarse, pero también imprimirse. Cada persona en posesión del documento puede imprimirlo tantas veces como quiera. La llegada de la tecnología digital no ha ido acompañada de una reducción del consumo de papel. Se trata de otro ejemplo del "efecto rebote" descrito en el capítulo Cada vez más usos y terminales. Afortunadamente, sin embargo, esta tendencia se está invirtiendo a medida que los usuarios se acostumbran cada vez más a consultar los contenidos directamente en sus pantallas.

Por último, las actividades económicas que permite la tecnología digital se añaden en gran medida a la economía tradicional. Antes de intercambiar información en nuestros terminales de alta tecnología, seguimos necesitando una casa (de hormigón, ladrillo, vidrio, etc.), calefacción y medios de transporte. Seguimos necesitando muebles, vajilla y muchos otros objetos cotidianos. La economía digital se suma a la economía tradicional en lugar de sustituirla. El siglo XXI se suma al siglo XX.

La informática es responsable en parte, de la aceleración de la globalización, del aumento del comercio mundial y, por tanto, del impacto medioambiental asociado, al permitir el intercambio instantáneo de datos entre agentes de todos los países.

2.2 Los modelos económicos de la economía digital y los problemas medioambientales que plantean

La idea de la economía del conocimiento es realmente interesante. Sustituir, en la definición de riqueza, la posesión de objetos materiales por el acceso a contenidos virtuales o, a nivel de empresas y estados, por el conocimiento y la innovación, es algo revolucionario.

Están surgiendo oportunidades y retos sin precedentes. Por ejemplo, cualquier archivo informático puede copiarse. Puede encontrarse en dos ordenadores, a bajo coste. Esto significa que dos personas pueden tener acceso gratuito al mismo documento, mientras que antes de la tecnología digital solo una persona a la vez podía utilizar el documento, a menos que hubiera que hacer una nueva copia, a mano o por fotocopia, por ejemplo, lo que implica tiempo y un soporte físico.

Esta propiedad planteó un intenso desafío a la industria musical a principios de la década de 2000: si copio los archivos MP3 de mi vecino, él sigue teniéndolos y ambos nos beneficiamos de la música en cuestión. No le he quitado la posibilidad de escucharla, lo que ocurriría en caso de robo, compra o préstamo. De hecho, ambos nos enriquecemos porque los dos tenemos acceso al contenido. Hoy en día, el modelo de *streaming*, que ya no se basa en la propiedad de los contenidos, está muy extendido y parece ser la respuesta a este desafío económico, aunque sea mucho menos rentable para los creadores. La aparición de las impresoras 3D amenaza a los productores de objetos (figuritas, por ejemplo) con el mismo tipo de problema.

Los modelos de negocio digitales, en lo que respecta a las actividades que tienen lugar exclusivamente en el mundo virtual, son por tanto bastante especiales. La remuneración de los actores no puede basarse fácilmente en la posesión de algo. Además, dada la historia de la informática, Internet y la web, cuyos inicios fueron financiados por el Estado estadounidense y estructurados por utopías y una cultura de compartir conocimientos y habilidades, los usuarios están acostumbrados a que los contenidos y servicios se ofrezcan gratuitamente.

¿Cómo se paga a los creadores de servicios digitales? ¿Tienen estos modelos un impacto negativo en el medio ambiente?

He aquí algunos de los modelos de negocio más comunes:

- **Pago tradicional por un elemento**: muchos servicios simplemente le piden que pague por el acceso a una unidad de contenido, posiblemente durante un periodo de tiempo determinado, por ejemplo la compra de un libro electrónico o un MOOC. Es lo mismo que comprar un objeto en el mundo real. Es un modelo al que los consumidores están acostumbrados y que aceptan y entienden bien, aunque no esté muy bien adaptado al mundo digital. También permite remunerar correctamente a los creadores de contenidos. El modelo de las microtransacciones tiene el mismo espíritu, pero se basa en un gran número de pequeñas compras.
- **Suscripción**: los usuarios obtienen acceso al servicio si aceptan pagar regularmente. Se trata de un modelo muy común, utilizado por ejemplo por servicios de *streaming* como Apple Music, Netflix o Amazon Prime y por muchas aplicaciones como el aprendizaje electrónico, el coaching deportivo o las aplicaciones de meditación. Una vez más, se trata de un modelo derivado de la economía física con el que los consumidores están muy familiarizados. Es más adecuado en el mundo digital donde las suscripciones dan acceso a contenidos que a menudo están protegidos.

- **Premium** (también conocido como **freemium**): los usuarios pueden acceder al servicio gratuitamente, pero están limitados en cuanto a funcionalidad. Pueden obtener acceso al servicio completo pagando, de una sola vez, o mediante una suscripción. Dropbox, por ejemplo, permite a los usuarios obtener más espacio de almacenamiento pagando cada año. La herramienta de gestión de tareas Trello ofrece más funciones en la versión Premium.
- **Financiación mediante donaciones**: el servicio es gratuito, pero es posible donar una cantidad arbitraria para financiarlo. Así funciona Wikipedia, por ejemplo.
- **Publicidad**: el acceso al servicio es gratuito, pero se impone la publicidad. Este modelo está muy extendido entre los servicios digitales. Es el modelo utilizado por el buscador Google, redes sociales como Facebook y X (antes Twitter), plataformas de vídeo en línea como YouTube, y la mayoría de páginas web que ofrecen contenidos informativos: prensa, noticias, cocina, etc.

Algunos servicios combinan varios de estos modelos. Por ejemplo, Spotify impone publicidad y limita la funcionalidad para los usuarios que no están abonados. Muchos periódicos, como El País, dan acceso a parte de su contenido a cambio de mostrar anuncios, que no son visibles para los usuarios suscritos.

Estos modelos presentan inconvenientes en términos de impacto ambiental.

En primer lugar, el servicio digital suele ser gratuito o barato, pero sobre todo la cantidad de datos consumidos o el tiempo pasado en el servicio no repercuten en la factura. Pagas lo mismo a Netflix si ves una película al mes o si te pasas todo el día delante de la pantalla. Lo mismo ocurre con YouTube (donde el importe es cero si no eliges el paquete premium). No hay ningún incentivo para limitar tu consumo. Como vimos en el capítulo El impacto de la tecnología digital, el transporte y almacenamiento de datos digitales no es neutral.

Además, cuando el modelo de negocio se basa en la publicidad, a los creadores de servicios digitales les interesa que los usuarios pasen el mayor tiempo posible en sus aplicaciones: esto genera más visualizaciones de anuncios y más clics en ellos. Por ello, las plataformas han puesto en marcha mecanismos para animar a los usuarios a permanecer conectados: notificaciones, desplazamiento infinito, recomendaciones, reproducción automática, etc. En el caso de las redes sociales, los algoritmos que eligen los contenidos que quieren destacar están calibrados para favorecer los que generan más "compromiso", es decir, tiempo de permanencia y actividad en la aplicación, y por tanto intercambios cliente-servidor. Al hacer estas elecciones, estas plataformas maximizan su impacto medioambiental.

Esta búsqueda de ingresos publicitarios también está dando lugar a la aparición de un gran número de artículos y vídeos con títulos pegadizos, diseñados para incitar a los usuarios a hacer clic y mostrar anuncios ("Diez cosas que debes saber sobre Green IT, la quinta te sorprenderá"). Cabe preguntarse si los internautas optarían por consultar estos contenidos si dispusieran de un presupuesto limitado de ancho de banda.

Esta sección estaría incompleta sin mencionar blockchain y su uso en la minería de criptomonedas. En efecto, es para ganar dinero por lo que los mineros gastan tantos recursos. Dinero producido únicamente por el cálculo informático, que solo puede gastarse utilizando dispositivos electrónicos. Se trata, pues, de un modelo de negocio digital. Sin embargo, la minería (producción) de criptomonedas de prueba de trabajo, como Bitcoin, consume mucha energía. En un artículo publicado en Nature Climate Change, investigadores de la Universidad de Hawái calcularon que el uso de Bitcoin fue responsable de la emisión de 69 millones de toneladas de dióxido de carbono (CO_2) en 2017, lo que equivale a las emisiones de más de 6 millones de franceses medios, por el 0,03 % de las transacciones monetarias.

2.3 Modelos de negocio virtuosos para dispositivos digitales

Como hemos visto antes, el impacto ecológico de la tecnología digital se debe principalmente a los propios terminales. Por tanto, la principal forma de reducir el impacto medioambiental de la tecnología digital es reducir el número de terminales producidos y hacer que duren el mayor tiempo posible.

Sin embargo, a los fabricantes de aparatos digitales no les interesa reducir el número de aparatos fabricados y aumentar su longevidad, sino todo lo contrario: cuantos más aparatos vendan, más dinero ganarán. Por eso ponen en marcha los mecanismos de presión de la obsolescencia antes mencionados: lanzamientos regulares de nuevas funciones a las que solo se puede acceder a través de nuevos dispositivos; marketing agresivo de los últimos modelos; ruptura de la compatibilidad material; actualizaciones que provocan ralentizaciones, etc.

Este problema no es exclusivo de la tecnología digital. Proviene del modelo económico tradicional basado en la venta y posesión de bienes materiales. Los individuos suelen ver en la acumulación de objetos bellos y/o útiles una prueba de riqueza, y las empresas que los producen obtienen sus ingresos de la venta del mayor número posible de objetos. Como todo necesita materias primas y transporte para ser producido (aunque solo sea para llevarlo a casa del propietario), cada objeto producido tiene inevitablemente un impacto medioambiental. Por tanto, esta visión de la riqueza y este modelo económico tienen un impacto medioambiental estructural. En el caso de la tecnología digital, estos impactos son mayores en relación con el tamaño del producto acabado debido a la naturaleza hambrienta de recursos de la *high-tech*.

En nuestras sociedades, una economía sana es vital. De ella dependen nuestros empleos, nuestros ingresos y también nuestros servicios públicos (infraestructuras de transporte, sanidad, producción de electricidad, funcionamiento del estado, etc.). Los productores de dispositivos digitales forman parte del sistema económico y, en muchos países, suelen figurar entre los más importantes o los que más crecen. Pensemos en Estados Unidos, donde California y el estado de Washington albergan algunas de las mayores empresas digitales del mundo, como Apple, Microsoft e IBM. La historia de las mayores capitalizaciones de empresas en Estados Unidos es un buen ejemplo de ello: en 2017, 5 de las 10 empresas más valoradas eran empresas digitales. Pero la economía digital también es una parte importante de las economías de Japón, Corea (con Samsung) y, por supuesto, China.

Por tanto, si perjudicamos a los gigantes digitales, ponemos en peligro puestos de trabajo e ingresos. ¿No será que existen modelos económicos que permiten limitar la producción de terminales, poniéndolos en común y alargando su vida útil, al tiempo que proporcionan numerosos puestos de trabajo y PIB?

2.3.1 Una tendencia positiva: el descenso de los paquetes de telefonía móvil

Durante el desarrollo de la telefonía móvil para el gran público en los años 90, los operadores crearon ofertas combinadas que daban acceso a las redes (telefonía, mensajes, internet) y a un teléfono a un precio reducido o de forma gratuita. En este caso, el consumidor se comprometía a no cambiar de operador durante un periodo determinado, por ejemplo dos años.

El Shift Project, entre otros, ha señalado que este tipo de oferta incita a los usuarios a renovar sus terminales más a menudo de lo necesario, al darles acceso a dispositivos a un precio aparentemente más bajo, de forma más indolora. Limitar estos paquetes es una de sus recomendaciones.

Este tipo de contrato, que representaba casi la totalidad de los contratos de telefonía móvil en torno a 2010, solo representará el 21 % en 2021. Por tanto, parece que este modelo poco virtuoso tiende a desaparecer como consecuencia de los cambios en el mercado y en los hábitos de compradores y distribuidores.

2.3.2 El desarrollo del mercado de segunda mano

El desarrollo del mercado de segunda mano es una buena forma tanto de alargar la vida de los dispositivos como de consumir menos terminales nuevos.

Esto se debe a que los electrodomésticos que se revenden no se tiran ni se olvidan en un cajón, pues su vida útil se alarga. Además, los consumidores que compran un electrodoméstico de segunda mano no van a comprar uno nuevo. Por eso es una gran noticia que surjan empresas tipo Back Market junto a plataformas más generalistas como Milanuncios, y que grandes marcas como Apple, así como operadores de comunicaciones, vendan aparatos reacondicionados. Según ARCEP (Francia), en 2020, el 13 % de los smartphones vendidos serán reacondicionados y el 7 % serán dispositivos de segunda mano revendidos sin la intervención de un técnico profesional.

Podríamos temer que estos aparatos que ya han estado en uso se estropearan rápidamente tras su compra, o que los usuarios los renovaran con más frecuencia, pero no es así. Como muestra el barómetro digital 2021 de ARCEP, los usuarios conservan los dispositivos comprados de segunda mano casi tanto tiempo como los comprados nuevos.

Estas cifras no incluyen los intercambios informales, como las donaciones de teléfonos. Por ejemplo, en 2020, el 13 % de los usuarios afirmó haber obtenido su teléfono mediante un regalo.

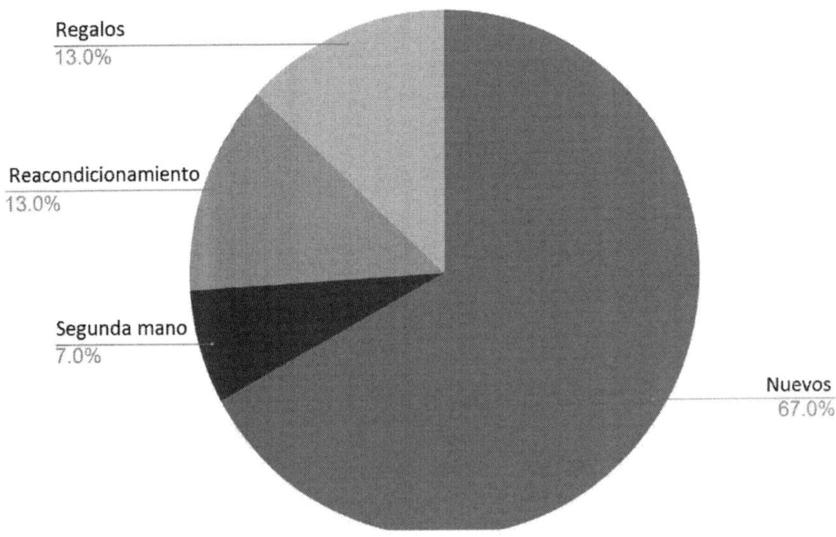

Desglose de los medios de adquisición de smartphones en 2020

2.3.3 El alquiler

El leasing es un modelo de financiación basado en el siguiente principio: una empresa pone un bien a disposición de otra empresa o de un particular a cambio de un canon durante un periodo de tiempo determinado, similar a un simple alquiler. Al final de este periodo, el cliente puede elegir entre comprar el bien a un precio definido en el contrato, o devolverlo. A continuación, puede alquilar otro bien. Este modelo tiene potenciales ventajas ecológicas.

En primer lugar, al proveedor le interesa que el producto dure, ya que recibe un canon por la duración del periodo de alquiler. Al proveedor también le interesa que el producto se compre al final del periodo acordado, ya que también es una fuente de ingresos. Por lo tanto, tomará medidas para que así sea, como elegir equipos resistentes y reparables.

Al cliente también le interesa cuidar bien el aparato, ya que podrá comprarlo por una módica suma al final del periodo de alquiler.

En ambos casos, el modelo de negocio ofrece un incentivo para que el aparato dure más. Este incentivo no existe en el modelo tradicional en el que el cliente se limita a comprar el aparato al proveedor.

Un ejemplo clásico de *leasing*, en el que habrá pensado al leer los párrafos anteriores y que quizá ya conozca: una empresa, por ejemplo de servicios informáticos, proporciona a sus empleados ordenadores portátiles de alta gama para que puedan trabajar en buenas condiciones para sus clientes. Después, los empleados pueden comprarlos por una fracción de su precio al cabo de un periodo de dos, tres o cinco años.

En este ejemplo, el ordenador adquirido por el empleado se utilizará para fines personales, por lo que a priori no habrá compra de un dispositivo personal adicional por parte del empleado, con lo que se ahorrará la fabricación de un ordenador portátil y se alargará la vida útil de otro. La duración del periodo de recompra es muy importante: influye mucho en el número de dispositivos adquiridos. Por tanto, es importante que sea lo más largo posible, teniendo en cuenta las limitaciones de costes, la longevidad de los dispositivos disponibles en el mercado y las necesidades de los empleados en términos de potencia informática.

2.3.4 La economía de la funcionalidad

En el caso del leasing, nos quedamos con un modelo económico en el que, al final, lo que cuenta es la producción y la propiedad de los terminales, con un propietario que cambia según la etapa de la vida económica del objeto. El objetivo del cliente es siempre poseer el aparato.

Pero podemos llevar el concepto un paso más allá: ¿no tenemos la misma experiencia usando la propiedad que poseyéndola? ¿Cuál es la diferencia concreta en la vida cotidiana entre antes del momento de la compra y después? El ordenador (en nuestro ejemplo) es el mismo, sus capacidades son las mismas.

El principio de la economía funcional consiste en vender el servicio prestado por un bien en lugar del bien en sí. El proveedor ya no vende objetos, sino el servicio prestado por el objeto. Por ejemplo, podríamos imaginar a un fabricante de automóviles que dejara de vender coches, pero que ofreciera una solución de movilidad que garantizara que el cliente siempre tuviera a su disposición un vehículo en buen estado para desplazarse que pudiera utilizar pero que no fuera de su propiedad y, por tanto, no tuviera que gestionar.

La economía funcional se diferencia del simple *leasing* en su enfoque del desarrollo sostenible: en nuestro ejemplo, el proveedor de vehículos tiene interés en que los coches duren para alquilarlos durante más tiempo, pero también trabaja desde un punto de vista ecológico reutilizando piezas y materias primas, e incluso sustituyendo los vehículos de combustión por vehículos eléctricos.

La economía de la funcionalidad es un modelo innovador que contrasta con el modelo económico tradicional en la medida en que la noción de posesión ya no está en el centro de la transacción. En su lugar, existe una relación de calidad entre el proveedor y el cliente, y un servicio evolutivo en el que la limitación del impacto ecológico está en el centro de la lógica.

De hecho, este modelo empresarial parece cumplir los tres pilares del desarrollo sostenible:

- Es un modelo **ecológicamente virtuoso** porque al hacer que los aparatos duren, repararlos y reutilizar piezas y materias primas; reducimos la presión sobre los recursos del planeta, la energía consumida en su fabricación y la contaminación al final de la vida de los objetos.
- También es un modelo **socialmente virtuoso** porque crea puestos de trabajo. Se necesitan personas para cuidar, supervisar y reparar los equipos puestos a disposición de los clientes. También se necesitan empleos en investigación y desarrollo para producir objetos ecodiseñados fáciles de reparar y que ofrezcan un servicio de calidad a los clientes durante mucho tiempo. En ambos casos, es poco probable que estos empleos se deslocalicen.
- Por último, es un modelo **económicamente virtuoso**, porque es rentable, como demuestran servicios que ya existen, como los de Michelin, que vende kilómetros recorridos en lugar de neumáticos en el marco de su oferta para vehículos pesados, o Xerox (ejemplo detallado más adelante).

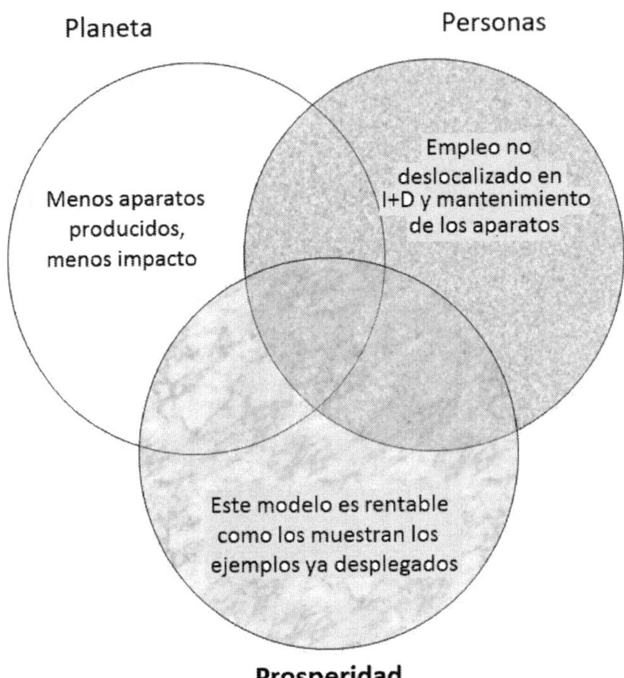

Por estas razones, tanto el gobierno francés como la ADEME han identificado este modelo de negocio como un modelo que hay que fomentar.

En el sector digital, encontramos el ejemplo de Xerox, que ya no vende fotocopiadoras, sino una solución de fotocopiado. Por supuesto, esto significa poner fotocopiadoras a disposición de los clientes en sus locales. Pero estas no les pertenecen; siguen siendo propiedad de Xerox. Se han rediseñado para que sean más fáciles de desmontar y reparar, y para que sus piezas sean más fáciles de recuperar. Las nuevas generaciones de máquinas se componen ahora de entre un 70 y un 90 % de componentes procedentes de máquinas antiguas.

Otro ejemplo de economía funcional en el sector digital es la computación en nube. Los proveedores de servicios en nube no venden servidores ni centros de datos. Venden el uso, por horas, de una determinada cantidad de potencia informática o capacidad de almacenamiento; o el uso de una solución de software. En otras palabras, venden el servicio prestado. En el modelo anterior, cada empresa que deseaba desplegar soluciones informáticas tenía que adquirir servidores, equipos, redes, etc., y gestionarlos, lo que constituye el modelo clásico de propiedad del hardware.

También hay empresas, como Commown, que practican la economía de la funcionalidad proporcionando smartphones y ordenadores portátiles reparables de *low-tech*: Fairphones y teléfonos de la marca Why! respectivamente. La empresa gestiona las averías, roturas y reparaciones, y se asegura de que los dispositivos duren.

2.4 Modelos de negocio virtuosos gracias a la tecnología digital

La tecnología digital ha transformado la economía en muchos sectores. Como ya se ha abordado, la economía de los productos culturales no tiene nada que ver con la de los años 90, por ejemplo; lo que ha provocado un descenso de los ingresos de la industria musical.

Pero la tecnología digital también ha traído nuevos modelos que están teniendo un impacto positivo.

Cualquier artista puede llegar al mundo entero desde la comodidad del salón de su casa. La tecnología digital ha propiciado la aparición de plataformas como Tipeee y Patreon, que permiten a los artistas comunicarse directamente con su público y generar ingresos mediante suscripciones y donaciones de sus fans. Los artistas de hoy pueden recurrir al *crowdsourcing* para financiar sus proyectos, obteniendo el apoyo de un gran número de compradores potenciales de todo el mundo.

2.4.1 El desarrollo de las ventas de segunda mano

La tecnología digital también ha propiciado la aparición de plataformas que fomentan la reutilización de objetos aumentando su vida útil y reduciendo potencialmente el impacto ecológico de la producción de bienes. A menudo se trata de mercados en los que particulares ponen sus bienes a disposición de otros particulares para que los compren. Algunos ejemplos son Milanuncios, eBay y Vinted. Por supuesto, la venta de bienes de segunda mano ya existía antes, pero aquí como en otros lugares, la tecnología digital permite a los vendedores llegar a un público más amplio y a los compradores tener más donde elegir.

La compra de objetos reacondicionados también está muy extendida entre las empresas, pero el modelo de las empresas antes mencionadas, que permite a los particulares buscar un objeto concreto y cazar gangas, no se adapta necesariamente a los clientes empresariales, quienes prefieren compras estandarizadas y asistencia.

Por otra parte, el modelo de mercado de bienes de segunda mano es una de las opciones que deben considerar los responsables de la toma de decisiones que desean adentrarse en un mercado.

2.4.2 La economía colaborativa

Gracias a la facilidad de comunicación que permite la tecnología digital, estamos asistiendo al desarrollo de la economía compartida. También conocida como economía colaborativa, se trata de un modelo en el que el uso colectivo de un bien sustituye a su posesión.

Por ejemplo, un taladro. Si tiene uno, a menos que sea un entusiasta del bricolaje o un artesano, lo más probable es que solo lo utilice unos minutos al mes o incluso al año. El resto del tiempo, la máquina está en el garaje. Pero podría ser útil para otras personas que necesitan hacer agujeros. ¿Todo el mundo tiene que comprar la misma herramienta solo para utilizarla unos minutos al mes? ¿No es un despilfarro de recursos y energía producir todos estos objetos solo para almacenarlos?

Lo mismo ocurre con muchos de los bienes almacenados en un hogar medio: nadie utiliza su lavadora o su cortacésped durante ocho horas al día, ni juega a todos sus juegos de mesa al mismo tiempo. Incluso nuestros coches pasan la mayor parte del tiempo aparcados y apagados. Si pusiéramos en común todos estos artículos, podríamos ahorrar una enorme cantidad en la producción de nuevos bienes y, por tanto, en impacto ambiental.

La tecnología digital lo hace posible, y existen plataformas para compartir en muchos ámbitos. Por ejemplo, la famosa web Airbnb le permite compartir su casa. Le Grenier Ludique es una aplicación que permite compartir juegos de mesa por un módico precio. También hay coches compartidos, con Blablacar por ejemplo, o scooters disponibles para alquilar. Además, a menudo se cita la utopía de los coches eléctricos autónomos compartidos que podrían ser llamados como taxis. Por último, los talleres colaborativos tipo FabLab también entran en esta categoría.

Como en el caso de las ventas de segunda mano, este modelo ya existía. Las lavanderías se basan en compartir lavadoras y secadoras y aprovechar al máximo estos aparatos. Las bibliotecas y mediatecas se basan en compartir productos culturales. Y, por supuesto, existen varias empresas conocidas de alquiler de herramientas. Pero la tecnología digital está permitiendo desarrollar el sistema a una nueva escala. La economía colaborativa también se distingue del alquiler por su dimensión decididamente entre iguales, de individuo a individuo.

Este modelo es también un caso especial de la economía de la funcionalidad: lo que se factura es el uso del bien y no el bien en sí. Se vende el uso de un juego de mesa durante una semana, de un piso durante unos días o de un patinete durante una hora. Una vez más, este modelo concilia los tres pilares del desarrollo sostenible: reducción del impacto ecológico, empleos locales duraderos y rentabilidad.

También tiene sus límites. Por ejemplo, si la propiedad colectiva no se incorpora desde el principio, existe el riesgo de concentración de la riqueza. Para poder alquilar algo, hay que ser propietario. Así, el individuo propietario de los taladros, cortacéspedes o juegos de mesa disponibles en las plataformas será más rico que su vecino que los alquila: tiene acceso prioritario a estos objetos y, por tanto, a las posibilidades que ofrecen, como en la economía tradicional no compartida, pero también dispone de los ingresos del alquiler, que se añaden a su disfrute de estos bienes. Es fácil imaginar que la inversión se amortiza rápidamente.

También puede ser una empresa propietaria de los bienes, por ejemplo la que antes los vendía y está diversificando su negocio. En este caso, se pierde gran parte del valor social del planteamiento. También está la cuestión del transporte de estos objetos entre distintos usuarios, que puede tener un impacto medioambiental.

2.5 La economía del dónut

El concepto de economía del dónut expresa cómo combinar dos mandatos contradictorios: no degradar demasiado el medio ambiente y, sin embargo, satisfacer las necesidades humanas, lo que implica gastar recursos y contaminar.

La idea se inspira en los límites planetarios, que son los umbrales que la actividad humana no debe sobrepasar para no comprometer las condiciones favorables que han permitido el desarrollo de la civilización hasta la fecha. Clásicamente, estos límites se sitúan en torno a un disco verde. En la actualidad se han superado casi todos.

Añadiendo al centro de este disco una representación del gasto mínimo necesario para garantizar el confort humano, obtenemos la forma de un donut. La economía ideal se modela de este modo, con un límite inferior y un límite superior impuestos por las limitaciones sociales y medioambientales. Deja espacio para el espíritu empresarial, la innovación y la adquisición de estatus social, garantizando al mismo tiempo que esta actividad no cause daños excesivos.

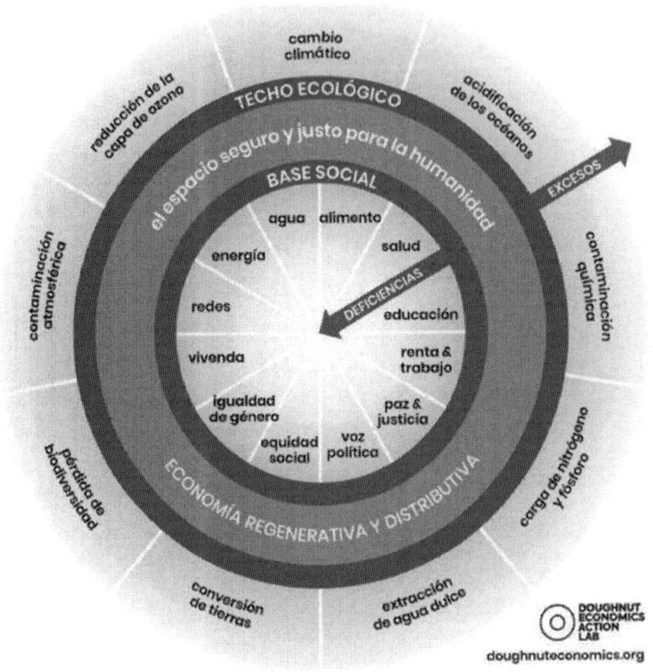

Representación gráfica de la economía del donut, ilustración extraída de Ethic

2.6 Conclusión

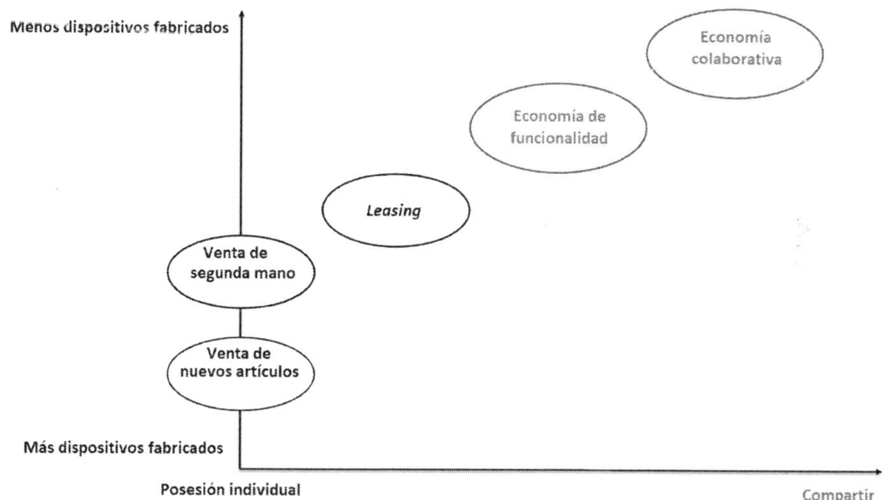

Colocación de modelos de negocio descritos a lo largo de dos ejes: el uso compartido o la propiedad de los dispositivos y el número de dispositivos producidos

La tecnología digital no reduce automáticamente el impacto medioambiental de la economía. Al contrario, las facilidades que ofrece permiten intensificar su uso: es más fácil rematerializar documentos y consumir más papel; la comunicación instantánea y globalizada acelera e intensifica los intercambios y, por supuesto; los dispositivos de *high-tech* no son inmateriales. Incluso las actividades puramente virtuales tienen un impacto, que a veces los modelos de negocio contribuyen a aumentar.

Pero esta facilidad de comunicación e intercambio también está permitiendo el crecimiento y la aparición de modelos económicos virtuosos que ofrecen la posibilidad de reducir el consumo de bienes materiales alargando su vida útil y compartiéndolos. Es interesante observar que aplicando al mundo real la descorrelación entre el uso y la posesión (algo que es evidente para los archivos digitales), llegamos a los modelos virtuosos.

De hecho, la tecnología digital es simplemente una herramienta. Una herramienta de un poder sin precedentes, pero cuyo uso depende, como siempre, de nuestras elecciones. Podemos optar por utilizar la tecnología digital para compartir y poner en común nuestros objetos, y producir muchos menos, manteniendo al mismo tiempo nuestra economía saneada. Es un modelo viable, ya desplegado.

3. Acciones e innovaciones de los actores de la high-tech

Los profesionales digitales son cada vez más conscientes del impacto social y medioambiental de sus actividades. Se trata también de una cuestión importante para su imagen de marca: deben demostrar a sus clientes, cada vez más sensibles a las cuestiones ecológicas, que están realmente comprometidos. Además, la legislación cambia y se hace más restrictiva, como vimos en el capítulo Vocabulario y normas, por lo que deben esforzarse por cumplirla.

Son muchas las acciones e innovaciones de los actores de la alta tecnología que pretenden reducir el impacto medioambiental de sus actividades, así como los proyectos filantrópicos financiados por estas empresas. Algunas organizaciones, como Fairphone, tienen estos objetivos en el centro de su modelo de negocio.

3.1 Terminales ecodiseñados

Como vimos en el primer capítulo, la mayor parte del impacto de la tecnología digital procede de la fabricación de terminales. Disponer de dispositivos reparables y fabricados con materiales procedentes de cadenas de suministro responsable desde un punto de vista medioambiental y social es, por tanto, una cuestión importante. El índice de reparabilidad, que fue introducido en el 2021 y es obligatorio desde el 2022; pretende fomentar la venta de dispositivos más duraderos, aunque el método de cálculo ha sido criticado.

La empresa **Fairphone**, que comercializa su gama homónima de smartphones desde 2013, tiene estos objetivos en mente. Sus teléfonos están diseñados para ser fáciles de reparar. Las piezas de repuesto están disponibles a precios razonables. Fairphone también promete ocho años de actualizaciones de seguridad, frente a los cuatro de media del teléfono Android. Esta facilidad de reparación tiene un coste: el teléfono es más voluminoso y caro que sus competidores por unas prestaciones comparables. Sin embargo, la duración de vida más larga debería compensar el sobrecoste.

Además de fabricar teléfonos reparables y, por tanto, más sostenibles, Fairphone intenta garantizar que las materias primas utilizadas en sus productos se obtengan de forma responsable: "el 70 % de los materiales se obtienen de forma justa o se reciclan". La empresa también publica el ACV de sus dispositivos.

En cuanto a los portátiles, podemos citar la marca **Why**! Los componentes se ensamblan de forma que puedan sustituirse; se publican guías de reparación en la plataforma iFixit; la empresa se compromete a suministrar piezas de recambio durante diez años y el sistema operativo por defecto es de código abierto (Ubuntu). Una vez más, la reparabilidad implica aceptar que el aparato será un poco más voluminoso. Pero un ordenador Why! es más barato que un ordenador Dell con las mismas prestaciones, como señala Luc Sorel-Giffo en un artículo comparativo.

El ordenador portátil **Framework** (***Framework*** *Laptop*) también ha sido diseñado para ser actualizable y fácilmente reparable. Incluso existe la opción DIY (*Do It Yourself*), con la que los compradores pueden construir su propia máquina ensamblando las distintas piezas que han pedido. El Framework Laptop recibió una puntuación de 9,7/10 en el índice de reparabilidad.

La marca Dell ha respondido a esta competencia y a la evolución de la legislación con el anuncio, el 14 de diciembre de 2021, del concepto de portátil Luna, mucho más reparable que sus modelos habituales. La arquitectura del portátil Luna es más sencilla, con una placa base más pequeña que reduce a la mitad su huella de carbono y elimina la necesidad de ventilador. El aluminio también está fundido de forma más sobria. El dispositivo tiene menos tornillos que sus predecesores: la pantalla y el teclado, por ejemplo, se sujetan simplemente con solapas. El compromiso de Dell podría suponer una gran diferencia, dada la posición de la marca en el mercado mundial de PC.

Observación

El intercambio de instrucciones de reparación en plataformas como iFixit, que utilizan el modelo de open source, demuestra una vez más la pertinencia de este enfoque. El acceso rápido y sencillo a los datos facilita a todo el mundo la reparación de sus dispositivos.

3.2 ¿Qué hacen los GAFAM?

Gracias al éxito de sus productos, los GAFAM (Google, Apple, Facebook, Amazon, Microsoft), los gigantes digitales, disponen de recursos en efectivo y oportunidades de inversión sin precedentes en la historia de la humanidad.

Dado el tamaño de estas empresas, es interesante que estas tomen medidas. Las inversiones que pueden permitirse, incluso al margen, están fuera del alcance de la mayoría de los demás actores: pocas organizaciones, ONG, empresas o incluso gobiernos pueden permitirse lanzar proyectos que cuesten varios miles de millones de dólares.

3.2.1 Microsoft, Google y Amazon

Como se menciona en el capítulo Impacto y optimización del alojamiento, los principales proveedores de nube pública, Google, Microsoft y Amazon, alimentan sus centros de datos con electricidad procedente de fuentes renovables, a través de créditos de compensación, pero también invirtiendo directamente en proyectos.

Microsoft también ha creado un fondo de inversión climática de mil millones de dólares. La empresa también aspira a ser "carbono negativa" e "hídricamente positiva" financiando proyectos de captura, reduciendo sus emisiones y facilitando el acceso al agua potable.

Amazon afirma estar "en vías de alimentar el 100 % de sus operaciones con energías renovables para 2025". La empresa cuenta con un Fondo de Compromiso Climático de 2.000 millones de dólares para financiar tecnologías sostenibles, como el hormigón de bajo impacto o el reciclaje de baterías, especialmente con start-ups de alta tecnología, como muestra el ejemplo más destacado: "Hippo Harvest, una empresa agrícola que utiliza la ciencia de las plantas, el aprendizaje automático y la robótica para cultivar productos en invernaderos.". Los empleados de Amazon critican regularmente a su empresa por su falta de acción e incluso por "acelerar activamente" la crisis climática. Sus protestas son uno de los motores de la empresa.

Google utiliza materiales reciclados, por ejemplo en la carcasa de aluminio de los dispositivos que diseña, como los smartphones Pixel, Google Home y Chromecast.

En otro orden de cosas, Google anunció que en 2021 prohibiría la publicidad de contenidos que nieguen el cambio climático y desmonetizaría los vídeos de YouTube que difundieran estas ideas. La empresa también anunció que dejaría de permitir que sus algoritmos de IA se utilizaran para combustibles fósiles.

3.2.2 Apple

Apple también ha anunciado que es una empresa neutra en carbono que utiliza créditos de compensación. Se ha fijado el objetivo de la neutralidad de carbono para todos sus productos en 2030. Al igual que Microsoft y Google, invierte directamente en la producción de la llamada energía verde y tiene 1 GW en su cartera de inversiones.

Apple también se ha esforzado en la fabricación de sus productos que constituyen la mayor parte de su negocio y sus ingresos. Por ejemplo, utiliza materiales reciclados para el plástico de sus iMac y las carcasas de aluminio de sus dispositivos. Utiliza estaño reciclado para sus soldaduras e incluso neodimio reciclado para ciertos componentes. En cuanto al embalaje, Apple ha sustituido las espumas por bandejas de cartón, las películas de plástico por hojas de papel y las bolsas de plástico por bolsas de tela. Desde 2017, Apple solo utiliza fibra de madera procedente de materiales reciclados o de fuentes responsables.

La empresa también se ocupa del final de la vida útil de sus dispositivos, con redes de recogida para reutilizar componentes. Ha creado los robots Daisy, Dave y Taz, que se anuncian como herramientas de alto rendimiento para desmontar rápidamente smartphones y recuperar tierras raras y metales de sus componentes.

Además de estas acciones, Apple financia proyectos filantrópicos como la protección de bosques y manglares, o la creación del *Restore Fund*, con Goldman Sachs, dotado inicialmente con 200 millones de dólares, que invierte en soluciones para el clima, ampliado en 2023 en otros 200 millones.

4. IT for Green e IT for Good

La tecnología digital es útil en todos los sectores de la economía. No solo se utiliza para la ofimática y el entretenimiento, sino también para una gran variedad de fines positivos. La facilidad para compartir información y comunicarse brinda oportunidades para reducir el transporte y mantener informada a la gente. La capacidad de optimizar todo tipo de procesos significa que podemos esperar reducciones en el consumo de agua y energía, así como en la contaminación. La potencia de las máquinas y los algoritmos hace de la informática una herramienta esencial en la investigación científica moderna.

4.1 Las oportunidades que ofrecen la facilidad de comunicación y el intercambio de datos

La tecnología digital facilita la comunicación. Esta capacidad tiene muchas aplicaciones positivas, muchas de las cuales ya son visibles en nuestra vida cotidiana.

4.1.1 Acceso al conocimiento, la cultura y la sanidad

El ejemplo de Wikipedia, que permite a todo el mundo acceder al conocimiento de la humanidad, de forma gratuita, en cualquier momento y en muchos idiomas, es icónico. El proyecto es representativo de los inicios de la web: gratuito, filantrópico, descentralizado, centrado en compartir el conocimiento, basado en las contribuciones de los internautas y en el respeto al trabajo de los demás. En términos más generales, la tecnología digital proporciona un acceso sin precedentes históricos al conocimiento y la cultura, aunque por desgracia el uso de la tecnología digital para crear y compartir desinformación es igual de eficaz.

También hay otros servicios que facilitan el acceso al conocimiento y la cultura. Muchos periódicos están disponibles en línea, las emisoras de radio ofrecen podcasts con sus contenidos y los museos ofrecen visitas virtuales.

Páginas web y aplicaciones como Doctoralia facilitan el acceso a la asistencia al facilitar a los profesionales sanitarios la reserva de citas y la gestión de sus clientes.

4.1.2 Teletrabajo

El teletrabajo, que consiste en contribuir a la actividad de una empresa desde un lugar distinto de sus locales, es una forma de organización cada vez más extendida. Aunque llevar el trabajo a casa era habitual antes de que se generalizaran las herramientas digitales, para determinadas profesiones estas permiten realizar a distancia todas las tareas e incluso las comunicaciones necesarias para completar el proyecto (como es el caso de la redacción de este libro). Aunque es la opción más extendida, el teletrabajo no tiene por qué desarrollarse únicamente en el domicilio del trabajador. Se puede trabajar desde una cafetería, en movimiento (en el tren, por ejemplo) o en espacios de trabajo compartidos.

Desde el punto de vista medioambiental, el teletrabajo permite reducir el impacto ambiental relacionados con el transporte. Por ejemplo, si un empleado que vive a 20 km de su lugar de trabajo se queda en casa dos días a la semana en lugar de ir en coche al trabajo. Esto equivale a media tonelada de emisiones equivalentes de CO_2 menos al año. Esta reducción es aún mayor en el caso de los desplazamientos en avión, ya que son más contaminantes. Celebrar una videoconferencia en lugar de una reunión presencial con socios del otro lado del Atlántico representa 3 toneladas equivalentes de CO_2 menos. Por otro lado, la existencia de nómadas digitales, autónomos que aprovechan el teletrabajo para viajar por todo el mundo en avión; no favorece la reducción del impacto medioambiental.

El teletrabajo también evita el impacto en los locales comerciales. Si hay menos personas en ellas, hay que construir menos edificios y se necesita menos calefacción, refrigeración y mantenimiento. Por otro lado, es probable que los teletrabajadores calienten y climaticen un poco más su propio alojamiento, lo que reduce el beneficio. ADEME da una cifra de 20,7 kg de CO_2 equivalente por año y día de teletrabajo semanal que se añade como resultado de este fenómeno.

También está el impacto de la tecnología digital. Introducir el teletrabajo significa disponer de los dispositivos digitales adecuados, en particular ordenadores portátiles. Si la empresa no puede permitirse adoptar el enfoque BYOD (véase el capítulo Optimizar los equipos y su uso) y sus empleados no están ya equipados con máquinas transportables, la compra de una flota de portátiles representa un coste medioambiental indudable. A esto hay que añadir una gran cantidad de equipos periféricos como impresoras, sillas de oficina, auriculares, etc. La videoconferencia representa una media de 2,6 kg de CO_2 equivalente al año por día de teletrabajo semanal, es decir, la mitad que una hamburguesa.

Las ganancias y pérdidas varían según las situaciones individuales, como se resume en la infografía del informe "Caracterización de los efectos rebote del teletrabajo". El beneficio medioambiental medio sería de 271 kg equivalentes de CO_2 por día adicional de teletrabajo semanal. Un estudio de Microsoft y la Universidad de Cornell demuestra que las personas que trabajan permanentemente desde casa reducen sus emisiones en un 54 % en comparación con las que trabajan en la oficina.

Por desgracia, el teletrabajo no puede aplicarse a todas las profesiones. Es imposible para los trabajadores manuales que tienen que unirse a su equipo de producción en la fábrica, los cuidadores que tienen que ir al hospital o el personal de la cadena logística. El teletrabajo es sobre todo para directivos y profesionales del sector servicios.

4.1.3 Open source y open data

Sin embargo, el acceso a la información que permite a particulares y empresas tomar decisiones eficaces desde un punto de vista medioambiental y social no siempre es fácil. El *open source* y los *open data* son formas eficaces de compartir estos datos.

El gobierno español pone a disposición de cualquier ciudadano una amplia gama de conjuntos de datos sobre empleo, sanidad y cuentas públicas.

Los *open data*, con la base de datos *open food facts*, también está detrás del rendimiento de Yuka, la famosa aplicación que puntúa el valor nutricional de los productos que compras. Yuka ha incluido ahora una puntuación ecológica que estima el impacto medioambiental de estos productos.

4.2 Optimización, machine learning, inteligencia artificial y big data al servicio de la ecología

La informática se utiliza, entre otras cosas, para realizar cálculos de optimización y simulaciones. Esta capacidad se explota desde hace tiempo en la investigación y la industria. Por ejemplo, las simulaciones se utilizan para evaluar la aerodinámica de los aviones y evitar gastar más energía de la necesaria.

Optimizar para ahorrar combustible o materias primas es interesante desde el punto de vista económico, pero también desde el medioambiental. Si busca bien, encontrará otros ejemplos de optimización mediante tecnología digital que tienen una dimensión medioambiental.

Por ejemplo, Kalyan Veeramachaneni y sus compañeros del MIT han utilizado la modelización para determinar el mejor posicionamiento de las turbinas eólicas en una zona determinada, mejorando las predicciones de la velocidad del viento en función de la posición geográfica.

Y, por supuesto, se utilizan modelos digitales para calcular el cambio climático, la subida del nivel del mar, etc. Los proyectos utilizan las capacidades de la inteligencia artificial y el aprendizaje automático para obtener resultados que nos permitan predecir mejor las catástrofes medioambientales y adaptarnos a ellas, así como optimizar las soluciones existentes o futuras.

IBM Research, por ejemplo, está utilizando la IA para descubrir soluciones de adaptación al cambio climático y mejorar el rendimiento de las soluciones de captura de dióxido de carbono.

La herramienta de inteligencia artificial de Google, Deep Mind, participa en al menos un centenar de proyectos científicos, como la simulación de la materia a escala cuántica, la predicción de la expresión génica y el plegamiento de proteínas.

Microsoft tiene un proyecto "AI for Earth", en el que la inteligencia artificial se utiliza exclusivamente para proyectos con un enfoque ecológico. Algunos ejemplos son Imazon, que modela los riesgos en el Amazonas para evitar futuras deforestaciones, Ocean Data Platform, que rastrea las emisiones de los barcos, y ThermaFY, que optimiza la calefacción doméstica.

4.3 Smart *: optimización a todos los niveles

Esta toma de conciencia del valor de la tecnología digital para la optimización ha llevado a teorizar sobre el valor de una capa conectada y los algoritmos asociados para aportar inteligencia a casi todo. Son los "smart *" de los que oímos hablar habitualmente.

Las *smart grids* o redes inteligentes son un buen ejemplo. El problema es relativamente sencillo. Una red eléctrica debe estar equilibrada en todo momento: el consumo y la producción deben ser iguales, de lo contrario funcionará mal. Las redes eléctricas actuales están diseñadas para funcionar con relativamente pocas centrales de producción muy potentes, que pueden controlarse dentro de ciertos límites, es decir, la producción de electricidad puede predecirse o incluso activarse. Sin embargo, la producción de electricidad se basa cada vez más en fuentes de energía difusas e intermitentes: la energía solar y la eólica. Miles de aerogeneradores y millones de paneles solares, cuya producción es muy imprevisible, están conectados a la red, que debe mantenerse equilibrada. Este problema solo puede resolverse con un gran número de sensores y algoritmos específicos. Las *smart grids* también prometen mejorar la fiabilidad de la red (prevención de fallos, mantenimiento de equipos) y ahorrar energía.

Los sistemas de transporte inteligentes son la aplicación de esta inteligencia digital a los medios de transporte. El principal reto es evitar la congestión del tráfico, que tiene un coste importante en términos de tiempo y contaminación.

Ya se utilizan numerosas tecnologías en este contexto, como la programación de los semáforos y su adaptación a las condiciones del tráfico, el uso de sensores en la carretera y cámaras para detectar vehículos, y la utilización de los datos de localización de los teléfonos móviles de los automovilistas. Y en el transporte público, hay metros y trenes automáticos, como las líneas 1, 4 y 14 del metro de París, y trenes semiautomáticos, como el TGV.

En el futuro, los sistemas a bordo de los vehículos y en las carreteras deberían seguir creciendo en sofisticación. Entre los proyectos de investigación, Google Deep Mind se está utilizando para hacer predicciones sobre el tráfico e idear optimizaciones mediante aprendizaje automático. Los vehículos autónomos, que detectan e identifican elementos de su entorno e interactúan entre sí y con el mobiliario urbano, son el ejemplo máximo de sistema de transporte inteligente. En la imaginación de sus promotores, su uso generalizado eliminaría los atascos y los accidentes.

Los edificios inteligentes o *smart buildings* son estructuras arquitectónicas que incorporan sensores y dispositivos electrónicos para controlarlos. También se conoce como domótica. Las aplicaciones son múltiples: control de la apertura de puertas y ventanas, control de la temperatura (termostato conectado), seguridad (videovigilancia, alarma, etc.), control de la iluminación, etc. Los termostatos conectados y el contador Linky, que mide el consumo eléctrico en tiempo real y que la compañía eléctrica Enedis está implantando progresivamente en los hogares franceses, son ejemplos representativos de esta tendencia.

Desde el punto de vista medioambiental, la ventaja de los edificios conectados es que ahorran energía. Sin embargo, para las viviendas de tamaño modesto, este ahorro es mínimo, ya que también hay que tener en cuenta el impacto de fabricar y alimentar estos dispositivos de alta tecnología. El Shift Project, en su informe "*Deploying digital sobriety*", toma el ejemplo de la iluminación y muestra que, excluyendo el efecto rebote desde el momento en que se utilizan LED, la ganancia es limitada para un individuo, ya que el ahorro se reduce y no compensa, o casi nunca, el impacto de la capa conectada. En cambio, para los locales comerciales, el ahorro oscila entre el 15,18 % y el 49,17 %.

También pueden utilizarse herramientas informáticas como Green Building Studio de Autodesk y OpenStudio, una herramienta de *open source* para modelizar el consumo energético de los edificios con el fin de optimizarlos. ThermaFY que cuenta con el apoyo de Microsoft, utiliza cámaras y *machine learning* para analizar la distribución del calor en un edificio.

La ciudad inteligente o *smart city* es la aplicación de este concepto a escala urbana. Los problemas a nivel de ciudad son la seguridad (videovigilancia), el transporte (gestión del tráfico rodado, transporte público, bicicletas de autoservicio, etc.), la energía (redes eléctricas inteligentes, gestión del gas), el agua (riego, distribución), así como el control de la contaminación atmosférica, el ruido y los residuos. La ciudad inteligente es la continuación de la digitalización de todos los usos, con una gobernanza centralizada.

Muchas ciudades de todo el mundo han implantado este tipo de sistema.

Como vemos, la tecnología digital sigue conquistando todos los usos, todos los objetos del mundo. Todo se conecta. En teoría, el uso de esta herramienta para optimizar las redes y los procesos ofrece importantes ventajas medioambientales, pero rara vez se menciona el impacto de la capa conectada que hay que añadir. Sobre todo, como señala Gauthier Roussilhe en "*Que peut le numérique pour la transition écologique ?*", las ganancias que aporta esta digitalización aún no son visibles en nuestras emisiones y consumos, y se basan en hipótesis muy optimistas.

5. Investigación en curso sobre el futuro de la tecnología digital

La tecnología digital es una herramienta esencial para la investigación científica, pero también es objeto de investigación por derecho propio. Se realizan estudios para mejorar el software, optimizar los centros informáticos, hacer más eficientes las baterías y los componentes y mejorar el reciclaje.

En la siguiente sección presentamos algunos ejemplos seleccionados de cómo la tecnología digital está mejorando su impacto medioambiental.

5.1 Hacia baterías más eficientes

Una batería es un dispositivo de almacenamiento de electricidad basado en una reacción química reversible: los mismos materiales, conectados de la forma adecuada, pueden producir o almacenar electricidad. La palabra "batería" es un anglicismo, el término correcto es acumulador. Una batería consta de dos electrodos (ánodo negativo y cátodo positivo cuando se descarga, lo contrario cuando se carga) y un medio en el que se mueven los iones, el electrolito.

Las primeras baterías que se fabricaron a gran escala y que se encuentran a diario son las de plomo-ácido, como las de los coches de combustión interna. Son sólidas, baratas, se descargan muy poco cuando no se utilizan y son fáciles de reciclar. Sin embargo, son pesadas y voluminosas y contienen materiales tóxicos: ácido sulfúrico y plomo. Luego llegaron las baterías de níquel e hidruro metálico, utilizadas en pilas recargables y en algunos vehículos híbridos.

La referencia actual es la tecnología de iones de litio que permite disponer de baterías mucho más densas energéticamente que con las tecnologías anteriores: podemos almacenar más electricidad por menos volumen y peso. Por otro lado, estas baterías son potencialmente peligrosas (pueden hincharse o explotar), por lo que están prohibidas en los aviones, y son difíciles de reciclar. Si se descargan por debajo del 5 % de su capacidad, pueden dañarse y perder eficacia. En estas baterías, el ánodo es de grafito, el cátodo de un óxido metálico y los iones de litio circulan entre ambos.

Las baterías de iones de litio son objeto de constantes mejoras por parte de investigadores y fabricantes. Una de las mejoras consiste en reducir la cantidad de cobalto en el cátodo, ya que este metal es caro y a veces se extrae en condiciones poco éticas (véase el capítulo El impacto de la tecnología digital), al tiempo que se mejora el rendimiento. Así pues, actualmente disponemos de electrodos que contienen níquel, cobalto y manganeso, conocidos como NMC en proporciones del 60 %, 20 % y 20 % respectivamente; con desarrollos en curso para llegar al 90 %, 5 % y 5 %, dando un 5 % de cobalto. El aluminio también es un posible sustituto parcial del cobalto. Sin embargo, la multiplicación de capas de diferentes metales a muy pequeña escala dificulta el reciclado.

Existe otra tecnología actualmente en el mercado: las baterías de iones de sodio. Estas baterías sustituyen el litio por sodio que es mil veces más abundante, y tienen electrodos diferentes. Duran el doble y son algo más potentes, pero son menos densas energéticamente, por lo que se necesitan baterías más grandes y pesadas para la misma cantidad de energía. Faradion (Reino Unido), Tiamat (Francia) e Hina (China) ya comercializan estas baterías.

La mayor parte de la investigación para mejorar las baterías se centra en el mercado de los coches eléctricos. Los retos son tener más potencia, almacenar más energía, aumentar la autonomía de los vehículos y acortar el tiempo de carga. Las necesidades de los dispositivos electrónicos son algo diferentes, pero podemos suponer que se beneficiarán de los avances.

Hay muchas formas de mejorar las baterías de iones de litio:

- Eliminar totalmente el cobalto y sustituirlo por manganeso, níquel y aluminio.
- Sustituir el grafito del ánodo por silicio, lo que multiplicaría por diez el rendimiento.
- Encerrar el electrolito en un polímero (tecnología de *lithium polymère* conocida como *Li-Po*). Esto daría lugar a baterías más ligeras y duraderas, pero también menos densas y más caras.
- Aumentar la vida útil dispersando las islas de litio que se forman durante el uso.
- Utilizar electrolito sólido, para baterías más seguras y baratas.
- Utilizar cátodos de fosfato de hierro y litio (*LiFePO4*): más baratos, no tóxicos, estables y no peligrosos.

Pero también se están estudiando otras tecnologías:

- Baterías de *lithium-air*, que utilizan el oxígeno del aire para funcionar. Podrían ser entre 5 y 15 veces más densas energéticamente que las baterías de *lithium-ion*. En cambio, son menos potentes, tienen problemas de corrosión y requieren aire muy puro, lo que significa que necesitan un sistema de filtrado.
- Baterías sin metales pesados, fabricadas exclusivamente con agua de mar, que además serían más densas y menos peligrosas. IBM está trabajando en ello. Sin embargo, aún no se sabe de qué materiales se trata.
- Baterías de litio que se fabricarían en parte a partir del dióxido de carbono de las centrales eléctricas. El MIT ha diseñado un electrolito fabricado en parte con este gas, en estado líquido. De momento, el sistema está limitado a diez ciclos de carga y descarga, pero el desarrollo sigue en marcha. También sería posible disponer de un flujo de dióxido de carbono procedente de la central eléctrica, lo que no permitiría mover la batería, pero sí que funcionara mientras recibiera energía.
- Baterías *redox de vanadio* o *redox flow*, que utilizan el metal vanadio para almacenar energía. Estas baterías constan de dos compartimentos separados por una membrana, en los que se sumergen los electrodos. Existen dos electrolitos a base de vanadio. Esta arquitectura permite modular fácilmente la capacidad de las baterías y recargarlas sustituyendo los electrolitos. También tienen una vida útil muy larga. En cambio, son voluminosas y más adecuadas para el almacenamiento en centrales eléctricas.

5.2 Optimización de los centros de datos

La optimización de los centros de datos es objeto de investigación. Como vimos en el capítulo El impacto de la tecnología digital y en el capítulo Impacto y optimización del alojamiento, los centros de datos han sido capaces de absorber un aumento significativo de su carga con un incremento mínimo de su gasto energético. Es más, los PUE (véase el capítulo Impacto y optimización del alojamiento) de los líderes del sector son cada vez más bajos y se acercan mucho a 1, que es lo ideal.

Sin embargo, todavía hay fuentes de optimización. Casi un tercio de los servidores están inactivos: se reservan para ser utilizados pero no hacen nada. Sin embargo, cuando disminuye el uso de un servidor, su consumo no tiende a cero, sino al 50 % del que tiene cuando se utiliza al máximo. En cuanto a los equipos de red (conmutadores, encaminadores), el consumo suele ser prácticamente constante, sea cual sea la carga.

Un indicio importante para mejorar la eficiencia de los centros de datos es, por tanto, desconectar los servidores inactivos. Esto puede parecer sencillo, pero debe hacerse automáticamente en función de la carga que cambia constantemente, y los servidores deben poder despertarse rápidamente si es necesario. Además, ponerlo en marcha supone un pico de consumo eléctrico, por lo que hay que asegurarse de que ha estado apagado el tiempo suficiente para que merezca la pena. La investigadora francesa Anne-Cécile Orgerie, medalla de bronce del CNRS, demostró en 2018 junto con su compañero Issam Rais, que si un servidor no se utiliza durante más de tres minutos, apagarlo es interesante.

Por ello, los investigadores trabajan en algoritmos de previsión de la carga para optimizar el apagado y el reinicio de los equipos de los centros informáticos. Sabiendo que un servidor inactivo en medio de servidores activos puede consumir un 5 % más de energía que uno rodeado de servidores inactivos, porque tiene que enfriarse para compensar el calor generado por sus vecinos. Igualmente es necesario agrupar físicamente estos apagados. También están trabajando en la optimización del coste de la migración de máquinas virtuales entre servidores, de forma que la carga pueda agruparse de forma eficiente en el menor número posible de máquinas.

Otro aspecto de la reducción del impacto medioambiental de los centros de datos es el uso de electricidad procedente de fuentes renovables. Como las fuentes renovables de electricidad suelen ser intermitentes (la producción depende de la luz y el viento), lo ideal es optimizar el procesamiento para que tenga lugar en los momentos en que la electricidad renovable esté disponible, en lugar de en los momentos en que la producción suele proceder de combustibles fósiles. Google va más allá, eligiendo la zona (el centro de datos) donde se realiza el procesamiento en función de la calidad de la electricidad, y aconsejando a sus clientes de este planteamiento.

Otra forma de utilizar más electricidad renovable es el uso de baterías: el centro de datos almacena electricidad descarbonizada cuando está disponible para utilizarla prioritariamente en el procesamiento cuando deja de estarlo. Microsoft utiliza este enfoque. El centro de datos también puede convertirse en un acumulador de energía capaz de devolver a la red la electricidad procedente de fuentes renovables.

Los experimentos de Yunbo Li, Anne-Cécile Orgerie y Jean-Marc Menaud demuestran que estos dos enfoques combinados pueden utilizar hasta un 33 % menos de energía fósil.

5.3 La electrónica del futuro

Los investigadores también trabajan en la propia electrónica. Se investiga mucho sobre electrónica cuántica, pero este campo no se centra en mejorar la huella ambiental de la tecnología digital, sino solo en el rendimiento y los algoritmos accesibles. Pero algunos trabajos integran la dimensión medioambiental, en particular la cuestión de la eficiencia energética.

Por ejemplo, investigadores de la *École polytechnique fédérale de Lausanne* (EPFL) han diseñado un chip con una estructura 3D que integra directamente un sistema de refrigeración. Como hemos visto, la climatización es un problema importante para los centros informáticos, y también es una fuente de pérdidas de energía para los dispositivos de consumo. El equipo de la EPFL propone hacer circular agua por debajo del chip, en canales distribuidos de tal forma que enfríen toda la superficie. De este modo, los equipos electrónicos necesitarían mucha menos refrigeración externa.

Otras investigaciones se inspiran en el mundo vivo, integrando estructuras derivadas de la biología para una mayor eficiencia, así como biomateriales. Por ejemplo, un equipo ha utilizado actina, una molécula que se encuentra en las células vivas, para producir estructuras tridimensionales que luego se hacen conductoras utilizando oro. El informático estadounidense Leonard Adleman (conocido por su contribución al algoritmo de cifrado RSA) tuvo la intuición de que se podían realizar cálculos utilizando la molécula de ADN. Hoy en día se han fabricado varios ordenadores de ADN que pueden realizar cálculos a pequeña escala. También es posible utilizar esta molécula para almacenar datos. Los investigadores del MIT también han conseguido realizar cálculos utilizando células vivas.

Ingenieros del Instituto Politécnico Rensselaer de Nueva York han conseguido utilizar bacterias para producir materiales electrónicos muy finos. El material es una capa de unos pocos átomos de disulfuro de molibdeno, un semiconductor. El equipo utiliza la respiración anaeróbica (respiración en un entorno sin oxígeno) de las bacterias poniéndolas en contacto con compuestos metálicos. Sin embargo, el material producido aún no es lo suficientemente uniforme como para ser utilizado. Esta investigación podría conducir a una fabricación más sostenible de componentes electrónicos a temperatura ambiente.

Una empresa neozelandesa, Scion, ha diseñado un proceso para fabricar productos electrónicos a base de madera. Un tratamiento químico con hipoclorito sódico, principal ingrediente de la lejía preserva únicamente la celulosa de la madera. Tras la compresión, se obtiene un material flexible sobre el que es posible dibujar un circuito impreso con una tinta conductora, también obtenida de la madera, esta vez carbonizada. El material producido es barato y biodegradable.

El último ejemplo: el fabricante alemán Infineon Technologies AG ha anunciado que puede fabricar placas de circuitos impresos solubles en agua, lo que reduce su huella de carbono y facilita el reciclaje de los metales y componentes adheridos a ellas.

5.4 Constantes avances en el reciclado de dispositivos y baterías

Como vimos en el capítulo El impacto de la tecnología digital, el reciclaje de los equipos digitales es difícil y costoso. Sin embargo, es posible y merece la pena recuperar parte de los materiales, razón por la cual su recogida es obligatoria. Los ejemplos citados de lo que hace Apple, entre otros, demuestran que los materiales reciclados a veces pueden incluso utilizarse en nuevos aparatos electrónicos.

Para mejorar este reciclaje, el concepto de pasaporte digital de producto que consiste en una recopilación de datos técnicos del producto, ha sido propuesto por varias iniciativas estratégicas de la Unión Europea, como el European Green Deal, el plan de acción para la economía circular y las conclusiones del Consejo de la Unión Europea destinadas a orientar la recuperación hacia principios circulares y ecológicos. Se trataría de datos específicos de cada producto, en los que se definiría claramente el alcance, la propiedad y los derechos de acceso a los datos, y que se transmitirían a través de un identificador único asignado a cada producto. Aunque la recopilación de datos adecuados sigue planteando dificultades, se prevé que estos pasaportes podrían servir de apoyo a los planteamientos de recogida y reciclado de residuos electrónicos. También podrían aumentar la concienciación, la visibilidad y la transparencia, tanto en lo que respecta a los materiales peligrosos como a las materias primas críticas presentes en los productos. El pasaporte también aborda el importante tema del final de la vida útil de un producto, en particular mediante información sobre la presencia de sustancias preocupantes, la cantidad de materias primas críticas, así como directrices sobre reutilización, reparación y recogida en caso de eliminación, desmontaje y tratamiento como residuo.

Dado que el reciclado es una cuestión importante tanto desde el punto de vista económico como ecológico, se están llevando a cabo investigaciones al respecto.

Un ejemplo es la iniciativa de los investigadores del proyecto THYMO que quieren recuperar 10 000 teléfonos móviles para desarrollar un proceso que permita recuperar todos los metales de los componentes, incluidos el tantalio, el paladio y el antimonio. Su objetivo es utilizar la molienda y reactivos derivados de fuentes vegetales (trigo y maíz) en lugar de la pirometalurgia (calentar y fundir metales), el proceso actual, que consume mucha energía y no permite recuperar todos los materiales.

Otro ejemplo: actualmente hay más oro en un kilo de placa de circuito impreso que en un kilo de mineral de oro. El oro es un excelente conductor, por lo que es muy apreciado en electrónica. Investigadores de la Universidad de Helsinki trabajan en un método más eficaz para recuperar el oro a través de disolventes químicos de baja toxicidad en 30 minutos y a solo 60 °C.

Una de las partes más importantes de un aparato electrónico es su batería. En Europa hay varios centros de reciclaje de baterías, como Umicore en Bélgica y SNAM cerca de Lyon. Las baterías se reciclan mediante una mezcla de pirometalurgia (que consume mucha energía) e hidrometalurgia (disolución de metales con disolventes, que consume menos energía pero produce residuos no recuperables). Los fabricantes se esfuerzan por mejorar sus procesos. La empresa alemana Duesenfeld ha desarrollado una técnica que permite reutilizar el 91 % de los materiales, incluidos el níquel, el cobalto, el litio y el manganeso. Audi y Umicore han probado en laboratorio un proceso que permite recuperar el 95 % de los elementos.

6. Quedémonos con lo mejor de la tecnología digital y hagámoslo durar

La tecnología digital está en todas partes, en todo lo que hacemos, y cada vez más en cada objeto, edificio y estructura, hasta la escala de la ciudad, o incluso del país o continente en el caso de las redes eléctricas. Esta herramienta ofrece numerosas posibilidades de optimización y, como hemos visto, tiene el potencial de reducir el consumo de recursos y la contaminación, aunque esta reducción no sea realmente visible. Puede utilizarse para proyectos beneficiosos, conectar a la gente, informar o, a través de la investigación, hacer avanzar nuestra comprensión del mundo. Las colosales sumas amasadas por GAFAM permiten financiar proyectos de reforestación o de protección de espacios naturales.

Pero el impacto de esta capa inteligente en todos los usos no está necesariamente cuantificado. Los modelos económicos de las actividades digitales, la venta del mayor número posible de terminales o el uso de ingentes cantidades de datos, no van en la dirección de reducir su impacto medioambiental, aunque existan otras posibilidades.

Gracias a estos modelos, gracias a las innovaciones y gracias a las elecciones ilustradas que podemos hacer como responsables de la toma de decisiones, tenemos la oportunidad de combinar lo mejor de la tecnología digital, una herramienta formidable sin precedentes en la historia, con una sobriedad física que limite su impacto. Combinando baja y alta tecnología, eligiendo dónde gastar los materiales y la energía, y haciendo que los dispositivos duren, es posible conservar la inestimable contribución de esta herramienta al tiempo que hacemos perdurar nuestros recursos naturales.

Agradecimientos

Este libro existe gracias a las contribuciones de muchas personas y organizaciones que trabajan a diario en digital, en su impacto y sus soluciones. Gracias, pues, a los autores de los estudios y referencias citadas, a los miembros de asociaciones y colectivos, y a quienes dedican voluntariamente su tiempo a las herramientas de *open source*, en particular a la asociación GreenIT, a la *Conception Numérique Responsable* y a la asociación Boavizta, cuyo inventario de herramientas nos ha ayudado enormemente. Gracias también a los investigadores cuyo trabajo es tan importante para la humanidad que no se le da la suficiente consideración.

También queremos dar las gracias a Ediciones ENI por darnos la oportunidad de participar en este proyecto. Estamos encantados de haber contado con el apoyo de la empresa que fue nuestro empleador común para la primera edición, Zenika, y de su director, Carl Azoury. Muchas gracias también a Tristan Nitot, que aceptó escribir el prefacio de la primera edición de este libro, y a Frédéric Bordage por aceptar hacer lo mismo para esta segunda edición.

Queremos dar las gracias a nuestros correctores, Vincent Diard, Zélia Dionnet, Christine Lemaire, Agnès Révéreault, Annick Révéreault, Luc Sorel-Giffo y Adrien Wattez, por sus inestimables comentarios, así como a todos los que nos han hecho sugerencias para mejorar esta segunda edición. Por último, pero no por ello menos importante, queremos dar las gracias a nuestros amigos y familiares, que nos ayudaron en la redacción, por las tardes y los fines de semana.

!

A

B

C

D

E

F

G

H

I

L

M

N

O

P

R

S

T

U

V

W

Para poder acceder durante un año
a la versión online de este libro,
envíenos su justificante de compra a

librodigital@ediciones-eni.com

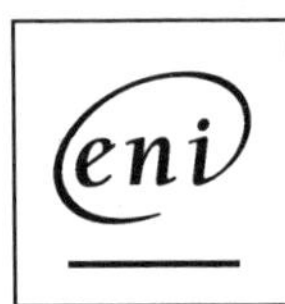